Schöningh
westermann

EinFach
Deutsch
Unterrichtsmodell

Franz Kafka

Der Verschollene

Von
Roland Kroemer

Herausgegeben von
Johannes Diekhans

Baustein 4: Der „Verschollene“ aus psychoanalytischer Sicht (S. 101–129 im Modell)

4.1	Sigmund Freud und die Psychoanalyse		Textarbeit Schreibauftrag Tafelskizze Arbeitsblätter 20–23
4.2	Der Ödipuskomplex als Kern der psychoanalytischen Theorie		Textarbeit Schreibauftrag Tafelskizze Arbeitsblätter 24–25
4.3	Karl Roßmann im ödipalen Dreieck	Textausgabe, S. 25, 16–28, 15 Textausgabe, S. 86, 2–87, 11 Textausgabe, S. 113, 22–114, 3 Textausgabe, S. 78, 17–79, 10 Textausgabe, S. 57, 31–59, 28 Textausgabe, S. 74, 7–77, 18 Textausgabe, S. 188, 5–191, 19 Textausgabe, S. 208, 17–210, 30	Textarbeit Schreibauftrag Tafelskizze
4.4	Dis Diskussion über den Sinn psychoanalytischer Literaturinterpretationen		Textarbeit Schreibauftrag Tafelskizze Arbeitsblätter 26

Baustein 5: Karls Schicksal: Happy End oder Untergang? (S. 130–170 im Modell)

5.1	Das offene Ende	Textausgabe, S. 333f. Textausgabe, S. 242–260 Textausgabe, S. 316f. Textausgabe, S. 302–306 Textausgabe, S. 621, 1–261, 26 Textausgabe, S. 208, 17–210, 30	Textarbeit Schreibauftrag Tafelskizze Arbeitsblätter 27–28
5.2	Verschiedene Deutungen des „Teaters von Oklahama“	Textausgabe, S. 335–354 Textausgabe, S. 341–345 Textausgabe, S. 347–351 Textausgabe, S. 335–337 Textausgabe, S. 337–339 Textausgabe, S. 339–341 Textausgabe, S. 345–347 Textausgabe, S. 351–354	Textarbeit Schreibauftrag Tafelskizze Arbeitsblätter 29–30
5.3	Die unendliche Interpretation	Textausgabe, S. 355f.	Textarbeit Tafelskizze Schreibauftrag Arbeitsblatt 31

Franz Kafka „Der Verschollene“

Baustein 1: Die Frage des Einstiegs (S. 17–25 im Modell)			
1.1	Der Romanbeginn	Textausgabe, S. 5–34	Textarbeit Schreibauftrag Tafelskizze
1.2	Der Klappentext	ges. Roman	Textarbeit Schreibauftrag
1.3	Die Personenkonstella-tion	ges. Roman	Textarbeit Schreibauftrag Arbeitsblatt 1

Baustein 2: Hintergründe (S. 26–67 im Modell)			
2.1	Franz Kafka – Leben und Werk	Textausgabe, S. 262 Textausgabe, S. 267f. Textausgabe, S. 268–272 Textausgabe, S. 263–267	Textarbeit Schreibauftrag Tafelskizze Arbeitsblätter 2–6
2.2	Drei „kafkaeske“ Themen im „Verschollenen“	Textausgabe, S. 263–267 Textausgabe, S. 267f. Textausgabe, S. 25, 16–28, 15 Textausgabe, S. 78, 17–79, 10 Textausgabe, S. 272–274 Textausgabe, S. 36, 9–40, 12 Textausgabe, S. 220, 4–221, 2 Textausgabe, S. 271, 29–272, 5 Textausgabe, S. 224, 11–225, 2	Textarbeit Schreibauftrag Tafelskizze Arbeitsblätter 7–9
2.3	Das Amerika-Bild im „Verschollenen“	Textausgabe, S. 286–288 Textausgabe, S. 289–292 Textausgabe, S. 42, 20–43, 28 Textausgabe, S. 162, 24–165, 8 Textausgabe, S. 125, 11–129, 13	Textarbeit Schreibauftrag Tafelskizze Arbeitsblatt 10
2.4	Die Entstehungs- und Publikationsgeschichte	Textausgabe, S. 279–284	Textarbeit Schreiauftrag Tafelskizze Arbeitsblatt 11

Baustein 3: Ein Roman der literarischen Moderne (S. 68–100 im Modell)			
3.1	Die Merkmale der literarischen Moderne	ges. Roman	Textarbeit Schreibauftrag Tafelskizze Arbeitsblatt 12
3.2	Die Erzähltechnik: Der „unwissende“ Erzähler	Textausgabe, S. 5, 1–6, 34 Textausgabe, S. 204, 30–213, 5	Textarbeit Schreibauftrag Tafelskizze Arbeitsblätter 13–14
3.3	Die Handlungsstruktur: Schritt für Schritt in den Abgrund	ges. Roman	Textarbeit Schreibauftrag Tafelskizze Arbeitsblätter 15–17
3.4	„Eine alltägliche Verwirrung“		Textarbeit Schreibauftrag Tafelskizze Arbeitsblätter 18–19

Bildnachweis:

|akg-images GmbH, Berlin: 164.1; Heldt, A. 166.1. |Cinetext Bild & Textarchiv GmbH, Wetzlar: 9.1. |Domke, Franz-Josef, Hannover: 103.1. |Picture-Alliance GmbH, Frankfurt/M.: dpa/CTK 27.1, 29.1. |The M.C. Escher Company B.V., Baarn: M.C. Escher's „Belvedere" © 2013 The M.C. Escher Company-The Netherlands. All rights reserved. www.mcescher.com 100.1; M.C. Escher's „Man with Cuboid" © 2013 The M.C. Escher Company-The Netherlands. All rights reserved. www.mcescher.com 89.1. |ullstein bild, Berlin: The Granger Collection 154.1.

Wir arbeiten sehr sorgfältig daran, für alle verwendeten Abbildungen die Rechteinhaberinnen und Rechteinhaber zu ermitteln. Sollte uns dies im Einzelfall nicht vollständig gelungen sein, werden berechtigte Ansprüche selbstverständlich im Rahmen der üblichen Vereinbarungen abgegolten.

westermann GRUPPE

Druck A^2 / Jahr 2021
Alle Drucke der Serie A sind im Unterricht parallel verwendbar.

Umschlaggestaltung: Jennifer Kirchhof
Druck und Bindung: Westermann Druck GmbH, Braunschweig

ISBN 978-3-14-**022519**-9

Vorwort

Der vorliegende Band ist Teil einer Reihe, die Lehrerinnen und Lehrern erprobte und an den Bedürfnissen der Schulpraxis orientierte Unterrichtsmodelle zu ausgewählten Ganzschriften und weiteren relevanten Themen des Faches Deutsch bietet.
Im Mittelpunkt der Modelle stehen Bausteine, die jeweils thematische Schwerpunkte mit entsprechenden Untergliederungen beinhalten.
In übersichtlich gestalteter Form erhält der Benutzer/die Benutzerin zunächst einen Überblick zu den im Modell ausführlich behandelten Bausteinen.

Es folgen:

- Hinweise zu den Handlungsträgern
- Zusammenfassung des Inhalts und der Handlungsstruktur
- Vorüberlegungen zum Einsatz des Romans im Unterricht
- Hinweise zur Konzeption des Modells
- Ausführliche Darstellung der einzelnen Bausteine
- Zusatzmaterialien

Ein besonderes Merkmal der Unterrichtsmodelle ist die Praxisorientierung. Enthalten sind kopierfähige Arbeitsblätter, Vorschläge für Klassen- und Kursarbeiten, Tafelbilder, konkrete Arbeitsaufträge, Projektvorschläge. Handlungsorientierte Methoden sind in gleicher Weise berücksichtigt wie eher traditionelle Verfahren der Texterschließung und -bearbeitung.
Das Bausteinprinzip ermöglicht es dabei den Benutzern, Unterrichtsreihen in unterschiedlicher Weise und mit unterschiedlichen thematischen Akzentuierungen zu konzipieren. Auf diese Weise erleichtern die Modelle die Unterrichtsvorbereitung und tragen zu einer Entlastung der Benutzer bei.

Das vorliegende Modell bezieht sich auf folgende Textausgabe:
Franz Kafka: Der Verschollene. Paderborn: Schöningh Verlag 2013, Best.-Nr. 022518-2

Arbeitsfrage

Einzelarbeit

Partnerarbeit

Gruppenarbeit

Unterrichtsgespräch

Schreibauftrag

szenisches Spiel, Rollenspiel

Mal- und Zeichenauftrag

Bastelauftrag

Projekt, offene Aufgabe

Inhaltsverzeichnis

Der Verschollene

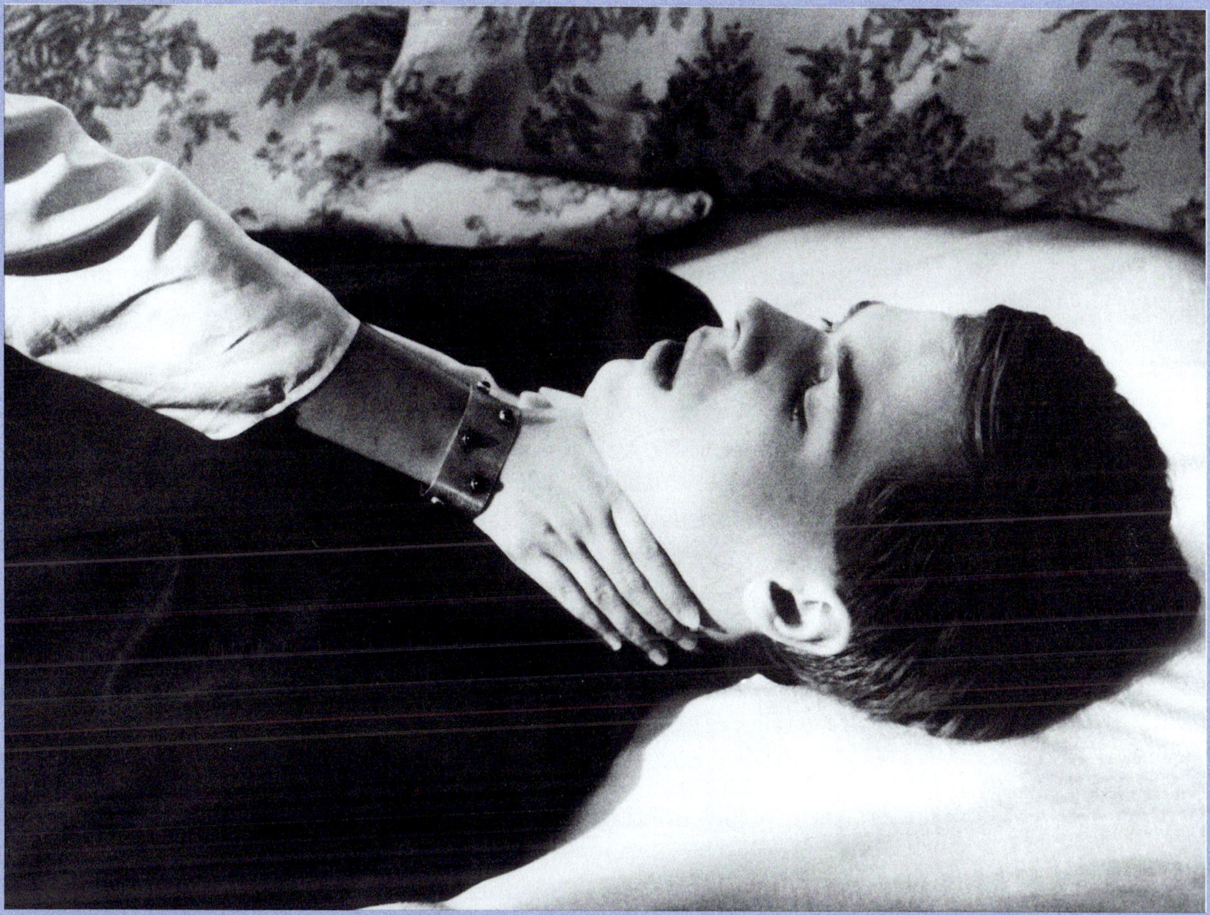

„Es ist unmöglich, sich zu verteidigen, wenn nicht guter Wille da ist."

Franz Kafka. Der Verschollene, S. 156

Personen

Karl Roßmann: Ein 17-jähriger junger Mann, der in seiner Heimatstadt Prag vom Dienstmädchen Johanna Brummer verführt worden ist und sie geschwängert hat. Angeblich um einer Alimentenzahlung zu entgehen, aber wohl eher aus Strafe wird er daraufhin von seinen Eltern nach Amerika geschickt. Mit seiner Ankunft in New York beginnt der Roman.

Der Heizer: Ein großer Mann mit dunklem, dichtem Haar, den Karl nach Einlaufen des Schiffes in Amerika in dessen Kajüte kennenlernt. Er fühlt sich durch seinen Vorgesetzten, den Rumänen Schubal, ungerecht behandelt und will seinen Dienst quittieren. Karl setzt sich im Zimmer des Kapitäns für den Heizer ein, kann aber letztlich nichts für ihn erreichen.

Edward Jakob: Karls Onkel, der in Amerika zu einem einflussreichen Senator und erfolgreichen Spediteur geworden ist. Er nimmt Karl zunächst bei sich auf, schickt ihn aber bald wieder fort, nachdem sich sein Neffe gegen seinen Willen für den Besuch bei Herrn Pollunder entschieden hat.

Herr Pollunder: Ein freundlicher, dicker Mann, der offenbar in geschäftlichen Beziehungen zu Onkel Jakob steht und Karl in sein Landhaus bei New York einlädt. Insbesondere im Gespräch mit Herrn Green zeigt er eine gewisse Weichheit und Widerstandslosigkeit. So kann er auch nicht verhindern, dass Karl vom Onkel schließlich verstoßen wird.

Herr Green: Ein fetter, unhöflicher Mann, den Karl zunächst bei einem Geschäftstermin seines Onkels kennenlernt. Später ist er ebenfalls zu Gast im Landhaus bei New York und fällt durch sein gieriges Essen auf. In der Nacht überreicht er Karl den Abschiedsbrief des Onkels. Dabei lässt er sich auf keine Diskussion ein, wie das Schreiben zu interpretieren sei, und setzt Karl rigoros vor die Tür, ohne ihm irgendwelche Hilfe anzubieten.

Klara: Die Tochter von Herrn Pollunder, die mit diesem und ihrem Bräutigam Mak (Mack) im Landhaus bei New York lebt. Sie ist unberechenbar, launisch und impulsiv. So beginnt sie mit Karl in seinem Zimmer zu kämpfen und kann ihn dank ihres Jiu-Jitsu-Trainings rasch niederringen. Wenig später bittet sie ihn, in ihrem Zimmer auf dem Klavier vorzuspielen, gibt sich in dieser Szene aber auf einmal freundlich und versöhnlich.

Mak (Mack): Ein schlanker, junger Mann, der Karl im Auftrag des Onkels Reitunterricht gibt. Später stellt sich heraus, dass er ein Millionärssohn ist und als Klaras Bräutigam in Herrn Pollunders Landhaus lebt. Sportlich, erfolgreich und gutaussehend, hat er ein großes Selbstbewusstsein und zeigt sich Karl gegenüber gönnerhaft, sogar leicht arrogant.

Delamarche: Ein heruntergekommener Franzose, den Karl in der Herberge nach der Trennung von seinem Onkel kennenlernt. Er schlägt sich mit seinem Kompagnon Robinson als Tagelöhner durch und hofft, in dem Städtchen Butterford eine Anstellung zu finden. Durchtrieben, herrisch und machtbewusst, scheut er zur Durchsetzung seines Willens vor keinem Mittel zurück. Nachdem Karl auf dem gemeinsamen Marsch nach Ramses feststellen muss, dass ihn Delamarche und Robinson nur ausnutzen wollen, trennt er sich von ihnen. Durch unglückliche Umstände gerät er aber später in der Wohnung Bruneldas erneut unter Delamarches schlechten Einfluss.

Robinson: Ein Ire aus der Unterschicht, der mit Delamarche auf Jobsuche ist. Weniger machtbewusst und egozentrisch als der Franzose, zeigt er sich etwas wohlwollender gegenüber Karl. Nachdem er im Hotel occidental eines Tages betrunken auftaucht, ist er aber schuld daran, dass Karl seine Stelle als Liftjunge verliert. Später in Bruneldas Wohnung, in der Robinson als Diener arbeiten muss und permanent gedemütigt wird, wird sein schwacher, unreifer Charakter besonders deutlich.

Grete Mitzelbach: Eine dicke, gutmütige 50-jährige Wienerin, die im Hotel occidental als Oberköchin arbeitet. Durch die körperliche Beanspruchung, die ihr Beruf mit sich bringt, sind ihre Augen getrübt und sie leidet unter permanenter Schlaflosigkeit. Sie beschafft Karl im Hotel den Job als Liftjunge und zeigt sich ihm auch sonst voller mütterlicher Zuneigung. Dennoch glaubt sie schließlich nicht an Karls Unschuld, als er vom Oberkellner Isbary wegen einer angeblichen Dienstverletzung verhört wird, und unternimmt nichts gegen seine Entlassung. Ein Grund dafür mag auch sein, dass zwischen ihr und dem Oberkellner eine mehr oder weniger geheim gehaltene Liebesbeziehung besteht.

Therese Berchtold: Eine junge Frau, die als Sekretärin der Oberköchin im Hotel occidental arbeitet und mit Karl eine geschwisterlich-kameradschaftliche Freundschaft verbindet. Sie ist die uneheliche Tochter eines Bauporliers aus Pommern, der sie im Säuglingsalter zusammen mit ihrer Mutter nach New York nachkommen ließ, sich aber wenig später nach Kanada absetzte. Im Alter von fünf Jahren musste sie den Selbstmord der Mutter miterleben.

Giacomo: Ein kleiner, schmächtiger Junge, den Karl im Hotel occidental kennenlernt. Dort hat er zuvor als Liftjunge gearbeitet, muss seinen Posten aber für Karl aufgeben und die Dienstmädchen unterstützen. Später trifft ihn Karl beim Willkommensessen des „Teaters von Oklahama" wieder. In der letzten Szene sitzen sie zusammen im Zugabteil auf ihrer Fahrt zu diesem ominösen Theater.

Oberkellner Isbary: Ein schlanker, junger Mann, der im Hotel occidental Karls unmittelbarer Vorgesetzter ist. Ihn verbindet eine Liebesbeziehung zur Oberköchin. Nachdem Karl gegen die Dienstregeln der Liftjungen verstoßen hat, bestraft ihn der Oberkellner gnadenlos, ohne ihm überhaupt eine faire Chance zur Verteidigung zu geben. Er ist dafür verantwortlich, dass Karl das Hotel verlassen muss.

Oberportier Feodor: Ein strenger, jähzorniger Mann, der im Hotel occidental als Oberportier arbeitet. Während des Verhörs durch den Oberkellner ist er anwesend und erschwert Karls Lage durch weitere, aus der Luft gegriffene Beschuldigungen. Auch nachdem Karl schließlich vom Dienst entlassen worden ist, versucht er, den Jungen weiter zu strafen und zu demütigen.

Brunelda: Eine ehemalige Sängerin, die mit Delamarche und Robinson in einer schmutzigen, heruntergekommenen Mietswohnung lebt. Sie ist faul, fett und egozentrisch. Obwohl Karl von ihr abgestoßen ist und eigentlich aus der Wohnung fliehen will, bleibt er schließlich als Diener bei ihr. In einem nur als Fragment vorliegenden Kapitel erfährt man, dass Brunelda später offenbar als Prostituierte in einem Bordell arbeitet.

Josef Mendel: Ein Student, den Karl während seines Aufenthaltes bei Brunelda kennenlernt. Er arbeitet tagsüber in einem Kaufhaus und studiert nachts auf dem Balkon seiner Wohnung, die neben der von Delamarche und Brunelda liegt. Obwohl er seinen Nachbarn nicht traut, rät er Karl, besser in deren Dienste einzutreten, als ohne Stelle zu sein. Dies veranlasst Karl, seinen Fluchtplan zu überdenken und doch in der Wohnung zu bleiben.

Fanny: Eine Frau, die Karl bei seiner Vorstellung fürs „Teater von Oklahama" voller freudiger Überraschung wiedertrifft. Sie gehört mittlerweile der Werbetruppe des Theaters an und spielt als Engel verkleidet Trompete. Auch wenn sie an keiner anderen Textstelle vorkommt, sollte sie offenbar in der von Kafka geplanten Romanhandlung auch vor dem Theater-Kapitel eine Rolle spielen.

Inhalt

Der siebzehnjährige Karl Roßmann aus Prag ist von seinen Eltern verstoßen und nach Amerika geschickt worden. Sie fürchten einen Skandal, da der Junge ein Dienstmädchen verführt hat, das nun ein Kind von ihm erwartet. Karl, der sich schuldig fühlt, strebt mit fast fanatischem Eifer und Gerechtigkeitssinn nach charakterlicher Bewährung in der Neuen Welt; schon auf dem Schiff tritt er leidenschaftlich für einen von dem Obermaschinisten ungerecht behandelten Heizer ein. Während der Auseinandersetzungen in der Kapitänskajüte entdeckt ihn sein zufällig anwesender und schon vor Jahren nach Amerika ausgewanderter Onkel, den das Dienstmädchen brieflich über Karls Ankunft unterrichtet hat. Der Onkel, ein Millionär, hat seine Persönlichkeit völlig den Anforderungen des Geschäfts untergeordnet. In kurzer Zeit ist es ihm gelungen, Karriere zu machen, sodass er nun eine Großhandelsfirma leitet. Er sorgt für Karl, vermittelt ihm eine allseitige Ausbildung und ist, soweit es seine Geschäftspflichten erlauben, großzügig um Karls Wünsche bemüht. Bei ihm lernt der Junge die riesigen Ausmaße und die technische Perfektion des amerikanischen Wirtschaftslebens aus unmittelbarer Nähe kennen, sehr bald aber auch die Gefahren, die hier dem Menschen durch die Fetischisierung der Technik und durch das rücksichtslose Streben nach Gewinn, Ansehen und Macht drohen. Der erste Konflikt, der zwischen Onkel und Neffe entsteht, bedeutet zugleich das Ende ihres gemeinsamen Lebens. Als Karl eines Tages die Einladung eines befreundeten Geschäftsmannes annimmt, obwohl sein Onkel, der darin eine Störung seiner Ausbildung erblickt, dies nicht gutheißt, kommt es zum Bruch. Karl ist fortan auf sich allein gestellt.

In einem Gasthaus, in dem Karl nach seiner neuerlichen Verstoßung die erste Nacht verbringt, lernt er zwei Arbeitslose kennen, den Iren Robinson und den Franzosen Delamarche, die wie Karl auf der Stellungssuche sind. Karl unterstützt seine Begleiter kameradschaftlich mit seiner kleinen Barschaft. Er wird jedoch von ihnen rücksichtslos ausgenutzt. Während Karl für sie einkauft, brechen sie sogar seinen Koffer auf. Karl trennt sich von ihnen, und dies umso leichter, als er in der Oberköchin eines Hotels, die wie er aus Prag stammt, eine Freundin und Gönnerin gefunden hat. Durch die Vermittlung erhält er im Hotel „Occidental" die Stelle eines Liftboys. Die Arbeits- und Lebensbedingungen des Hotelpersonals sind fast unerträglich, doch Karl empfindet das kaum; er freut sich über seine Arbeit und findet sogar noch Zeit, anderen zu helfen und seine eigene Weiterbildung zu betreiben. Aber auch dieser Versuch, in Amerika Fuß zu fassen, misslingt. Der völlig betrunkene Robinson stöbert Karl im Hotel auf, stört ihn bei der Arbeit und kompromittiert ihn derart, dass er trotz aller Bemühungen seiner Freunde fristlos entlassen wird. Robinson und Delamarche, die inzwischen mit der fetten und trägen Sängerin Brunelda eine seltsame Lebensgemeinschaft eingegangen sind, gewähren ihm Asyl, nutzen ihn allerdings noch schamloser aus als vorher. Sie betrachten Karl als ihren Sklaven, und als ein verzweifelter Fluchtversuch misslingt, ist er resignierend bemüht, diesem Dasein durch völlige Hingabe an die Arbeit einen gewissen Sinn zu geben.

Ihn hält die Hoffnung aufrecht, einmal eine bessere Stellung in einem Büro zu finden.

Hier bricht Kafkas Ausarbeitung ab; der Dichter hat das Ende von Karls Sklavendasein und seinem Kampf um eine neue Stellung nicht mehr gestaltet. Überliefert ist nur noch ein fragmentarisches Kapitel, in dem berichtet wird, wie Karl nach einer offenbar widerwärtigen und entehrenden Tätigkeit, die nicht näher bezeichnet wird, eine Anstellung in einem Naturtheater findet – einem rätselvollen Unternehmen, von dem in Kafkas Darstellung nur erste Konturen erkennbar werden. Nur so viel scheint eindeutig, dass es die Welt der Kunst ist, in der Karl endlich den „Anfang einer anständigen Laufbahn" finden will.

Aus: Romanführer A-Z. Band III. 20. Jahrhundert. Hrsg. von Kurt Böttcher. Berlin: Volk und Wissen 1978, S. 226f.

Vorüberlegungen zum Einsatz des Romans im Unterricht

Dass die Literatur von Franz Kafka in den Deutschunterricht der Sekundarstufe II gehört, scheint heute selbstverständlich zu sein. Der Name steht gleichsam synonym für die deutschsprachige Literatur der Moderne. Trotz oder vielleicht gerade wegen der schier unendlichen Anzahl germanistischer Forschungsarbeiten stellt sich jedoch immer noch für viele Lehrerinnen und Lehrer die Frage, wie sie die häufig dunkel und rätselhaft anmutenden Texte am lebendigsten vermitteln können. Dies gilt auch für Kafkas vor rund 100 Jahren entstandenen Roman „Der Verschollene", der zuerst 1927 posthum von Max Brod unter dem Titel „Amerika" herausgegeben worden ist. Dabei eignet sich besonders dieses Werk für den Einsatz im Unterricht, bietet es den Lernenden doch vielfältige Identifikationsmöglichkeiten.
So werden die meisten von ihnen mit dem Protagonisten, dem 17-jährigen Karl Roßmann, mitfiebern auf seiner Odyssee durch das fremde Land Amerika. Die Probleme und Hürden, die sich ihm während der Romanhandlung unablässig in den Weg stellen, ähneln den Schwierigkeiten, mit denen auch heutige Heranwachsende konfrontiert sind. Fortgeschickt von seinen Eltern, steht Karl vor der Aufgabe, sein Leben selbst in die Hand zu nehmen und erwachsen zu werden. Dass dies gar nicht so einfach, vielleicht unmöglich ist, muss er allerdings bald schmerzlich erfahren. Einen Job finden, das erste eigene Geld verdienen, richtige Freunde kennenlernen, Grenzen ziehen gegenüber Menschen, die einen ausnutzen wollen, das eigene Recht durchsetzen und seinen Platz in der Gesellschaft erkämpfen – dies alles muss Karl wie jeder Jugendliche mühsam lernen. Dass er dabei trotz aller erlittenen Rückschläge und Niederlagen niemals seinen Mut und Optimismus verliert, macht ihn in den Augen vieler Schülerinnen und Schüler sicherlich sympathisch.
Neben diesem Schicksal eines Heranwachsenden geht es in Kafkas „Verschollenem" jedoch auch ganz allgemein um die Stellung des Menschen in der Moderne. Auch hierdurch kann der Roman einen Nerv, ein Lebensgefühl bei den Lernenden treffen, wachsen diese doch ebenfalls in einer immer unsicher werdenden Welt auf, die ihnen keine eindeutigen Antworten mehr gibt auf Sinnfragen aller Art. Die Verunsicherungen, die in den Roman eingeschrieben sind, spiegeln auch die Verunsicherungen der heutigen Zeit: die Krise der Religion, die Suche nach einer authentischen Identität, Entfremdungserlebnisse. Und nicht zuletzt auch Probleme und Fragen, die durch den rasanten Fortschritt der Technik entstehen. Sind es in Kafkas Roman noch Telefone und Telegrafen, die das zwischenmenschliche Miteinander grundlegend verändern, so sind es heute völlig neue Kommunikationsformen, die durch Internet und Web 2.0 ermöglicht werden.
Diese und weitere identifikatorische Momente sollten für die Arbeit mit Kafkas „Verschollenem" nutzbar gemacht werden. Gelingt dies, ist eine ansprechende, lebendige Unterrichtsreihe abseits der Flucht ins Abstrakte und fern gelangweilten Desinteresses auf Seiten der Lernenden möglich. Mit Tagebucheinträgen und Ausschnitten aus Briefen Kafkas, Erinnerungen von Zeitzeugen, Textpassagen aus der Sekundärliteratur, Lexikonartikeln, Schaubildern u.v.m. wird der Lehrkraft vielschichtiges Material an die Hand gegeben, damit die Schülerinnen und Schüler Zusammenhänge und Hintergründe erschließen können. Das Unterrichtsmodell möchte eine empathische Beschäftigung mit dem „Verschollenen" und anderen, kürzeren Texten Kafkas ermöglichen und dabei neueste Forschungsergebnisse einbeziehen. Nicht zuletzt soll auch die Lust am spielerischen Interpretieren gestärkt werden, denn die Werke Kafkas eröffnen einen Spielraum und lassen sich nicht zu Ende deuten. Sie sind keine mathematisch aufzulösenden Rätsel, sondern stacheln die Fantasie an, wecken die Lust am Mehrdeutigen, an Widersprüchen, an Paradoxien und Ambivalenzen.

Bereits vor dem Unterrichtsbeginn können zeitaufwendigere **Schülerreferate** verteilt werden, die später in der jeweiligen Unterrichtseinheit zum Einsatz kommen können. Hierfür bieten sich insbesondere folgende Themen an:

- Kafkas Romane „Der Process" und „Das Schloss" (Baustein 2)
- Kafkas „Brief an den Vater" (Baustein 2)
- Der Schriftsteller und Kafkas Freund und Nachlassverwalter Max Brod (Baustein 2)
- Max Brods Eingriffe in Kafkas Manuskript des „Verschollenen" für die posthume Veröffentlichung (Baustein 2)
- Der Entwicklungs- und Bildungsroman (Baustein 3)
- Johann Wolfgang von Goethes Entwicklungsroman „Wilhelm Meisters Lehrjahre" (Baustein 3)
- Sigmund Freud und seine Psychoanalyse (Baustein 4)
- Sophokles' Drama „König Ödipus" (Baustein 4)
- Kafkas Erzählung „Das Urteil" als literarische Gestaltung eines ödipalen Konflikts (Baustein 4)
- Die heutige Einwanderungspolitik der USA (Baustein 5)

Vorschläge für Klausuren und Facharbeiten sind im Zusatzmaterial 2, S. 172f., aufgelistet.

Grundlagenliteratur:

- Aman, Jürg: Franz Kafka. Eine Studie über den Künstler. München: Piper 1983
- Anz, Thomas: Franz Kafka. München: Beck 1989
- Binder, Hartmut und Jan Parik: Kafka. Ein Leben in Prag. Essen: Mahnert-Lueg 1993
- Hermsdorf, Klaus: Kafka. Weltbild und Roman. Berlin: Rütten & Loening 1961
- Jahn, Wolfgang: Kafkas Roman „Der Verschollene" („Amerika"). Stuttgart: Metzler 1965
- Jahraus, Oliver: Franz Kafka. Leben, Schreiben, Machtapparate. Stuttgart: Reclam 2006
- Loose, Gerhard: Franz Kafka und Amerika. Frankfurt a.M.: Klostermann 1968
- Nicolai, Ralf R.: Kafkas Amerika-Roman „Der Verschollene". Motive und Gestalten. Würzburg: Königshausen + Neumann 1981
- Plachta, Bodo: *Der Verschollene* – Verschollen in Amerika. In: Michael Müller (Hg.): Franz Kafka. Romane und Erzählungen. Durchgesehene und erweiterte Auflage. Stuttgart: Reclam 2003, S. 75–97
- Politzer, Heinz: Franz Kafka. Der Künstler. Frankfurt a.M.: Suhrkamp 1978; insbesondere S. 191–258
- Pütz, Jürgen: Kafkas *Verschollener* – ein Bildungsroman? Frankfurt a.M.: Peter Lang 1983
- Stach, Reiner: Kafka. Die Jahre der Entscheidung. Frankfurt a.M.: Fischer 2002
- Stach, Reiner: Kafka. Die Jahre der Erkenntnis. Frankfurt a.M.: Fischer 2008
- Thalmann, Jörg: Wege zu Kafka. Eine Interpretation des Amerikaromans. Frauenfeld: Huber 1966
- Wagenbach, Klaus: Franz Kafka. Eine Biographie seiner Jugend. Berlin: Wagenbach 2006

Konzeption des Unterrichtsmodells

Das vorliegende Unterrichtsmodell versucht mithilfe unterschiedlicher Verfahren, Schülerinnen und Schülern einen Zugang zu Kafkas Roman „Der Verschollene" zu vermitteln. Textanalytische Zugriffe spielen dabei in gleicher Weise eine Rolle wie handlungs- und produktionsorientierte Verfahren. Insbesondere wurde bei der Konzeption der Bausteine darauf geachtet, durch geeignete Aufgabenstellungen, Diskussionsanregungen etc. eine Beziehung zwischen dem vor rund 100 Jahren entstandenen Roman und der Lebenswelt heutiger Jugendlicher herzustellen.

Mit dem **Baustein 1** werden unterschiedliche Methoden vorgestellt, einen Einstieg in die Erarbeitung des Romans zu gestalten. Sie verstehen sich als Ergänzungen zum bekannten allgemeinen Erfahrungsaustausch über die Leseeindrücke der Lernenden. Neben einer Analyse des Romananfangs werden mögliche Einstiege über das Verfassen eines Klappentextes und über die Anfertigung der Personenkonstellation vorgestellt.

Baustein 2 versucht ein differenziertes Hintergrundwissen zum „Verschollenen" zu vermitteln. Nachdem die Lernenden zunächst allgemeine Informationen über Leben und Werk Kafkas erarbeitet haben, sollen sie in einem nächsten Schritt typische „kafkaeske" Themen im Roman entdecken. Daraufhin geht es um die Erarbeitung des im Text vermittelten Amerika-Bildes. Abgeschlossen werden soll der Baustein mit Informationen über die Entstehungs- und Publikationsgeschichte des Romans, wobei das Augenmerk auch auf Kafkas testamentarischen Wunsch der Vernichtung seines gesamtes Werkes gerichtet wird.

Im **Baustein 3** wird Kafkas Roman der literarischen Moderne zugeordnet. Anhand detaillierter Textanalysen erarbeiten die Schülerinnen und Schüler, inwiefern der „Verschollene" zentrale Merkmale dieser Literaturepoche aufweist, wobei hier insbesondere auf die Erzähltechnik und den Aufbau geachtet wird. Zum Abschluss dieses Bausteins soll den Lernenden die Besonderheit des Epochenumbruchs um 1900 anhand eines weiteren, kurzen Textes Kafkas, der Parabel „Eine alltägliche Verwirrung", noch deutlicher vor Augen geführt werden.

Baustein 4 stellt eine Möglichkeit vor, wie der Roman – insbesondere die sich wiederholenden Szenen, in denen Karl von einer mächtigen Vaterfigur streng bestraft wird – vor dem Hintergrund psychoanalytischer Erkenntnisse interpretiert werden kann. Sigmund Freuds Instanzenmodell (Über-Ich, Ich, Es) und der Ödipuskomplex stehen hierbei im Zentrum.

Im **Baustein 5** rückt die Frage nach dem geplanten Ausgang des „Verschollenen" in den Mittelpunkt. Anhand der vorliegenden Schlussfragmente, die detailliert analysiert werden, aber auch anhand überlieferter Selbstaussagen des Autors sollen sich die Lernenden eine eigene Meinung zum möglichen Romanschluss bilden und entsprechend vertreten. Darüber hinaus sollen ihnen anhand unterschiedlicher Deutungen des „Teaters von Oklahama" die Heterogenität und die Möglichkeiten literaturwissenschaftlicher Interpretationen vor Augen geführt werden. Abgeschlossen wird dieser Baustein und damit die gesamte Unterrichtseinheit mit weiteren Analysen verschiedener Parabeln Kafkas.

Das Unterrichtsmodell ist so konzipiert, dass die Kenntnis und Lektüre des Romans vor dem Beginn der Erarbeitung vorausgesetzt wird.

Die thematischen Bausteine des Unterrichtsmodells

Baustein 1

Die Frage des Einstiegs

Der Baustein 1 soll dazu beitragen, dass die Schülerinnen und Schüler einerseits einen schnellen und Interesse weckenden Zugang zu Kafkas immerhin vor rund 100 Jahren entstandenem Roman „Der Verschollene“ finden, andererseits einen ersten Überblick über Themen, Motive und Figuren gewinnen. Daher wird in diesem Baustein besonderer Wert darauf gelegt, den Bezug des Romans zur Lebenswelt heutiger Jugendlicher aufzuzeigen. So werden die Lernenden beispielsweise dazu angeregt, über ihr eigenes Amerika-Bild zu reflektieren und dadurch Gemeinsamkeiten, aber auch Unterschiede zu Kafkas Vorstellungen zu erkennen. Die drei vorgeschlagenen Einstiege bauen nicht aufeinander auf, können also auch separat und in anderer Reihenfolge verwendet werden. Voraussetzung bei allen drei Vorschlägen ist, dass die Schülerinnen und Schüler den „Verschollenen“ bereits komplett gelesen haben. Im Einzelnen geht es um:

- den Romanbeginn, und zwar zunächst um den ersten Abschnitt und danach um das gesamte erste Kapitel,
- das Schreiben eines Klappentextes,
- die Erarbeitung der Personenkonstellation.

1.1 Der Romanbeginn

Auf heutige Jugendliche wirken die USA vermutlich mindestens ebenso faszinierend wie vor 100 Jahren auf Kafka und seine Zeitgenossen. Damals wie heute ist das allgemeine Amerika-Bild überaus ambivalent. Bedeuteten die USA zu Lebzeiten Kafkas das Land der Freiheit und der unbegrenzten Möglichkeiten, aber auch der wachsenden sozialen Ungerechtigkeiten und des Ausgeliefertseins des Individuums gegenüber einer immer mächtiger werdenden Technisierung und Automatisierung, so denkt man heute in Verbindung mit Amerika etwa an bedeutende Erfindungen wie das Internet, aber auch an Alpträume wie Terroranschläge, Militärgefängnisse und weltweite Datenüberwachung. Angesichts solcher Parallelen liegt es nahe, als Einstieg einen Unterrichtsschritt zu wählen, in dem die Schülerinnen und Schüler zunächst über ihr eigenes Amerika-Bild reflektieren sollen:

- *Was verbinden Sie mit den USA? Welche Gedanken, Assoziationen, Bilder und Gefühle steigen in Ihnen auf, wenn Sie an dieses Land denken?*

Die Antworten der Lernenden können an der Tafel mitnotiert werden:

Amerika

- Ungerechtigkeit
- Freiheit
- Kriege
- Ursprungsland des Internets
- Datenüberwachung
- Freiheitsstatue
- modernste Technik
- Terrorismus
- Einwanderungsgesetze
- 9-11
- Militärgefängnis
- Google, Facebook, Twitter & Co.
- Fastfood
- „Land der unbegrenzten Möglichkeiten"
- Goldrausch im 19. Jahrhundert
- „Vom Tellerwäscher zum Millionär"
- Amokläufe
- Kluft zwischen Arm und Reich
- unzählige Schusswaffen

Im Folgenden kann das Unterrichtsgespräch auf Kafkas Roman geleitet werden. Es bietet sich zunächst die Analyse des ersten Abschnitts an (5, 1–5, 9). Nach der gemeinsamen Lektüre ist folgender Frage-Impuls möglich:

■ *Was erfahren Sie bereits in diesen wenigen Sätzen? Welche Assoziationen haben Sie?*

Die Lernenden werden vermutlich keine Probleme haben, den Informationsgehalt des ersten Abschnitts zusammenzufassen: Zum einen wird der Protagonist Karl Roßmann eingeführt und der Grund dafür genannt, weshalb er überhaupt nach Amerika kommt: Seine Eltern haben ihn fortgeschickt, weil er ein Dienstmädchen geschwängert hat. Zum anderen beschreibt der Abschnitt die konkrete Situation, in der sich Karl momentan befindet: Er steht auf dem Schiff, das soeben in den New Yorker Hafen einfährt, und erblickt die Freiheitsstatue. Auffällig ist, dass sie in Kafkas Version ein Schwert – anstelle einer Fackel – in der Hand hält. Es empfiehlt sich, das Unterrichtsgespräch auf dieses irritierende Detail zu lenken:

■ *Glauben Sie, dass Kafka der Freiheitsstatue irrtümlich ein Schwert in die Hand gegeben hat? Welche Gründe könnte er dafür gehabt haben, dieses Detail bewusst zu verändern? Welches Amerika-Bild Kafkas wird durch diese Veränderung deutlich?*

Die Forschung geht davon aus, dass sich Kafka ganz bewusst für ein Schwert anstelle einer Fackel entschieden hat, dass ihm also kein Fehler unterlaufen ist.[1] Auf die Frage, warum er sich gerade für dieses Symbol entschieden hat, gibt es sicherlich verschiedene mögliche Antworten. So wird durch das Schwert die Assoziation mit Justitia, der Personifikation der Gerechtigkeit, geweckt. Erwartet Karl womöglich ein Strafprozess? Darüber hinaus könnte das Schwert aber auch als allgemeines Symbol für den grausamen Überlebenskampf im amerikanischen Alltag aufgefasst werden. So wird den Einwanderern bereits unmissverständlich signalisiert, wie wenig willkommen sie im neuen Land sind. Eine weitere Erklärung für diese auffällige Veränderung der Freiheitsstatue könnte allerdings auch sein, dass Kafka

1 So betont Mark Harmann: „[O]bwohl ein Rezensent im Mai 1913 darauf hinwies, hat Kafka diesen vermeintlichen Lapsus für die zweite Ausgabe des ‚Heizers' 1916, für die er Kleinigkeiten änderte, nicht korrigiert." (Mark Harman: Wie Kafka sich Amerika vorstellte. In: Sinn und Form, H. 6, 2008, S. 794–804; hier: S. 796)

gleich zu Beginn seines Amerika-Romans darauf hinweisen wollte, dass es ihm keineswegs um eine genaue Wiedergabe der Wirklichkeit geht. So wäre die Veränderung „eine Warnung an den Rezipienten, das Geschriebene nicht mit der Realität zu verwechseln“[1].

Die Ergebnisse des Unterrichtsgesprächs können durch folgendes Tafelbild gesichert werden:

Der erste Abschnitt

Protagonist:	der 17-jährige Karl Roßmann
Grund von Karls Amerika-Ankunft:	von den Eltern weggeschickt, weil er Dienstmädchen geschwängert hat
„Freiheitsgöttin“ mit Schwert:	• Anspielung auf Justitia • Bestrafung Karls • Kampf und Konkurrenz in Amerika • Warnung, die Schilderungen nicht als Abbild der Realität aufzufassen
→ **Einleitung:**	• zentrale Informationen für die Handlung • Atmosphäre, Grundtendenz • Warnung an Leser

Zur Vertiefung dieses Unterrichtsschritts bietet sich ein Schreibauftrag an, in dem die Schülerinnen und Schüler selbst kreativ werden können:

- *Stellen Sie sich vor, Sie planen eine neue Version von Kafkas Roman, die in der Jetztzeit spielt. Schreiben Sie den ersten Abschnitt neu. Achten Sie durch die Wahl der verwendeten Symbole darauf, dass das Amerika-Bild, das Sie vermitteln wollen, bereits in diesen ersten Sätzen erahnbar wird. Überlegen Sie zum Beispiel, was die Freiheitsstatue in Ihrer Version in der Hand halten könnte.*

Nach der Bearbeitungszeit können einige Ergebnisse im Kursrahmen vorgelesen und besprochen werden. Vermutlich haben die Schülerinnen und Schüler der Freiheitsstatue ganz unterschiedliche Dinge in die Hand gegeben: Denkbar wären beispielsweise eine Kamera (als Symbol für die weltweite Datenüberwachung durch die USA), eine Schnellfeuerwaffe (als Symbol für den sorglosen Umgang mit Waffen in den USA) oder auch ein angebissener Apfel (als Symbol für die verlorene Unschuld, aber auch für eine bekannte und mächtige Computerfirma).

Nach der Analyse des ersten Abschnitts kann nun das gesamte erste Romankapitel im Kursrahmen besprochen werden. Um sicherzustellen, dass alle Schülerinnen und Schüler den Handlungsverlauf präsent haben, bietet sich zunächst folgender Auftrag an:

- *Schreiben Sie eine kurze Inhaltsangabe, in der alle wichtigen Wendepunkte der Handlung und die zentralen Figuren des ersten Kapitels aufgeführt sind.*

---

1 Dieter Heimböckel: ‚Amerika im Kopf‘. Franz Kafkas Roman Der Verschollene und der Amerika-Diskurs seiner Zeit. In: Deutsche Vierteljahrsschrift für Literaturwissenschaft und Geistesgeschichte. H. 1, 2003, S. 130–147; hier: S. 140

Nach der Besprechung einiger Inhaltsangaben im Rahmen eines Unterrichtsgesprächs, in dem auch Verständnisprobleme sowie Wissenslücken erkannt und beseitigt werden, beginnt die eigentliche Textanalyse. Die Lernenden sollen im Folgenden erarbeiten, dass Karl am Ende des Kapitels in eine überaus ambivalente Lage geraten ist. Einerseits bedeutet seine Aufnahme beim Onkel existenzielle Sicherheit und berufliche Aufstiegschancen, die er als normaler Einwanderer in Amerika ohne familiären Beistand niemals hätte erhoffen können, andererseits aber wird er durch diese Aufnahme erneut in eine väterliche Ordnung gestellt und damit in die Rolle des hilflosen Kindes gedrängt. Auch Oliver Jahraus konstatiert, dass „die Begegnung mit dem Onkel, der Großunternehmer und zudem Staatsrat (Senator) ist, die Wiederherstellung einer paternalen Macht bedeutet, der Karl Roßmann, kaum ist er dem leiblichen Vater entkommen, erneut unterworfen wird".[1] So offenbart sich bereits gegen Ende des ersten Kapitels ein Konflikt, der Karl während der gesamten Romanhandlung begleiten wird: Immer wieder ist er aufs Neue vor die Aufgabe gestellt, erwachsen zu werden, wird daran aber wiederholt durch mächtige Vaterfiguren gehindert.

Um die Lernenden an diesen Grundkonflikt heranzuführen, bietet sich zunächst ein Blick auf das Kapitelende an. Nach der gemeinsamen Lektüre des letzten Abschnitts (34, 3–34, 29) kann das Unterrichtsgespräch mit folgendem Frageimpuls eingeleitet werden:

- *Warum bricht Karl „in heftiges Weinen" aus? Müsste er sich nicht eigentlich freuen, dass ihn sein Onkel gefunden hat und bei sich aufnimmt?*

Voraussichtlich haben die meisten der Lernenden Karls ambivalente Situation klar erkannt. Einerseits ist es zwar offensichtlich, dass seine Aufnahme beim Onkel immense Vorteile für ihn hat. Hätte er ihn nicht getroffen, so wäre es höchst fraglich, ob Karl überhaupt durch die Kontrollen der Einwanderungsbehörden gekommen wäre, vielleicht wäre er umgehend zurück nach Europa geschickt worden. Aber auch sonst wäre sein Neubeginn im fremden Land mühsam und gefährlich gewesen. Im Gegensatz zu vielen anderen Einwanderern hat Karl also das Glück, einen reichen und mächtigen Verwandten in Amerika zu haben, der ihn bei sich aufnimmt und für ihn alle bürokratischen Schwierigkeiten löst. In der Obhut des Onkels ist es ihm möglich, sich ohne finanzielle Sorgen in den USA einzuleben, Englisch zu lernen und sich auf einen gut situierten Beruf vorzubereiten. Diesen Vorteilen stehen aber mindestens ebenso viele Nachteile gegenüber. Dadurch, dass sich Karl dem Onkel anschließt, muss er sich dessen Ordnung und Wertesystem unterwerfen, seine eigene Individualität damit ein Stück weit aufgeben. So erkauft sich Karl die existenzielle Geborgenheit beim Senator gleichsam durch den Verlust der eigenen Freiheit. Durch die neue Situation gewinnt er zwar den familiären Rückhalt zurück, den ihm seine Eltern entzogen haben, wird aber gleichzeitig zum Kind degradiert.

Zur Verständnissicherung bietet sich ein Schreibauftrag an, den die Lernenden in Partner-/Einzelarbeit ausführen sollen:

- *Fassen Sie die Vor- und Nachteile von Karls Situation in Form einer Gegenüberstellung zusammen.*

Die Ergebnisse werden im Kursrahmen vorgestellt und besprochen. Eine Gegenüberstellung der Vor- und Nachteile kann beispielsweise so aussehen:

[1] Oliver Jahraus: Franz Kafka. Leben, Schreiben, Machtapparate. Stuttgart 2006, S. 268

Karls Situation am Ende des 1. Kapitels

Vorteile

- existenzielle Sicherheit beim Onkel
- Einreiseerlaubnis ohne bürokratische Hürden
- familiärer Rückhalt

Nachteile

- Verlust eigener Freiheit
- dem Werteschema des Onkels unterworfen
- Degradierung zum Kind

Der erarbeitete Grundkonflikt, dem Karl ausgesetzt ist, zeigt sich besonders deutlich an seinem Umgang mit dem Heizer. Diese wichtige Figur – nicht zufällig ist das erste Kapitel nach ihr benannt – und ihre Bedeutung für Karl sollen im Folgenden näher betrachtet werden. Dazu empfiehlt sich zunächst die Analyse der Szene, in der sich Karl vom Heizer verabschiedet, um mit seinem Onkel das Schiff zu verlassen (34, 24–34, 27). Nach der Lektüre und Bearbeitung dieser Textpassage kann das Unterrichtsgespräch durch folgenden Frage-Impuls eingeleitet werden:

■ *Beschreiben Sie das Dilemma, in dem Karl in dieser Szene steckt. Wie würden Sie in seiner Situation handeln?*

Die Lernenden erfassen Karls Dilemma vermutlich ohne weitere Hinweise. Er muss sich in der Szene entscheiden, entweder dem Heizer weiterhin zur Seite zu stehen oder dem Onkel zu folgen. Beides zusammen ist nicht möglich. Doch die Entscheidung fällt Karl nicht leicht. Einerseits ist er sich darüber bewusst, dass er die günstige Gelegenheit wahrnehmen und dem Onkel folgen sollte, allzu verlockend sind die damit verbundenen Annehmlichkeiten. Außerdem käme es einer Beleidigung gleich, dessen großzügiges Angebot auszuschlagen. „Ich kann doch jetzt den Onkel nicht verlassen, nachdem er mich kaum wiedergefunden hat." (31, 37–32, 1) Andererseits aber verrät er durch die Entscheidung für den Onkel den Heizer und gibt dadurch seine eigenen Wertmaßstäbe auf. Noch einmal erinnert er zwar daran, dass „bei einer Sache der Gerechtigkeit" (30, 22–30, 23) wohlüberlegtes Handeln gefragt sei, muss aber kurz darauf erfahren, dass seine Einschätzung der Dinge irrelevant ist: „es handelt sich vielleicht um eine Sache der Gerechtigkeit, aber gleichzeitig auch um eine Sache der Disciplin. Beides und ganz besonders das letztere unterliegt hier der Beurteilung des Herrn Kapitäns." (31, 15–31, 17) Dadurch, dass Karl sich dem Onkel anschließt, muss er sich dem herrschenden Norm- und Wertesystem beugen, so zweifelhaft und ungerecht dieses ihm auch erscheint. Dem Heizer kann er nun, nachdem er seine eigenen Überzeugungen verleugnet hat, nicht mehr beistehen – er muss sich von ihm verabschieden. „Und nun weinte Karl, während er die Hand des Heizers küßte und nahm die rissige, fast leblose Hand und drückte sie an seine Wangen, wie einen Schatz, auf den man verzichten muß." (32, 23–32, 25)

■ *Warum ist der Heizer für Karl überhaupt so wichtig? Warum setzt er sich beim Kapitän so stark für seine Rechte ein?*

Um den Lernenden die Bedeutung des Heizers für Karl bewusst zu machen, empfiehlt es sich, sie im Rahmen des Unterrichtsgesprächs nach seiner momentanen Situation zu fragen. Im fremden Land Amerika erwartet ihn eine wichtige Entwicklungsaufgabe. Aus der väterlichen Obhut entlassen, muss er nun lernen, auf eigenen Füßen zu stehen. Diese Chance, erwachsen zu werden, bietet sich bereits auf dem Schiff, nämlich in der Verteidigung des Heizers. „Sein Eintreten für den Heizer ist für Karl eine erste langersehnte Möglichkeit, mit der Erfüllung seiner selbst gestellten Aufgabe zu beginnen und seine verkannten wirklichen

Fähigkeiten unter Beweis zu stellen"[1], konstatiert Helmut Richter. Selbstbewusst setzt sich Karl für die Gerechtigkeit ein und zeigt damit das Verantwortungsgefühl und die Zivilcourage eines erwachsenen Mannes. Kein Wunder also, dass er in dieser Situation an seine Eltern denkt: „Karl allerdings fühlte sich so kräftig und bei Verstand, wie er es vielleicht zu hause niemals gewesen war. Wenn ihn doch seine Eltern sehen könnten, wie er im fremden Land vor angesehenen Persönlichkeiten das Gute verfocht und wenn er es auch noch nicht zum Siege gebracht hatte, so doch zur letzten Eroberung sich vollkommen bereit stellte. Würden sie ihre Meinung über ihn revidieren?" (22, 6–22, 12) Karl glaubt, dass die Eltern wegen seines Fehltritts schlecht über ihn denken, und sehnt sich danach, ihre Anerkennung und Wertschätzung zurückzugewinnen. So stellt er sich vor, wie stolz sie wären, wenn sie sein selbstloses Eintreten für einen anderen Menschen miterleben würden. Auf einer tieferen Ebene repräsentiert der Heizer aber auch Karl selbst. Die zwei Figuren verbindet, dass ihnen beiden Unrecht angetan worden ist. Indem sich Karl für die Rechte des anderen einsetzt, kämpft er letztlich auch für sich selbst und seine Rehabilitierung.

Um das Verständnis der Lernenden zu überprüfen, bietet sich im Anschluss an das Unterrichtsgespräch folgender Schreibauftrag an:

- *Interpretieren Sie die letzten drei Sätze des ersten Kapitels (34, 23–34, 29) vor dem Hintergrund der zuvor erarbeiteten Ergebnisse.*

Noch einmal wird in diesen Sätzen der schmerzliche Verlust Karls deutlich. Dadurch, dass er sich für den Onkel entschieden hat, musste er seine eigenen Werte aufgeben und sich einer neuen väterlichen Ordnung unterwerfen. Jede Selbstsicherheit, die er während der Verteidigung des Heizers empfunden hat, ist nun verschwunden. Fühlte er sich während seines damaligen Auftritts stark und erwachsen, so ist er nun wieder in die Rolle des Kindes zurückgefallen. Kein Wunder also, dass es scheint, „als gebe es keinen Heizer mehr" (34, 24). An seine Stelle ist nun der Onkel getreten, und trotz aller Vorteile, die ihm die neue Situation bietet, kommen Karl doch schon jetzt „Zweifel, ob dieser Mann ihm jemals den Heizer werde ersetzen können" (34, 26–34, 27).

Alle Ergebnisse der vorangegangenen Unterrichtsschritte können durch folgendes Tafelbild gesichert werden:

Karls ambivalente Situation im ersten Kapitel

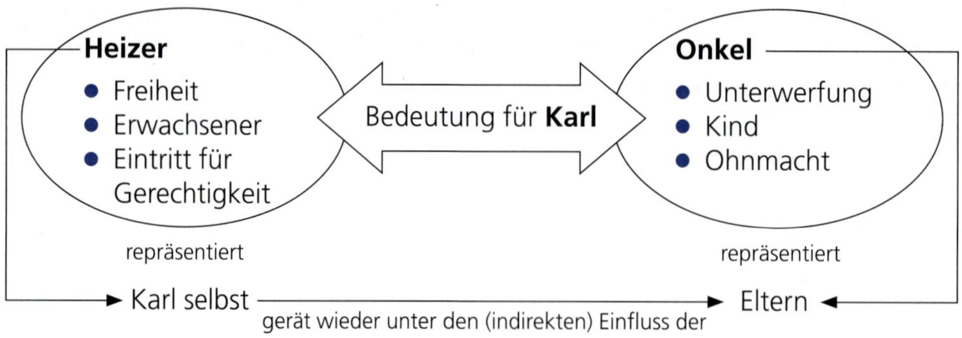

Grundkonflikt: **Karl will erwachsen werden, wird daran aber durch mächtige Vaterfiguren gehindert.**

[1] Helmut Richter: Franz Kafka. Werk und Entwurf. Berlin 1962, S. 102

In diesem Einstieg haben die Lernenden den Grundkonflikt erarbeitet, den Karl im Verlauf des ersten Kapitels erleben muss und dem er auch in den folgenden Romanepisoden immer wieder aufs Neue ausgesetzt sein wird. Zur Vertiefung der Ergebnisse und zur Vorbereitung auf die späteren Textanalysen bietet sich folgende abschließende Hausaufgabe an:

- *Suchen Sie im Roman eine Szene, in der Karl einen ganz ähnlichen Konflikt erlebt wie im ersten Kapitel. Beschreiben Sie, wie sich dieser Konflikt in der von Ihnen gewählten Szene darstellt und welche Konsequenzen er für Karls weiteres Schicksal hat.*

1.2 Der Klappentext

Alternativ oder zusätzlich zur Analyse des Anfangs bietet sich die Anfertigung eines Klappentextes zu Kafkas Roman an. Auch durch diesen Einstieg werden die Lernenden schnell mit den zentralen Themen und Motiven des Textes vertraut.

Die Schülerinnen und Schüler arbeiten weitgehend selbstständig in Gruppen. Jede Gruppe erhält ein großes Blatt Papier (Rückseite eines Plakats o.Ä.) und schreibt den Titel „Der Verschollene" in die Mitte. Nun schreiben sie über einen bestimmten Zeitraum (5–10 Minuten) Begriffe um den Titel, ohne dabei miteinander zu sprechen. Dabei kann es sich um Wertungsaspekte, inhaltliche Gesichtspunkte oder Verstehensakzente hinsichtlich des Romans handeln. Abschließend erhalten sie folgenden Auftrag:

- *Sie haben wahrscheinlich zahlreiche Begriffe um den Titel herum aufgeschrieben. Einigen Sie sich in der Gruppe auf sechs zentrale Begriffe, die Ihnen besonders wichtig erscheinen, und kreisen Sie diese rot ein. Begründen Sie im Anschluss vor dem Kurs Ihre Wahl.*

Es wird nun wahrscheinlich eine lebhafte Diskussion einsetzen, in der die Lernenden ihre persönlichen Zugangsweisen und Verstehensmomente in Bezug auf den Text vor dem Kurs begründen. Daran anknüpfend kann folgender Schreibauftrag folgen:

- *Verwenden Sie die sechs Begriffe für einen Klappentext. Darin können Sie auch Probleme mit dem Text zum Ausdruck bringen, wenn diese aus den von Ihnen gewählten Begriffen hervorgehen.*

Das ausgewählte und in den Texten verwendete Begriffsrepertoire gibt der Lehrkraft deutlich Aufschluss über den Verstehenshorizont und die Erarbeitungsinteressen der Schülerinnen und Schüler. Diese können aufgegriffen und für die weitere Planung des Unterrichts genutzt werden. Nach der Vorstellung einiger Beispiele können alle Schülertexte zusammen mit den beschriebenen Papierbögen im Kursraum aufgehängt werden, damit im Verlauf des Unterrichts auf sie Bezug genommen werden kann.

1.3 Die Personenkonstellation

Um den Schülerinnen und Schülern den Einstieg in die Analyse von Kafkas „Verschollenem" zu erleichtern und ihnen insbesondere einen schnellen Überblick über den Gesamttext zu ermöglichen, bietet es sich an, die Beziehungen der für die Handlung wichtigsten Figuren zu erarbeiten. Es bietet sich an, mit einer Folie zu arbeiten, um mögliche Korrekturen einfügen zu können. Sinnvoll ist es, auch hier in Gruppen oder partnerweise zu agieren.

- *Verdeutlichen Sie, ausgehend von Ihrer Kenntnis des Romans, mit Hilfe eines Schaubildes die Beziehung der Personen zueinander, insbesondere der Personen zum Protagonisten Karl Roßmann. Überlegen Sie sich zuvor, wie Sie die jeweilige Haltung der Figuren zu Karl (unterstützend, schwächend oder neutral) durch Symbole sichtbar machen können. Stellen Sie die Grafik so dar, dass auch die jeweiligen Schauplätze, in denen die Personen auftreten, erkennbar sind.*

Die erarbeitete Übersicht zum Personengeflecht kann als Overheadfolie präsentiert und mit den Schülerarbeiten verglichen werden, siehe **Arbeitsblatt 1**, S. 25.

Notizen

Die Personenkonstellation

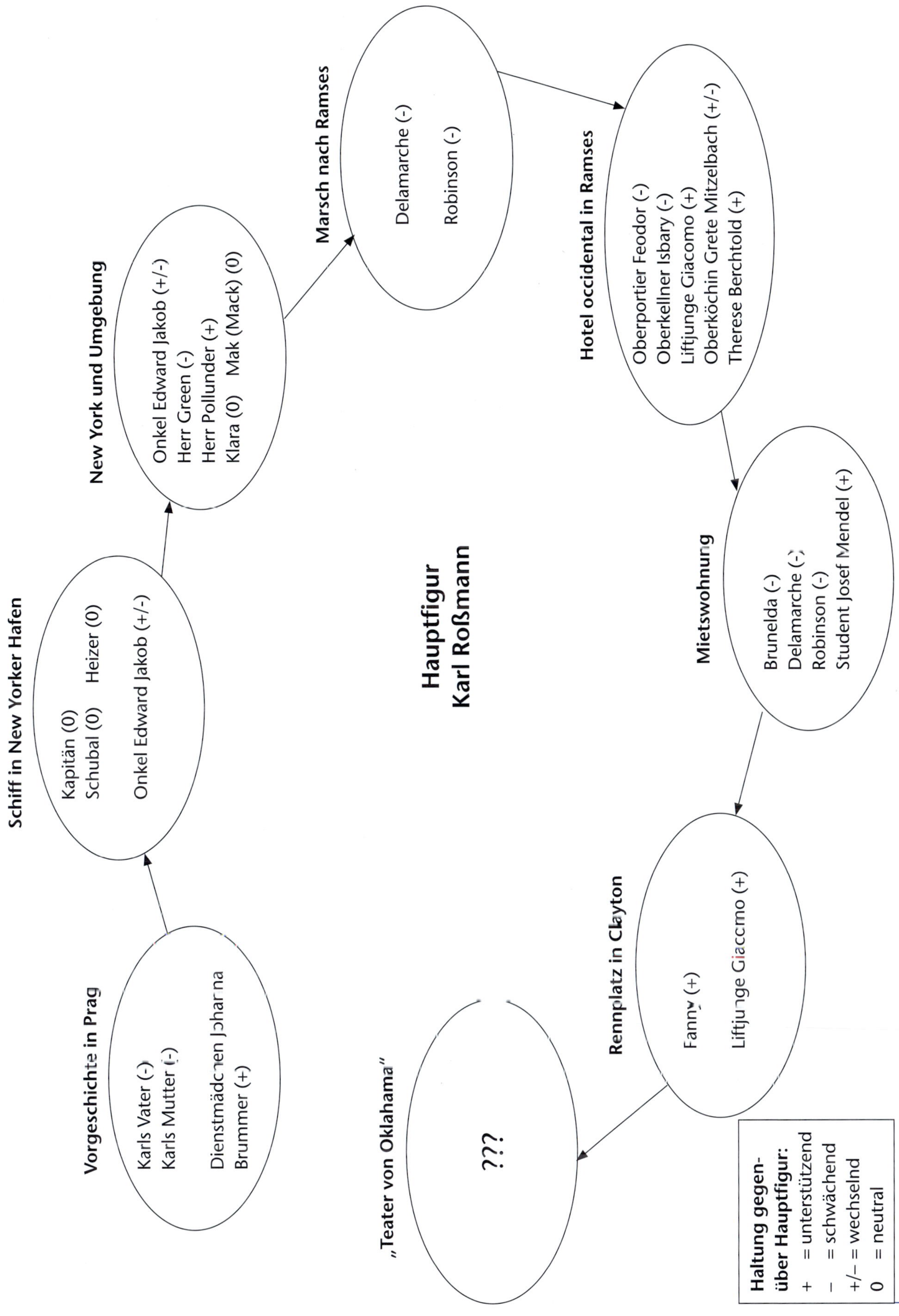

Baustein 2

Hintergründe

Dieser Baustein soll den Schülerinnen und Schülern Möglichkeiten an die Hand geben, Kafkas „Verschollenen" auch in einem biografischen und zeithistorischen Zusammenhang zu lesen. Texte von Zeitgenossen und von Kafka selbst sollen dazu beitragen, dass sie sich ein Bild vom Menschen und Schriftsteller Kafka und dessen Lebensumständen machen können. Danach rücken erste Analysen ausgewählter Romanpassagen ins Zentrum, wobei es zunächst um typische Themen Kafkas geht, die auch im „Verschollenen" zu entdecken sind, und dann um das von Kafka dargestellte Amerika-Bild. Abgeschlossen wird dieser Baustein durch Informationen zur Entstehungs- und Publikationsgeschichte des Romans, der Fragment geblieben und erst nach Kafkas Tod veröffentlicht worden ist. Im Einzelnen geht es um folgende Aspekte:

- Leben und Werk Franz Kafkas,
- drei „kafkaeske" Themen im Roman,
- das Amerika-Bild im Roman,
- die Entstehungs- und Publikationsgeschichte des Romans.

2.1 Franz Kafka – Leben und Werk

Nicht zuletzt im Hinblick auf die spätere Interpretation des „Verschollenen" ist es sinnvoll, dass sich die Schülerinnen und Schüler zunächst ein Bild vom Menschen und Schriftsteller Kafka und dessen Lebensumständen machen können. Die Kenntnis des biografischen Hintergrunds verhilft gerade im Falle Kafkas, der wie kaum ein anderer Autor der Moderne konkrete Lebenssituationen und -konflikte aufgegriffen und künstlerisch gestaltet hat, zu einem tieferen Verständnis seiner literarischen Texte. Da zu erwarten ist, dass etliche Schülerinnen und Schüler Franz Kafka und sein Werk noch nicht kennen, bietet sich ein möglichst voraussetzungsloser Einstieg in diese Unterrichtseinheit an. Der erste Schritt zur Annäherung an Kafka soll daher über sein Aussehen erfolgen. Die Lehrkraft zeigt auf dem Overhead-Projektor ein Foto Kafkas (z. B. jenes in der Textausgabe, S. 262) mit folgendem Frage-Impuls:

- *Schauen Sie sich das Porträt Franz Kafkas eine Weile an. Wie wirkt er auf Sie? Welche Eindrücke gewinnen Sie? Wie würden Sie ihn einem anderen, der das Foto nicht sieht, beschreiben?*

Nach einer Weile werden die Antworten der Schülerinnen und Schüler gesammelt und an der Tafel festgehalten (zuvor könnte das Foto Kafkas auch in der Mitte der Tafel befestigt werden):

Franz Kafka

traurig

Alter schwer zu schätzen, wirkt sehr jung

einsam

weise

introvertiert

ernst

ängstlich

grüblerisch

verschlossen

dunkel

rätselhaft

klug

unheimlich

durchdringender Blick

fremd

schüchtern

Das Tafelbild kann im weiteren Unterrichtsverlauf sukzessive erweitert werden.

In einem nächsten Schritt zur Annäherung können Gustav Janouchs Erinnerungen gelesen werden, die auf dem **Arbeitsblatt 2**, S. 58, abgedruckt sind. Janouch war ein jugendlicher Freund Kafkas, der seine Begegnungen mit dem Schriftsteller notiert und später als Buch publiziert hat. Auch wenn die Authentizität dieser „Gespräche mit Kafka" (so der Buchtitel) keineswegs feststeht und Janouchs Erinnerungen daher von einigen Kafka-Biografen skeptisch betrachtet werden, vermitteln sie doch einen sehr plastischen und lebendigen Eindruck vom Menschen Kafka und können deshalb in den Unterricht mit eingebaut werden:

- *Decken sich die Beschreibungen Janouchs mit den Eindrücken, die Sie durch die Betrachtung des Porträts gewonnen haben? Gibt es Widersprüche? Oder neue Eindrücke bezüglich Kafka?*
- *Welche Details der Beschreibungen finden Sie besonders interessant? Welche Einzelheiten sagen viel über Kafkas Charakter aus?*

Während des folgenden Unterrichtsgesprächs, in dem beispielsweise genauer auf Kafkas durch Janouch beschriebene Körperhaltung und Stimme (beides sehr wichtige Hinweise auf den Charakter eines Menschen) eingegangen werden kann, lässt sich das Tafelbild durch weitere Beschreibungen und Eindrücke der Schülerinnen und Schüler ergänzen.

Eine besonders aufschlussreiche Erinnerung Janouchs ist das Gespräch, in dem Kafka seine Vorstellung eines Schriftstellers beschreibt und sich dabei mit einer Dohle (die im Tschechischen „kavka" heißt) vergleicht (Textausgabe, S. 267 f.):

- *Lesen Sie Gustav Janouchs Erinnerung an ein Gespräch mit Kafka in der Textausgabe auf S. 267 f. Wie charakterisiert Kafka einen Schriftsteller? Inwiefern unterscheidet sich diese Beschreibung von Janouchs Bild vom Schriftsteller? Was ist das Besondere an Kafkas Beschreibung?*

Im Gegensatz zu Janouch, der „den Dichter als einen wunderbar großen Menschen [beschreibt], dessen Füße sich auf der Erde befinden, während der Kopf in den Wolken schwindet", ist der Schriftsteller für Kafka „immer viel kleiner und schwächer als der gesellschaftliche Durchschnitt". Das Schreiben ist für ihn kein feierlicher Gesang, sondern eher ein Schreien nach Hilfe. Die Kunst wird zum persönlichen Leiden. Deutlich wird in dieser Erinnerung, wie eng Leben und Schreiben für Kafka verbunden sind. Leben bedeutet für ihn immer auch Schreiben. Typisch für ihn ist der Vergleich mit einem Tier, hier der Dohle. Durch diesen Vergleich, den er über einige Sätze ausformuliert, wird sein Bild vom Dichter – und gleichzeitig sein eigenes Selbstbild – besonders plastisch und lebendig.

Die unterschiedlichen Vorstellungen von einem Dichter lassen sich in folgender Gegenüberstellung an der Tafel festhalten:

Das Bild des Dichters

für Janouch

- wunderbar großer Mensch
- steht fest auf dem Boden
- geistig in höheren Sphären

für Kafka

- kleiner und schwächer als der Durchschnittsmensch
- leidet mehr an der Existenz als andere Menschen
- Schreiben = Schreien

Welch zentrale – existenzielle – Bedeutung das eigene Schreiben für Kafka zeit seines Lebens gehabt hat, können die Schülerinnen und Schüler durch die in der Textausgabe abgedruckten Zeugnisse (S. 268–272) erfahren. In all diesen Textpassagen betont Kafka, dass das eigene Schreiben für ihn eine Art Lebensersatz ist. Schreiben nimmt für ihn nicht nur einen wichtigen Teil seines Lebens ein, *sondern wird zum Leben* – beide Bereiche verschmelzen ineinander. Der Mensch Kafka ist immer auch der Schriftsteller Kafka. Er selbst bringt diese Verschmelzung auf die Spitze, wenn er schreibt: „Ich habe kein literarisches Interesse, sondern bestehe aus Literatur, ich bin nichts anderes und kann nichts anderes sein."[1] Nach der gemeinsamen Lektüre der Textpassagen bietet sich folgender Auftrag an:

- *Schreiben Sie einen bis drei Kernsätze, die Kafkas besonderes Verhältnis zur Literatur und zum Leben auf den Punkt bringen.*

Nachdem die Ergebnisse vorgetragen und miteinander besprochen worden sind, kann den Schülerinnen und Schülern in einem nächsten Schritt jeweils einer von Kafkas Aphorismen ausgeteilt werden (siehe **Arbeitsblatt 3**, S. 59). Anschließend erhalten sie folgenden Arbeitsauftrag:

- *Lesen Sie den Aphorismus Kafkas und fassen Sie die Aussage in eigenen Worten zusammen. Interpretieren Sie die Sätze. Was fällt Ihnen dazu ein, welche Assoziationen haben Sie bei der Lektüre?*

Im Anschluss an diese Aufgabe lesen die Lernenden nun der Reihe nach die Sätze und danach ihre Arbeitsergebnisse vor. Die Lehrkraft fordert die Schülerinnen und Schüler auf, sich zu melden, sobald sie die jeweiligen Aphorismen anders interpretieren. So entsteht im Idealfall eine angeregte Diskussion, während der die Umrisse des Menschen und Schriftstellers Kafka, seine Art zu denken, weiter hervortreten. Das während des Unterrichtsgesprächs sukzessiv erweiterte Tafelbild könnte schließlich so aussehen:

[1] Franz Kafka: Briefe an Felice; 14. August 1913. Herausgegeben von Erich Heller und Jürgen Born. Frankfurt a. M. 2003, S. 444

Franz Kafka

traurig
Selbstdefinition als Schriftsteller
religiöse Themen
Alter schwer zu schätzen, wirkt sehr jung
einsam
weise
Schuldproblematik

selbstkritisch
ängstlich
Schreiben als Lebensaufgabe
grüblerisch
verschlossen
dunkel
rätselhaft
klug
wertet sich selbst ab, macht sich klein
Schreiben = Leben/Leben = Schreiben
unheimlich
Gefühl der Minderwertigkeit
durchdringender Blick
fremd
schüchtern
Suche nach Erlösung

Nachdem die Schülerinnen und Schüler eine erste Vorstellung von Franz Kafka gewonnen haben, kann dieser Eindruck nun durch konkretere Informationen zu seinem Leben und Werk vertieft werden. Hierfür bietet sich die gemeinsame Lektüre von Kafkas Lebenslauf an (Textausgabe, S. 263–267). Folgender Auftrag ist denkbar:

- *Lesen Sie den Lebenslauf in der Textaufgabe auf S. 263–267. Notieren Sie sich dabei die wichtigsten Informationen. Achten Sie insbesondere auf zentrale Marksteine und Wendepunkte in Kafkas Leben, auf die genannten Titel und darüber hinaus auch auf die Themen, die im Zentrum von Kafkas Werk stehen.*

Die Ergebnisse des anschließenden Unterrichtsgesprächs können durch das **Arbeitsblatt 4**, S. 60, auch als Folie auf dem Overhead-Projektor, gesichert werden (hier sind noch detailliertere Informationen enthalten als im Lebenslauf).

Zur Vertiefung eignet sich folgender schriftlicher Auftrag:

- *Schreiben Sie ein kurzes Porträt über Franz Kafka, in dem Sie sowohl auf sein Äußeres eingehen als auch auf seinen Charakter, wie Sie ihn bislang erfahren haben. Flechten Sie in das Autorenporträt auch bereits gewonnene Informationen über Kafkas Leben mit ein*

Wie bereits durch den Lebenslauf deutlich geworden ist, hat der autobiografische Hintergrund in eigentlich jedem seiner Werke, auch im „Verschollenen", eine große Bedeutung. Um den Schülerinnen und Schülern zu verdeutlichen, wie intensiv Kafka Selbsterlebtes in seine literarischen Texte einarbeitete, soll zunächst seine Prosaskizze „Großer Lärm" besprochen werden. Der Text, 1912 in der Prager Zeitung „Herder-Blätter" erschienen, ist Kafkas erste Veröffentlichung. In einem Brief an Felice Bauer betont Kafka den autobiografischen Gehalt dieses Werkes: „Nein, ganz zurückgezogen von meiner Familie lebe ich nicht. Das beweist die beiliegende Darstellung der akustischen Verhältnisse unserer Wohnung, die zur wenig schmerzlichen öffentlichen Züchtigung[1] meiner Familie gerade in einer kleinen Prager Zeitschrift erschienen ist. – Im Übrigen ist meine jüngste Schwester (schon über 20 Jahre alt) meine beste Prager Freundin und auch die zwei andern sind teilnehmend und gut. Nur mein Vater und ich, wir hassen einander tapfer."[2] Nach der gemeinsamen Lektüre dieser Prosaskizze (**Arbeitsblatt 5**, S. 61) erhalten die Lernenden folgenden Auftrag:

- *Beschreiben Sie die Situation des Ich-Erzählers und die Atmosphäre, die durch seine Schilderungen entsteht.*

Die Schülerinnen und Schüler werden vermutlich schnell erkennen, in welcher Not der Ich-Erzähler in der eigenen Familie lebt. Er scheint sich nicht heimisch zu fühlen, ist nervös, wird vom Lärm der anderen regelrecht verfolgt. Er sieht sich im Kriegszustand, sein Zimmer wird zum „Hauptquartier des Lärms". Die Geräusche um ihn herum nimmt er überdeutlich mit stark überreizten Nerven wahr. Insbesondere der Vater, der ohne anzuklopfen durchs Zimmer stürmt, auf die Intimsphäre anderer also nicht achtet und auch sonst als laut und rücksichtslos geschildert wird, scheint der Quell für die Unruhe des Ich-Erzählers zu sein. Doch auch nachdem der Vater die Wohnung verlassen hat, findet der Erzähler zu keinem inneren Frieden. Nun stören ihn auch die Geräusche der Kanarienvögel in der Wohnung. Sein Bedürfnis nach Ruhe wagt er nicht offen einzufordern. Er will mit der List kriecherischer Unterwerfung um Ruhe bitten, da er offensichtlich nicht glaubt, in dieser Wohnung seine Interessen und Wünsche unumwunden ansprechen zu dürfen. Auch diesbezüglich zeigt sich – gewissermaßen auf akustischer Ebene – der Unterschied zum Vater. Dieser lärmt ganz selbstverständlich mit jeder Lebensäußerung, der Sohn wagt nicht, sein gegenteiliges Bedürfnis nach Ruhe zu artikulieren.

Zum Abschluss des Unterrichtsgesprächs ist folgende Aufgabe denkbar:

- *Zeichnen Sie eine Skizze, in der der Grundkonflikt – und seine angedeuteten Lösungen – des Textes „Großer Lärm" sofort deutlich werden.*

Eine solche Skizze könnte beispielsweise so aussehen (und auf dem Overhead-Projektor gezeigt werden):

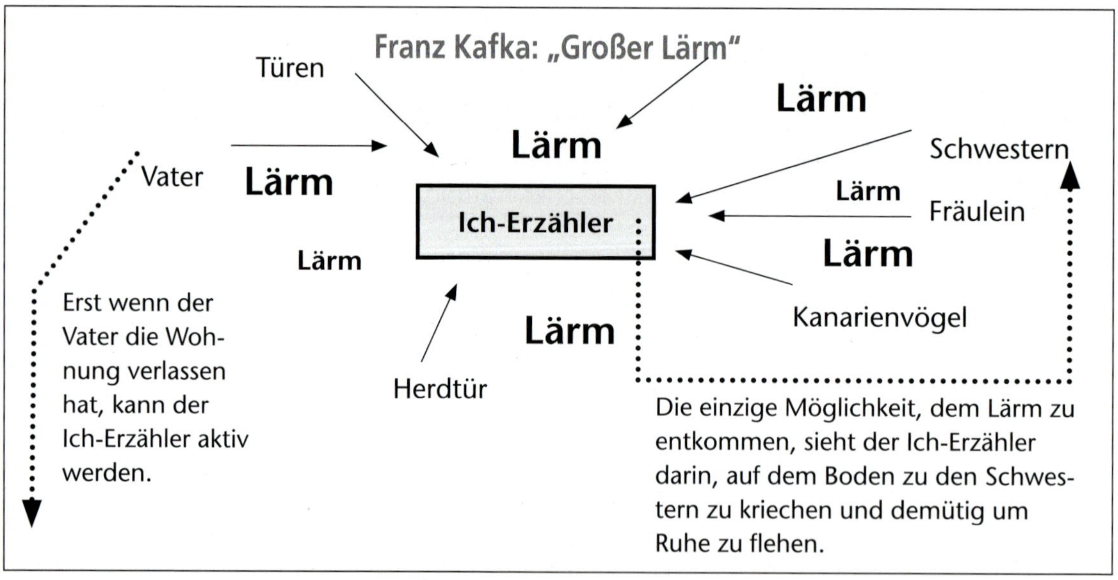

1 Mit der Studie wolle er „öffentlich" die eigene „Familie züchtigen", schreibt Kafka ganz ähnlich auch in seinem Brief an Willy Haas, den Herausgeber der Herder-Blätter. (Franz Kafka: Briefe 1900–1912; vom 26. September 1912. Frankfurt a.M.: Fischer 1999, S. 173)

2 Franz Kafka: Briefe an Felice; 11. November 1912. Herausgegeben von Erich Heller und Jürgen Born. Frankfurt a.M.: Fischer 2003, S. 87

In einem nächsten Schritt kann Reiner Stachs Text (**Arbeitsblatt 6**, S. 62) herangezogen werden, in dem der deutliche biografische Hintergrund des „Großen Lärms" aufgezeigt wird. Nachdem die Schülerinnen und Schüler den Text gelesen haben, soll es im darauffolgenden Unterrichtsgespräch um die grundsätzliche Frage gehen, inwiefern das Wissen der biografischen Entstehungsbedingungen eines literarischen Textes überhaupt sinnvoll für dessen Interpretation ist. Konkreter gefragt: Ist es für die Deutung einer Erzählung von Kafka wichtig, seine Lebenssituation zur Zeit ihrer Entstehung zu kennen? Eingeleitet werden kann die Diskussion mit folgendem Frage-Impuls:

- *Kafka schildert in seiner ersten Veröffentlichung „Großer Lärm" offensichtlich eine reale Szene, die er in der elterlichen Wohnung Tag für Tag selbst erlebt hat. Halten Sie es für sinnvoll und wichtig für das Verständnis eines literarischen Textes, die biografischen Hintergründe seiner Entstehung zu kennen? Was sind die Vorteile eines solchen Wissens? Sehen Sie auch mögliche Gefahren und Nachteile?*

Hier sind sicherlich vielfältige, auch gegensätzliche Antworten denkbar. Ziel des Gesprächs ist es daher vor allem, die Lernenden allgemein zur Reflexion über Möglichkeiten und Grenzen literarischer Interpretationen zu motivieren. Bereits an dieser Stelle können grundsätzliche, auch in der Literaturwissenschaft kontrovers diskutierte Problemfelder angeschnitten werden, wie beispielsweise: Gibt es „die eingeschriebene Wahrheit" eines Textes? Spielt die „Intention des Autors" eine Rolle für die Textdeutung? Ist diese Intention überhaupt ermittelbar? Und welche Rolle hat der Leser, also der Rezipient des Textes? Sollte er seine eigenen Empfindungen bei der Lektüre zurücknehmen, um zu einer möglichst wertfreien Deutung zu gelangen (aber: ist dies überhaupt möglich?), oder gehören diese Empfindungen selbst auch zur Interpretation? Die Diskussion sollte schließlich auf die Ausgangsfrage nach dem Sinn und Nutzen der Kenntnis biografischer Informationen zum Textverständnis zurückgeführt werden. Die einzelnen Antworten hierzu können in Form einer Gegenüberstellung der Vor- und Nachteile folgendermaßen an der Tafel festgehalten werden:

Biografische Kenntnisse für die Interpretation eines literarischen Werks?

Pro
- Text gewinnt zusätzliche Dimension.
- Bestimmte Handlungsaspekte kann man ohne Kenntnis der biogr. Fakten nicht verstehen.
- Man lernt das literarische Vorgehen des Autors besser kennen (Einblick in Schaffensprozess).

Kontra
- Text soll für sich selbst sprechen.
- Gefahr des „biografistischen" Kurzschlusses.
- Der Blick in die Psyche ist nicht möglich. Alles, was der Leser zur Interpretation hat, ist ein Text.

2.2 Drei „kafkaeske" Themen im „Verschollenen"

Dass sich autobiografische Themen auch im Roman „Der Verschollene" – wie in allen Werken Kafkas – finden, sollen die Lernenden in dieser Unterrichtseinheit anhand detaillierter Textanalysen erarbeiten. Zum Einstieg empfiehlt sich zunächst ein allgemeines Unterrichtsgespräch:

■ *Wir haben in den vergangenen Unterrichtsschritten zentrale Themen von Kafkas literarischem Werk kennengelernt. Welche dieser Themen finden sich auch im „Verschollenen"?*

Die Antworten, zu denen die Lernenden bei Bedarf auch den Lebenslauf (Textausgabe, S. 263–267) zur Hand nehmen dürfen, können an der Tafel mitnotiert werden:

„Kafkaeske" Themen im Roman „Der Verschollene"

- Einsamkeit
- Schuld/Strafe
- moderne Technik
- undurchschaubare Bürokratie
- gesellschaftliche Ungerechtigkeit
- Vater-Sohn-Konflikt
- tabuisierte Sexualität
- Neid und Gier
- Fremdheit und Isolation des Menschen in der Moderne
- Macht und Ohnmacht
- Hoffnung und Enttäuschung
- Freiheit vs. Pflicht
- Entfremdung

Im Anschluss daran kann zur Vertiefung das **Arbeitsblatt 7**, S. 63, hinzugezogen werden. In dem hier abgedruckten Nachwort zur ersten Ausgabe stellt der Herausgeber Max Brod Kafkas Amerika-Roman thematisch in eine Reihe mit den anderen Romanen Kafkas „Der Prozeß" und „Das Schloß". Um Brods Ausführungen besser nachzuvollziehen, bietet sich an dieser Stelle zunächst ein Schülerreferat oder ein Lehrervortrag an, in dem die Handlungen dieser beiden später entstandenen Romanfragmente kurz vorgestellt werden. Danach wird der Kurs in Arbeitsgruppen aufgeteilt, die folgenden Auftrag erhalten:

■ *Lesen Sie Max Brods Nachwort und fassen Sie seine Ausführungen in eigenen Sätzen zusammen. Was sind für ihn die zentralen Themen von Kafkas Amerika-Roman? Nehmen Sie kritisch Stellung zu Brods Thesen.*

Die Ergebnisse werden im Kursrahmen vorgestellt und besprochen. Vermutlich haben die Lernenden keine Schwierigkeiten gehabt, Brods Grundgedanken zusammenzufassen. Hauptsächlich geht es ihm im Vorwort um die Gemeinsamkeiten der drei Romane Kafkas, die er unter dem Titel „Trilogie der Einsamkeit" subsumiert, aber auch um die Unterschiede des „Verschollenen" zum „Prozeß" und zum „Schloß". Überaus fragwürdig ist allerdings seine These, dass Karl Roßmann „sein Ziel, sich im Leben als anständiger Mensch zu bewähren und die Eltern zu versöhnen, erreichen wird". So ist es durchaus sinnvoll, bereits an dieser Stelle mit den Schülerinnen und Schülern kurz über das vermutlich geplante Ende von Kafkas unvollendetem Amerika-Roman zu diskutieren: Welches Schicksal erwartet Karl Roßmann? Hat Kafka wohl eher ein Happy End oder einen tragischen Ausgang der Handlung vor Augen gehabt? (Vgl. zum Ausgang des Romans aber v. a. Baustein 5.1 und 5.2)

Nach dem Unterrichtsgespräch können die Ergebnisse durch folgendes Tafelbild zusammengefasst werden:

Max Brods Nachwort zum „Verschollenen" (= „Amerika")

- Kafkas drei Romane „Der Verschollene" (= „Amerika"), „Der Prozeß" und „Das Schloß" sind thematisch eng miteinander verwandt = „Trilogie der Einsamkeit"
- Grundthemen aller drei Romane: Fremdheit und gesellschaftliche Isolation
- Inhaltliche Gemeinsamkeiten: Vergeblicher Versuch des Einzelnen, sich in die menschliche Gemeinschaft (auf höherer Ebene: in ein Gottesreich) einzuordnen
- Unterschiede des „Verschollenen" zu den zwei anderen Romanen:
  - heller, freundlicher; Happy End
  - Kafka steht Karl Roßmann empathischer gegenüber als Josef K. (= Protagonist im „Prozeß") und dem Landvermesser K. (= Protagonist im „Schloß")

Kafkas „Verschollener" steht thematisch in einer Reihe mit seinen anderen Romanen, setzt aber auch eigene Akzente.

Im Folgenden sollen drei – eng miteinander verwandte – Themen in den Fokus rücken, die sowohl eine wichtige Rolle in Kafkas Leben spielen als auch einen zentralen Stellenwert in seinem Amerika-Roman einnehmen:
1. Das Problem der Schuld
2. Der Vater-Sohn-Konflikt
3. Der Zwiespalt zwischen Beruf und Berufung

Das Problem der Schuld

Eines der Hauptthemen in Kafkas gesamtem Werk ist das Problem der Schuld und der darauf folgenden Strafe. So wird beispielsweise Josef K., der Protagonist des Romans „Der Prozeß", eines Tages aus unerfindlichen Gründen angeklagt und wenig später hingerichtet. Und Georg Bendemann, die Hauptfigur in der Erzählung „Das Urteil", wird vom eigenen Vater, der sich durch seinen Sohn in seiner Machtstellung herausgefordert sieht, zum Tode verurteilt – woraufhin er sich denn auch sogleich im nahe gelegenen Fluss ertränkt. Besonders prägnant hat Kafka das Thema auch in seiner Parabel „Der Schlag ans Hoftor" gestaltet, die nicht zuletzt aufgrund des riesigen Gefälles zwischen der vermeintlichen Schuld des Protagonisten und seiner Bestrafung unheimlich und surreal wirkt. Es empfiehlt sich, den Unterrichtsschritt mit einem Blick auf diese Parabel (**Arbeitsblatt 8**, S. 64) zu beginnen. Nach der gemeinsamen Lektüre kann das Unterrichtsgespräch mit folgenden Frage-Impulsen eingeleitet werden:

- *Fassen Sie die Geschichte in eigenen Worten zusammen.*
- *Was macht diesen Text so unheimlich? Wie erscheint hier die Rechtsprechung?*

Im Zentrum der Geschichte steht eine scheinbar harmlose Tat, eigentlich nicht der Rede wert: Die Schwester des Ich-Erzählers schlägt wie nebenbei an ein Hoftor, vielleicht aber droht sie auch nur und es kommt nicht einmal zum Schlag. Der Ich-Erzähler jedoch muss bald darauf erkennen, dass die Tat aus Sicht der Hofbesitzer alles andere als harmlos und unbedeutend ist. Er – nicht die Schwester, für die man sich kaum interessiert – wird festgenommen. Der dunkle, kahle Raum, in den er geführt wird und in dessen Mitte eine Vorrichtung steht, „halb Pritsche, halb Operationstisch", lässt die schmerzvolle Strafe erahnen, der er bald ausgesetzt sein wird. Ein surrealer Alptraum! Der Kontrast zwischen der Tat, die gesühnt werden soll – von einem „Vergehen" lässt sich schwerlich sprechen –, und der darauf folgenden Bestrafung ist so unverhältnismäßig groß (zumal der Ich-Erzähler ja völlig unschuldig ist), dass die Geschichte eher der Fantasie eines Fieberkranken als der Realität zu entstammen scheint.

In einem nächsten Schritt kann der Fokus des Unterrichtsgesprächs beispielsweise mit dieser Frage auf Kafkas Roman gelenkt werden:

- *Warum wohl haben wir Kafkas Geschichte „Der Schlag ans Hoftor" gelesen, bevor wir uns dem Roman „Der Verschollene" zuwenden? Welche inhaltliche Parallele erkennen Sie zwischen den beiden Texten?*

Vermutlich haben die Lernenden die inhaltliche Gemeinsamkeit zwischen dem „Schlag ans Hoftor" und dem „Verschollenen" ohne weitere Hinweise erkannt. Ähnlich wie der Ich-Erzähler in der Parabel ergeht es auch Karl Roßmann. Auch er muss während der gesamten Handlung wiederholt erleben, dass er für begangene Verfehlungen – so gering sie letztlich auch sind – hart bestraft wird, ohne sich angemessen verteidigen zu können.
Eine solche Strafe steht bereits ganz am Anfang des Romans, wurde Karl doch von seinen Eltern verstoßen, nachdem er ein Dienstmädchen geschwängert hat. Auch wenn zur Begründung angeführt wird, dadurch eine drohende Alimentenzahlung und außerdem einen Skandal vermeiden zu wollen (vgl. 26, 14–26, 15), ist es doch offensichtlich, dass ihn seine Eltern durch die Verschickung nach Amerika auch bestrafen. Dabei ist Karls Schuld bei genauerer Betrachtung fast ebenso fragwürdig wie die Schuld des Ich-Erzählers im „Schlag ans Hoftor".

Um die Lernenden schrittweise an diese Zusammenhänge zu führen, kann das Unterrichtsgespräch durch folgenden Frageimpuls weitergeführt werden:

- *Warum wurde Karl von seinen Eltern weggeschickt?*

Falls die Lernenden diese Frage nicht spontan beantworten können, empfiehlt sich die gemeinsame Lektüre des Textabschnitts, in dem der Grund für Karls Bestrafung beschrieben wird (25, 16–28, 15). Nachdem der Onkel die zurückliegenden Ereignisse in dieser Szene kurz zusammengefasst hat, erinnert sich Karl selbst an die Verführung durch das Dienstmädchen. Nach der gemeinsamen Lektüre bieten sich folgende Frage-Impulse zur Weiterführung und Lenkung des Unterrichtsgesprächs an:

- *Dass Karl nach Amerika geschickt worden ist, erscheint wie eine Strafe der Eltern. Aber hat er sich überhaupt schuldig gemacht?*
- *Wie bewerten Sie das Urteil der Eltern? Halten Sie es für gerecht?*

Die Schülerinnen und Schüler werden vermutlich mehrheitlich der Meinung sein, dass sich Karl keineswegs schuldig gemacht hat. In seiner Erinnerung an die damalige Schwängerung wird sehr deutlich, dass er in der gesamten Verführungsszene weitgehend passiv geblieben ist. Das Dienstmädchen hat ihn geradezu mit Gewalt in ihr Zimmer geführt, die Tür zugesperrt und ihn verführt. „Würgend umarmte sie seinen Hals und während sie ihn bat sie zu entkleiden, entkleidete sie in Wirklichkeit ihn". (27, 29–27, 31) Der einzige Vorwurf, den ihm seine Eltern machen könnten, ist, dass Karl alles stumm über sich ergehen ließ und sich gegen den Übergriff der Älteren nicht gewehrt hat. Dass sie ihn aber sogleich verstoßen und nach Amerika geschickt haben, erscheint als völlig unangemessene, da viel zu strenge Bestrafung.
Ein ähnlich hartes, ungerechtfertigtes Urteil muss Karl wenig später vom Onkel entgegennehmen. Da er gegen dessen Willen gehandelt hat, wird er zur Strafe fortgeschickt und seinem weiteren Schicksal überlassen. Auch hier offenbart sich eine kaum erklärbare Diskre-

panz zwischen Karls (vermeintlicher) Schuld und der anschließenden Bestrafung. Der Kurs wird in Arbeitsgruppen aufgeteilt, die folgenden Auftrag erhalten:

- *Lesen Sie den Abschiedsbrief des Onkels an Karl (78, 17–79, 10). Was wirft er seinem Neffen darin vor und wie bestraft er Karl für dessen angebliches Vergehen? Halten Sie den Vorwurf und die Strafe für berechtigt? Lesen Sie zur Beantwortung auch die Szene, in der Karl mit seinem Onkel über den geplanten Besuch bei Herrn Pollunder spricht (45, 20–47, 2).*

Nach der Bearbeitungszeit werden die Ergebnisse im Kursrahmen vorgestellt und miteinander besprochen. Voraussichtlich haben die Arbeitsgruppen problemlos den Grund erkannt, weshalb der Onkel seinen Neffen Karl fortschickt: Dieser habe sich gegen seinen Willen für einen Besuch im Landhaus von Herrn Pollunder entschieden, ein weiterer Aufenthalt Karls beim Onkel komme daher nicht mehr in Frage. Als „ein Mann von Principien" (78, 19) könne er einen solchen „allgemeinen Angriff" (78, 25) gegen seine Person nicht dulden. So leid es ihm tue, zur Wahrung seiner Prinzipien – und damit seiner Existenz – müsse er sich nun von Karl trennen. Hinter den überaus höflichen, aber zugleich auch distanziert wirkenden Zeilen des Briefs ist die tiefe Kränkung spürbar, die ihm Karl durch seine eigenmächtige Entscheidung zugefügt hat. Der Onkel, ein erfolgreicher Geschäftsmann und einflussreicher Senator, scheint es nicht gewohnt, dass man seinem Willen nicht folgt. Liest man allerdings aufmerksam das vorangegangene Gespräch zwischen dem Onkel, Herrn Pollunder und Karl, in dem die Entscheidung für den Besuch im Landhaus bei New York fällt (45, 20–47, 2), so wird deutlich, dass Karl auch in dieser Situation keineswegs frei entscheidet und aktiv handelt, sondern letztlich Herrn Pollunder folgt, der zum Besuch drängt. Karl selbst scheint es vor allem wichtig, seinen Onkel nicht zu kränken. Aber auch dieser willigt schließlich, nachdem Herr Pollunder an seine Tochter Klara erinnert hat, die man nicht enttäuschen dürfe, in den Besuch ein: „Also lauf schon in Dein Zimmer" (46, 20–46, 21), sagt er zu Karl und stimmt damit der Entscheidung ausdrücklich zu. Doch schon in dieser Situation scheint er darüber verärgert zu sein, dass nicht er, sondern Herr Pollunder seinen Willen durchgesetzt hat, „und er schlug mehrmals wie ohne Willen gegen die Armlehne des Fauteuils" (46, 21–46, 22). So ist es kein Wunder, dass Karl ihn wenig später im Zimmer nicht mehr vorfindet: „Als er reisefertig zurückkehrte, traf er im Bureau nur noch Herrn Pollunder, der Onkel war fortgegangen." (47, 2–47, 3) Der Brief, den der Onkel kurz danach schreibt, ist somit keine vernünftige und nachvollziehbare Erziehungsmaßnahme, sondern erweist sich in Wirklichkeit als Ausdruck gekränkten Stolzes und narzisstischer Verletzung. Dementsprechend hart und gnadenlos fällt das Urteil über Karl aus.

Ähnlich ungerecht wird Karl auch wenig später im Hotel occidental behandelt: Erneut wird er für ein Handeln bestraft, mit dem er sich letztlich nicht schuldig gemacht hat. Auf eine ausführliche Analyse dieser Episode im Unterricht kann aus Zeitgründen verzichtet werden, da sie keine relevanten neuen Ergebnisse bringt. Zur Verständnisvertiefung ist es allerdings empfehlenswert, die Lernenden mit dieser Analyse im Rahmen einer Hausaufgabe zu beauftragen:

- *Lesen Sie das Kapitel VI „Der Fall Robinson" noch einmal und erarbeiten Sie, welches Vergehen Karl hier vorgeworfen wird und wodurch man ihn bestraft. Beurteilen Sie in einem nächsten Schritt, ob er sich tatsächlich schuldig gemacht hat und zu Recht verurteilt worden ist.*

Die Ergebnisse können im Unterrichtsgespräch vorgestellt und besprochen werden. Die Lernenden sollten erarbeiten, dass Karl seine Stellung im Hotel occidental verliert, nachdem er gegen die dort für Liftjungen geltenden Regeln verstoßen hat. Notgedrungen hat er den hilfebedürftigen, da betrunkenen Robinson zur Ausnüchterung in den Schlafsaal geführt.

Dieses Vergehen und noch weitere angebliche Regelverstöße – so soll Karl den Oberportier nicht häufig genug gegrüßt haben und außerdem nachts in der Stadt herumgelungert sein – werden vom Oberkellner mit Karls Entlassung bestraft. Bei genauerer Betrachtung erweist sich aber auch dieses Urteil gegenüber Karl als maßlos ungerecht. Viele der Vorwürfe – etwa die angeblich verweigerten Grüße oder seine nächtlichen Ausflüge – sind schlichtweg erfunden. Aber auch im Umgang mit Robinson mochte er zwar gegen die offizielle Dienstordnung verstoßen haben, in Wirklichkeit aber blieben ihm in der konkreten Situation kaum andere Entscheidungsmöglichkeiten. Auch wenn es seinen Richtern leichtfällt, Karls angebliche Schuld zu beweisen, hat er sich doch letztlich beim plötzlichen Auftauchen Robinsons vollkommen richtig verhalten. Jedes andere Verhalten hätte vermutlich ähnlich tragische Konsequenzen für ihn gehabt. So wird er auch in dieser Episode hart bestraft, ohne sich wirklich schuldig gemacht zu haben.

Zur Zusammenfassung der vorangegangenen Textanalysen bietet sich folgender Auftrag an, der in Arbeitsgruppen ausgeführt werden kann:

- *Fassen Sie die analysierten Episoden, in denen Karl bestraft wird, übersichtlich in einer Tabelle zusammen. Führen Sie in dieser Tabelle jeweils den Ort des Urteils, den Vorwurf gegen Karl, den Urteil sprechenden Richter, die Strafe und den Grad von Karls Schuld auf.*

Nach der Bearbeitungszeit werden die Ergebnisse vorgestellt und besprochen. Die Tabelle kann beispielsweise in folgender Form an der Tafel präsentiert werden:

Schuld und Strafe im „Verschollenen"

Ort	Vorwurf	Richter	Strafe	Schuld
Heimat	Schwängerung des Dienstmädchens	Karls Eltern	verstoßen, nach Amerika geschickt	gering, wenn überhaupt
New York	gegen Onkels Willen gehandelt	Karls Onkel	verstoßen, in die Fremde geschickt	unschuldig
Hotel occidental	gegen Dienstordnung verstoßen	der Oberkellner (der Oberportier)	entlassen, fortgejagt	gering, konnte kaum anders handeln

In jeder Episode zeigt sich eine riesige Diskrepanz zwischen Karls Schuld und seiner Bestrafung.

Zur Verständnissicherung und -vertiefung bietet sich ein abschließender Schreibauftrag an, der sich gut als Hausaufgabe eignet:

- *Stellen Sie sich vor, Karl schreibt einen Brief an die Person, die ihn zur Strafe weggeschickt hat, um sein Verhalten zu verteidigen und das ausgesprochene Urteil zu kritisieren. Versetzen Sie sich in seine Perspektive und schreiben Sie diesen Brief. Dabei können Sie den Adressaten je nach Belieben wählen: Richten Sie*

den Brief also entweder an die Eltern, an den Onkel oder an den Oberkellner und den Oberportier.

Wie in den vorangegangenen Unterrichtsschritten erarbeitet, muss Karl während der Romanhandlung aufgrund vermeintlicher Vergehen wiederholt ein hartes Urteil entgegennehmen. Jedes Mal wird er von seinen Richtern zur Strafe weggeschickt, kommt aber immer mit seinem Leben davon. Dies könnte sich jedoch anders verhalten, hätte Kafka seinen Roman beendet. Einiges deutet darauf hin, dass er ein tragisches Ende, nämlich den Tod seines Protagonisten, geplant hatte. Viele Kafka-Forscher gehen davon aus, dass das „Teater von Oklahama", in dem Karl schließlich aufgenommen wird, die letzte Station seines Lebenswegs ist. So wurde dieses Theater beispielsweise als Sinnbild für den Tod, als paradiesische Jenseitsvorstellung oder auch als gigantisches letztes Gericht interpretiert, in dem Karl schließlich zum Tode verurteilt wird. Betrachtet man andere Werke Kafkas wie z. B. „Der Prozeß", „Das Urteil" oder „Der Schlag ans Hoftor", so zeigt sich, wie plausibel und naheliegend solche Lesarten des „Teaters von Oklahama" sind. Es bietet sich daher an, bereits an dieser Stelle auf Karls weiteres Schicksal einzugehen und je nach zur Verfügung stehenden Zeit einzelne Unterrichtselemente aus dem Baustein 5 einzusetzen, in dem der (geplante) Romanausgang ausführlich thematisiert und diskutiert wird.

Der Vater-Sohn-Konflikt

Eng verbunden mit dem Thema Schuld und Strafe ist ein anderes Thema, das in Kafkas Leben und Werk eine zentrale Rolle spielt, nämlich sein Konflikt mit dem Vater. Vieles spricht dafür, dass das Grundgefühl existenzieller Schuld, das in Kafkas Texten in Form strenger Urteile von mächtigen Richterfiguren wiederholt zum Ausdruck kommt, unmittelbare Folge dieses Konflikts ist. Ob in seinem literarischen Werk, in den Tagebüchern oder Briefen – immer wieder beschrieb Kafka seine gefühlte Ohnmacht gegenüber seinem Vater Hermann Kafka, einem erfolgreichen Kaufmann, geachteten Mitglied der bürgerlichen Gesellschaft Prags und Oberhaupt einer großen Familie. Das wohl eindrucksvollste Zeugnis dieses Generationenkonflikts stellt Kafkas 1919 verfasster (aber niemals abgeschickter) „Brief an den Vater" dar. Auf über 100 handschriftlichen Seiten versucht Kafka hier, sein überaus problematisches Verhältnis zum Vater darzustellen, in dessen Einfluss er den eigentlichen Grund für seine Lebensschwierigkeiten zu erkennen meint.

Angesichts der zentralen Bedeutung dieses Konflikts für Kafkas Leben und Œuvre bietet sich an dieser Stelle zunächst ein Schülerreferat über den „Brief an den Vater" an. Alternativ oder zusätzlich empfiehlt sich auch die Lektüre eines Textausschnitts aus diesem Brief (Textausgabe, S. 272–274). Die Schülerinnen und Schüler erhalten folgenden Auftrag:

- *Lesen Sie die Textpassage „Kafka über den Vater" (Textausgabe, S. 272–274) aus dem „Brief an den Vater" und achten Sie insbesondere darauf, wie Kafka hier seinen Vater und die Beziehung zu ihm darstellt.*

In der Textpassage, dem Anfang des gesamten „Briefs an den Vater" entnommen, schildert Kafka ganz allgemein den ungeheuren Einfluss, den sein Vater seit seiner Kindheit bis ins Erwachsenenalter auf ihn hatte. Besonders eindringlich erscheint hierbei eine sehr frühe Kindheitserinnerung: Nachdem Franz als kleiner Junge in der Nacht quengelte, setzte ihn Hermann Kafka kurzerhand nach draußen vor die Tür. Kafka ist überzeugt davon, durch diese Handlung „einen inneren Schaden" (272, 12) erlitten zu haben, der niemals wieder heilte: „Noch nach Jahren litt ich unter der quälenden Vorstellung, dass der riesige Mann, mein Vater, die letzte Instanz, fast ohne Grund kommen und mich in der Nacht aus dem Bett auf die Pawlatsche tragen konnte und dass ich also ein solches Nichts für ihn war."

(273, 16–273, 17) Das Gefühl der absoluten Bedeutungslosigkeit und Nichtigkeit gegenüber dem mächtigen Vater erlebte Kafka auch in zahlreichen anderen Situationen: etwa in der Badeanstalt beim Anblick des nackten Vaters: „Ich mager, schwach, schmal, Du stark, groß, breit." (273, 16–273, 17) Doch nicht nur durch die „bloße Körperlichkeit" (273, 14–273, 15) des Vaters, auch durch dessen „geistige Oberherrschaft" (273, 34) fühlte sich Kafka „niedergedrückt" (273, 14): Obwohl sich der Vater in seinen Überzeugungen häufig widersprach, war er für Kafka doch „das Maß aller Dinge". (273, 19) Gerade in seiner Arroganz und Ignoranz, die keine anderen Meinungen neben sich gelten ließ, wurde Hermann Kafka zu einem Fixpunkt für seinen Sohn, von dem er sich nie wirklich zu lösen vermochte: „Du bekamst für mich das Rätselhafte, das alle Tyrannen haben, deren Recht auf ihrer Person, nicht auf dem Denken begründet ist." (274, 12–274, 14)

Die Ergebnisse des Unterrichtsgesprächs lassen sich durch ein zusammenfassendes Tafelbild stichpunktartig sichern:

Kafka über seinen Vater

- Einfluss des mächtigen Vaters schon seit frühester Kindheit
- als Kind zahlreiche Demütigungen erlebt, die bleibenden Schaden hinterlassen haben
- Kafka fühlt sich zeit seines Lebens im Schatten des Vaters klein und nichtig

Nachdem die Lernenden Kafkas problematische Beziehung zu seinem Vater kennengelernt haben, kann der Fokus nun auf den Roman gerichtet werden. Ein entsprechendes Unterrichtsgespräch lässt sich beispielsweise durch folgenden Frage-Impuls beginnen:

- *Wir haben Kafkas schwierige Beziehung zu seinem Vater nun kennengelernt. Inwiefern zeigt sich dieser Konflikt auch im „Verschollenen"? Was erfahren wir über Karls Verhältnis zu seinem Vater?*

Vermutlich werden die Schülerinnen und Schüler ohne weitere Hinweise erkennen, dass der Vater-Sohn-Konflikt auch in Kafkas Roman gestaltet ist. Auch wenn Karls Vater nicht direkt in der Romanhandlung auftritt, steht sein (mit seiner Frau gesprochenes) Urteil über seinen Sohn doch am Anfang aller weiteren Geschehnisse: Indem er Karl zur Strafe nach Amerika schickt, wird das Machtgefälle zwischen Vater und Sohn deutlich. Ähnlich wie der quengelnde Franz als Kind von seinem Vater eines Nachts nach draußen in die Kälte gesetzt worden ist, wird auch Karl von seinem Vater behandelt: „Mein lieber Neffe", fasst der Onkel die Situation bildhaft zusammen, „ist nun von seinen Eltern [...] einfach beiseitegeschafft worden, wie man eine Katze vor die Tür wirft, wenn sie ärgert." (25, 16–25, 19) Aber auch wenn der Onkel diese Strafe als viel zu hart und ungerecht kritisiert, schlüpft er doch bald selbst in die Rolle des Vaters (siehe dazu auch Baustein 1.1) und spricht ein ähnlich strenges Urteil über Karl. Das Unterrichtsgespräch kann mit folgender Frage in diese Richtung gelenkt werden:

- *Welche Figur übernimmt die Rolle von Karls Vater? Inwiefern entsteht wieder eine ganz ähnliche Vater-Sohn-Konstellation?*

Zur Vertiefung empfiehlt sich eine Besprechung der Textpassage, in der die Ambivalenz der Beziehung zwischen Karl und seinem Onkel besonders deutlich zum Ausdruck kommt (36, 9–40, 12). Nach der gemeinsamen Lektüre bieten sich folgende Frage-Impulse zur Weiterführung und Lenkung des Unterrichtsgesprächs an:

- *Beschreiben Sie das Verhältnis zwischen dem Onkel und Karl in eigenen Worten. Durch welche gegenseitigen Wünsche und Erwartungen ist dieses Verhältnis geprägt?*
- *Wie verhält sich der Onkel gegenüber Karl? Zeigt er sich ihm gegenüber wirklich freundlich und großzügig? Begründen Sie Ihre Meinung anhand passender Zitate.*
- *Welche Vorteile und welche Nachteile bringt Karl der Aufenthalt beim Onkel? Würden Sie sich an seiner Stelle wohlfühlen?*

Die Lernenden werden voraussichtlich einstimmig der Meinung sein, dass der Aufenthalt beim Onkel keineswegs verlockend und wünschenswert ist. Karl genießt zwar einige Annehmlichkeiten, die er ohne den Onkel nicht hätte. So stellt für ihn bereits der Blick vom hohen Balkon hinunter aufs geschäftige Treiben New Yorks ein besonderes Vergnügen dar, und auch der große Schreibtisch mit modernstem Mechanismus wirkt faszinierend auf ihn. Noch größer ist Karls Freude, als ihm der Onkel seinen Wunsch nach einem eigenen Klavier erfüllt. Doch all diese Annehmlichkeiten werden durch die Ermahnungen des Onkels getrübt, es mit diesen Beschäftigungen nicht zu übertreiben oder sie am besten ganz zu unterlassen. So verzieht er „immer ärgerlich das Gesicht" (36, 29–36, 30), wenn er Karl auf dem Balkon antrifft, rät seinem Neffen, den Regulator des Schreibtischs „möglichst gar nicht zu verwenden" (38, 5), und steht auch dem Klavier-Wunsch skeptisch gegenüber. Paradox ausgedrückt: Karls Freude an den Vorzügen, die ihm sein Onkel ermöglicht, wird gleichzeitig durch den Onkel zerstört. Daher steht auch Karl selbst den Annehmlichkeiten ambivalent gegenüber: So versagt er „sich infolgedessen das Vergnugen, auf dem Balkon zu stehn, nach Möglichkeit" (36, 33–36, 34) und gönnt „sich auch ohne Mahnung nur selten das Vergnügen des Spieles" mit dem Klavier (39, 21–39, 22). Gerade in diesen selbst auferlegten Einschränkungen wird das riesige Machtgefälle zwischen Karl und dem Onkel offensichtlich. Karl tauscht seine Freiheit und Autonomie gleichsam gegen die Zustimmung und Freundlichkeit des Onkels ein. Sein größter Wunsch ist es, dessen Erwartungen zu erfüllen. Daher ist es kein Wunder, dass Karl besonderen Ehrgeiz zeigt, Englisch zu lernen, bietet ihm dies doch die Möglichkeit, „seinem Onkel eine außerordentliche Freude durch rasche Fortschritte zu machen" (39, 33–39, 34). Und tatsächlich zeigt sich der Onkel angesichts der raschen Lernerfolge seines Neffen „tiefernst vor Zufriedenheit" (40, 6–40, 7).

Die Ergebnisse des Unterrichtsgesprächs können durch folgendes Tafelbild gesichert werden:

Karls Aufenthalt beim Onkel

Vorteile	Nachteile
Annehmlichkeiten (z. B. Blick von Balkon, modernster Schreibtisch)	Karls Freude bleibt stets durch die Erwartungen und den Arger des Onkels getrübt; Freude nur mit schlechtem Gewissen
Wünsche werden erfüllt (z. B. eigenes Klavier)	

➜ Ambivalente Situation: Der Onkel ist gegenüber Karl nur freundlich und großzügig, wenn dieser seine Erwartungen efüllt. Karl tauscht Freiheit und Autonomie gegen Freundlichkeit des Onkels ein.

Zum Abschluss empfiehlt sich ein Unterrichtsgespräch über die Vor- und Nachteile, die Karl durch die baldige Trennung vom Onkel erfährt:

- *Nachdem sich Karl gegen den Willen seines Onkels für einen Besuch bei Herrn Pollunder entschieden hat, wird er zur Strafe fortgeschickt. Wie beurteilen Sie diese Strafe? Ist sie für Karl eher eine glückliche oder unglückliche Fügung?*

Vor dem Hintergrund der zuvor erarbeiteten Ergebnisse werden die meisten Lernenden Karls Trennung vom Onkel vermutlich als gut und wichtig bewerten. Karl ist zwar nun auf sich allein gestellt und muss auf alle Annehmlichkeiten und Vorzüge, die ihm das Zusammenleben mit dem Onkel geboten hat, verzichten – im Gegenzug dazu aber erlangt er seine Autonomie zurück. Befreit aus einer ähnlichen Machtkonstellation wie einst in der Heimat mit seinem Vater, hat er nun die Chance, für seinen weiteren Lebensweg selbst die Verantwortung zu übernehmen und damit erwachsen zu werden. (Zur Verständnisvertiefung können an dieser Stelle auch Elemente aus dem Baustein 1.1 eingesetzt werden.)

Der Zwiespalt zwischen Beruf und Berufung

Die wichtigste Möglichkeit, sich von seinem Vater abzugrenzen und einen Bereich eigener Freiheit und Autonomie zu wahren, sah Kafka in seiner Literatur. Wie bereits im vorangegangenen Unterkapitel erarbeitet, war das Schreiben für ihn von existenzieller Bedeutung, die meisten anderen Beschäftigungen und Interessen mussten sich ihm zeitlebens unterordnen. Dennoch – oder gerade deshalb – wagte Kafka niemals den Schritt in die hauptberufliche Schriftstellerei. Er arbeitete bis zu seiner Pensionierung aus Krankheitsgründen in einer Prager Versicherungsgesellschaft und konnte seiner literarischen Leidenschaft daher nur in der Freizeit, insbesondere in den Abendstunden nachgehen. So litt er immer wieder unter dem Zwiespalt zwischen dem Brotberuf in der Firma und seiner eigentlichen Berufung, dem Schreiben. Zum Einstieg in diesen Unterrichtsschritt ist folgende Recherche-Aufgabe denkbar:

- *Recherchieren Sie im Internet, welchen Beruf Kafka ausübte. Fassen Sie die wichtigsten Stationen seines Berufswegs zusammen.*

Alternativ oder zusätzlich zum Rechercheauftrag kann der Text auf dem **Arbeitsblatt 9**, S. 65, herangezogen werden, der einen ersten Überblick über Kafkas beruflichen Weg vermittelt. Die Lernenden erhalten folgenden Auftrag:

- *Lesen Sie den Text auf dem Arbeitsblatt und fassen Sie Kafkas berufliche Stationen stichpunktartig zusammen. Beschreiben Sie in einem zweiten Schritt in eigenen Worten das Problem, das sich für Kafka aus seinem Beruf ergab.*

Nach dem Unterrichtsgespräch können die Ergebnisse stichpunktartig an der Tafel gesichert werden:

Kafkas Beruf in der Versicherungsbranche

1906	Aushilfskraft in einer Rechtsanwaltskanzlei
1906/07	Referendar beim Prager Landgericht, danach beim Strafgericht
1907/08	Angestellter in der Versicherungsgesellschaft „Assicurazioni Generali" *(starke zeitliche Belastung, daher baldige Kündigung)*
1908	Angestellter in der „Arbeiter-Unfall-Versicherungs-Anstalt für das Königreich Böhmen in Prag" *(günstigere Arbeitszeiten; Möglichkeit, nachmittags und abends zu schreiben / allmählicher Aufstieg in der Firmenhierarchie)*
1922	Pensionierung wegen ausgebrochener Tuberkulose

Zeitlebens litt Kafka unter dem Problem, neben dem Beruf in der Versicherung zu wenig Zeit und Kraft für seine Berufung, das Schreiben, zu haben.

Nachdem die Lernenden Kafkas schwierige Situation zwischen Brotberuf und Berufung kennengelernt haben, kann der Fokus mit folgendem Frage-Impuls auf den Roman gelenkt werden:

- *Wir haben gesehen, dass Kafka häufig darunter litt, aufgrund seiner beruflichen Belastung zu wenig Zeit und Energie für seine eigentliche Berufung, das Schreiben, zu haben. Welche Stellen im Amerika-Roman fallen Ihnen ein, in denen dieses Problem anklingt?*

Voraussichtlich nennen die Schülerinnen und Schüler etliche Situationen, in denen der Protagonist Karl Roßmann aufgrund seiner Verpflichtungen kaum Zeit für andere Dinge hat. So würde er bei seinem Onkel in New York sicherlich gerne häufiger und intensiver Klavier spielen, verzichtet darauf aber zugunsten der Vorbereitungen auf seinen künftigen Beruf, insbesondere zugunsten des Englischlernens. Und auch wenig später im Hotel occidental lässt ihm der anstrengende Liftjungendienst nur noch wenige Stunden Freizeit, die er darüber hinaus auch noch für die Lektüre und Bearbeitung eines „Lehrbuch[es] der kaufmännisches Korrespondenz" (129, 27–129, 28) nutzt. Besonders deutlich hat Kafka den Konflikt zwischen Beruf und Berufung aber in der Szene gestaltet, in der sich Karl auf dem Balkon mit dem Studenten Josef Mendel unterhält.
Nach der gemeinsamen Lektüre der entsprechenden Textpassage (220, 4–224, 2) lässt sich das Unterrichtsgespräch durch folgende Aufgaben und Fragen einleiten und weiterführen:

- *Fassen Sie die berufliche Situation des Studenten in wenigen Sätzen zusammen.*
- *Inwiefern ist das Gespräch wichtig für die weitere Romanhandlung?*
- *Warum rät der Student Karl, in Delamarches Diensten zu bleiben? Wodurch kann er Karl schließlich überzeugen?*
- *Wie beurteilen Sie den Ratschlag des Studenten? Wären Sie an Karls Stelle bei Delamarche und Brunelda geblieben?*

Während des Gesprächs wird deutlich, dass der Student Josef Mendel tagsüber als Verkäufer in einem großen Warenhaus arbeitet und nachts seinem Studium nachgeht. Sorgt er also am Tag für seinen Lebensunterhalt, so widmet er sich in den nächtlichen Stunden seiner eigentlichen Leidenschaft. Den mangelnden Schlaf kompensiert er notdürftig durch schwarzen Kaffee. Für Karl ist das Gespräch mit dem Studenten deshalb von so großer Bedeutung, weil er sich erst durch Mendels Argumente dafür entscheidet, bei Delamarche und Brunelda in die Dienste zu gehen und nicht zu fliehen. Mit dem Hinweis darauf, wie schwierig es ist, in Amerika überhaupt einen Job zu finden, rät Mendel Karl dringend, bei der Auswahl seines Arbeitgebers nicht allzu wählerisch zu sein und die Gelegenheit, die sich ihm bei der Sängerin bietet, zu ergreifen. Vor allem auch der Umstand, dass der Student mit seinen Nachbarn auf Kriegsfuß steht, überzeugt Karl schließlich, gewinnt der Rat zu bleiben dadurch doch an besonderem Gewicht.
Schließlich kann das Unterrichtsgespräch durch folgenden Frageimpuls auf die auffällige Gemeinsamkeit der Situation des Studenten mit jener des Autors selbst gelenkt werden:

- *Inwiefernj gleicht die berufliche Situation des Studenten Josef Mendel der Situation Kafkas?*

Die Lernenden werden die auffälligen Parallelen zwischen der Romanfigur Josef Mendel und dem Autor Franz Kafka vermutlich ohne weitere Hinweise erfassen. So wie Kafka tagsüber seinem Brotberuf in der Versicherungsanstalt nachkam, um seine Berufung, das Schreiben, abends und nachts auszuüben, so arbeitet auch der Student Mendel tagsüber zur Sicherung seiner Existenz, nämlich als Verkäufer in einem Kaufhaus, um nachts seinem idealistischen Ziel, einem erfolgreichen Studienabschluss, entgegenzustreben. Beide opfern einen guten Teil ihrer Freizeit und ihres nächtlichen Schlafs zugunsten dieser anstrengenden Lebensführung. Mit einigem Recht kann man im Studenten Josef Mendel somit einen Leidensgenossen, eine Art Spiegelbild des Autors sehen: In dieser Romanfigur hat Kafka gleichsam seine schwierige berufliche Situation, unter der er auch während der Arbeit am „Verschollenen" litt, literarisch gestaltet.

Die Ergebnisse können beispielsweise durch folgendes Tafelbild gesichert werden:

Der Student Josef Mendel – Kafkas Leidensgenosse

	tagsüber **Brotberuf**	**nachts** **Berufung**
Autor: Franz Kafka	Arbeit bei Versicherung	Schreiben
Figur: Student Josef Mendel	Arbeit im Kaufhaus	Studium

➜ **Kafka hat den Zwiespalt zwischen Beruf und Berufung in der Figur des Studenten dargestellt.**

Auch wenn Kafka den Schritt in die hauptberufliche Schriftstellerei niemals gewagt hat, so hat er sich in seinen Tagebüchern und Briefen doch wiederholt ausgemalt, welche Verlockung es wäre, ohne berufliche und gesellschaftliche Verpflichtungen literarisch tätig sein, seine gesamte Zeit ausschließlich dieser Bestimmung widmen zu können. Besonders bildhaft und radikal hat er eine solche Vision in einem Brief an Felice Bauer gestaltet (Textausgabe, S. 271, 29–272, 5). Hier imaginiert er sich in die Rolle eines Kellerbewohners, der einsiedlergleich weit weg von allen anderen Menschen nur noch seiner Aufgabe des Schreibens nachgeht. „Was ich dann schreiben würde! Aus welchen Tiefen es hervorreißen würde! Ohne Anstrengung!" (271, 37–272, 1) Es spricht für Kafkas sarkastischen Humor, dass seine Hauptfigur Karl Roßmann nach dem Gespräch mit dem Studenten einen diametral entgegengesetzten Zukunftswunsch hat (vgl. 224, 11–225, 6). Er stellt sich vor, eines Tages eine Anstellung in einem Büro zu finden. „Wenn aber Karl einmal einen solchen Posten in einem Büro hätte, dann wollte er sich mit nichts anderem beschäftigen als mit seinen Büroarbeiten und nicht die Kräfte zersplittern wie der Student." (224, 32–224, 35) Alle zur Verfügung stehende Zeit – auch die nächtlichen Stunden – würde er einzig für diese Arbeit einsetzen: „Er wollte nur an das Interesse des Geschäftes denken, dem er zu dienen hätte". (225, 1–225, 2) Der Unterschied zwischen Kafkas Vision des schreibenden Kellerbewohners und Karls beruflichem Wunsch könnte nicht größer sein: Imaginiert sich Kafka die optimalen Bedingungen für das perfekte Schreiben, so mutiert Karl in seiner Vorstellung zu einer toten, pflichterfüllenden Marionette ohne eigene Ideale. So unterschiedlich beide Visionen auch sind, sie gleichen sich doch in ihrer Radikalität, ja Monstrosität. Beide Vorstellungen sind letztlich keine realistischen Lebenskonzepte – sondern lebensverneinende Karikaturen.

Der Kurs wird in Arbeitsgruppen eingeteilt, die folgenden Auftrag erhalten:

- *Vergleichen Sie Kafkas Vision des perfekten Schreibens (271, 29–272, 5) mit Karls beruflichem Wunsch (224, 11–225, 6). Inwiefern unterscheiden sich diese zwei hier beschriebenen Lebenskonzepte grundsätzlich voneinander? Welches Konzept erscheint Ihnen erstrebenswerter?*

Nachdem die Ergebnisse vorgestellt und miteinander besprochen worden sind, kann ein zusammenfassendes Tafelbild beispielsweise so ausschauen:

Kellerbewohner versus Arbeitsmarionette

Kafkas Vision im Brief an Felice Bauer	**Karls Berufswunsch nach dem Gespräch mit dem Studenten**
• einsamer Kellerbewohner	• seelenloser Bürobeamte
• Idealismus	• Pflichterfüllung
• lebt nur für innere Bestimmung	• lebt nur für äußere Erwartungen
• Streben nach eigener Anerkennung	• Streben nach gesellschaftlicher Anerkennung
• Ziel: das perfekte Schreiben	• Ziel: existenzielle Absicherung
• Gefahr: Wahnsinn	• Gefahr: innerer Tod

→ **Beide Lebenskonzepte führen in ihrer Radikalität in die soziale Isolation, sind unrealistisch, verkennen das Menschsein.**

Zum Abschluss dieses Unterrichtsschritts bietet sich ein Gespräch mit den Schülerinnen und Schülern über ihre eigenen Berufswünsche und insbesondere über ihre diesbezügliche Kompromissbereitschaft an:

- *Was ist Ihnen wichtiger bei Ihrem Berufswunsch: die existenzielle Sicherheit oder die ideelle Erfüllung? Würden Sie notfalls auch Kompromisse eingehen? Wie könnten diese Kompromisse konkret aussehen?*

2.3 Das Amerika-Bild im „Verschollenen“

In dieser Unterrichtseinheit geht es um das Amerika-Bild, das Kafka in seinem Roman „Der Verschollene“ vermittelt. Anhand detaillierter Textanalysen sollen die Schülerinnen und Schüler erarbeiten, dass es ihm mit seinen Beschreibungen keineswegs um eine realistische, gar naturalistische Abbildung der amerikanischen (Alltags-)Wirklichkeit gegangen ist. Er benutzte den Schauplatz der USA vielmehr dafür, die Entwicklungen der modernen Gesellschaft, die auch in Europa in allen soziokulturellen Bereichen unübersehbar waren, besonders plastisch gestalten zu können. Das Sujet USA diente ihm gleichsam als Vergrößerungsglas für die Darstellung allgemeiner Tendenzen. Bei Kafka ist Amerika „ein schreckensvoller Ort des Vertriebenseins, eines wirklichen ‚Geworfenseins‘ in das moderne Zeitalter“, wie Klaus Hermsdorf betont.[1]

Eingeleitet werden kann diese Unterrichtseinheit mit Michael Müllers Aufsatz (Textausgabe, S. 286–288), der den Lernenden vor Augen führt, dass seit dem 15. Jahrhundert und insbesondere zur Zeit der Romanentstehung Anfang des 20. Jahrhunderts in ganz Europa eine große Faszination für Amerika und speziell die USA herrschte. Der Kurs wird in Arbeitsgruppen eingeteilt, die folgenden Auftrag ausführen sollen:

- *Lesen Sie Michael Müllers Aufsatz (Textausgabe, S. 286–288) und fassen Sie in eigenen Worten zusammen, was die Faszination Europas für die USA seit dem 15. Jahrhundert ausmachte.*

Nach der Bearbeitungszeit werden die Ergebnisse im Kursrahmen besprochen. Ein zusammenfassendes Tafelbild kann beispielsweise so aussehen:

Die Amerika-Faszination in Europa

- Seit dem 15. Jahrhundert ist der amerikanische Kontinent Projektionsfläche für Wunschträume in Europa.
- Seit Ende des 18. Jahrhunderts werden v. a. die USA Ziel der Sehnsucht nach:
  - Gleichheit
  - wirtschaftl. Wohlergehen
  - individueller Entfaltung
  - einfachem Leben in Natur
- Ab Ende des 19. Jahrhunderts stehen die USA für
  - Erfindungsgeist und Fortschritt, insg. für „Modernität“
  - Land der Abenteuer

→ **USA werden vorrangiges Ziel für Emigranten bis zur Verschärfung der Einwanderungsgesetze 1910.**

→ **Seit dem 19. Jahrhundert entstehen etliche Amerika-Romane europäischer Autoren.**

Wie die meisten seiner Zeitgenossen war auch Kafka zeit seines Lebens stark von den USA fasziniert. Bereits als Jugendlicher plante er einen Roman über zwei rivalisierende Brüder, der in Amerika spielt (siehe Baustein 2.4). Doch während er dieses Schreibprojekt niemals reali-

[1] Klaus Hermsdorf: Kafka. Weltbild und Roman. Berlin 1961, S. 61

sierte, wählte er als Schauplatz für seinen etliche Jahre später begonnenen Roman „Der Verschollene" ebenfalls die USA. Dabei war Kafka selbst niemals in diesem Land, seine Kenntnisse gewann er nur indirekt, nämlich aus Reiseberichten, Zeitungsartikeln, Vorträgen und Gesprächen. Kafkas wichtigste Quellen und Vorlagen für seinen Amerika-Roman stellt Manfred Engel in seinem Aufsatz vor (Textausgabe, S. 289–292). Die Arbeitsgruppen erhalten folgenden Auftrag:

- *Lesen Sie Manfred Engels Text und notieren Sie sich stichpunktartig alle Quellen und Vorlagen, die Kafka für seine Arbeit am „Verschollenen" verwendet hat. Notieren Sie auch, als wie bedeutend Engel die jeweilige Quelle bzw. Vorlage einschätzt.*

Erneut werden die Arbeitsergebnisse im Kursrahmen vorgestellt und besprochen. Zur Wissensvertiefung sind an dieser Stelle auch kurze Schülervorträge beispielsweise über Arthur Holitschers Reisebericht „Amerika heute und morgen", Charles Dickens' Roman „David Copperfield" und Kafkas nach Amerika ausgewanderte Vettern[1] denkbar. Die Ergebnisse können durch folgende Übersicht an der Tafel oder als Folie präsentiert werden:

Kafkas Quellen und Vorlagen für seinen Amerika-Roman

- **Johannes Vilhelm Jensens Novelle „Der kleine Ahasverus"** (erschienen 1909 in der „Neuen Rundschau") → vermutlich v. a. Inspiration für die Therese-Geschichte im Roman
- **František Soukups Amerika-Reisebericht** (erschienen 1912); Kafka hat 1912 Soukups Vortrag besucht → wichtig für zahlreiche Details der amerikanischen (Lebens-)Wirklichkeit
- **Arthur Holitschers Reisebericht „Amerika heute und morgen"** (erschienen als Buch 1912; Vorabdrucke 1911/12 in der „Neuen Rundschau"); Kafka hat „Neue Rundschau" abonniert, außerdem auch Holitschers Buch gelesen → wichtig für zahlreiche Details der amerikanischen (Lebens-)Wirklichkeit
- **Charles Dickens' Roman „David Copperfield"** (erschienen 1849/50); Kafka hat den Roman vermutlich 1911 gelesen → Anklänge an Dickens v. a. in der Therese-Geschichte im Roman
- **Zeitungsberichte** über die USA in der deutschsprachigen Presse der Vorkriegszeit (also bis 1914) → wichtig für Details und Zusammenhänge der amerikanischen (Lebens-)Wirklichkeit
- **Familiäres Wissen**; drei Vettern Kafkas sind um die Jahrhundertwende nach Amerika ausgewandert → wichtig für Details und Zusammenhänge der amerikanischen (Lebens-)Wirklichkeit

Trotz der zahlreichen Quellen, aus denen Kafka Informationen und Hintergrundwissen über die USA gewonnen hat, weichen doch etliche seiner Beschreibungen im Roman von der amerikanischen (Alltags-)Wirklichkeit ab. Es ist sicherlich interessant, welche dieser Unstimmigkeiten die Lernenden bei ihrer Lektüre bemerkt haben:

- *Welche Beschreibungen in Kafkas Roman stimmen nicht mit der amerikanischen Wirklichkeit überein? Welche „Fehler" sind Ihnen aufgefallen?*

---

[1] Vgl. Textausgabe, S. 292–294.

Voraussichtlich haben die meisten der Schülerinnen und Schüler zumindest die Unstimmigkeit bemerkt, die sich bereits im allerersten Romanabschnitt findet: Bei Kafka hält die Freiheitsstatue ein „Schwert" (5, 7) anstelle einer Fackel in der Hand (siehe dazu auch Baustein 1.1). Neben dieser besonders auffälligen Veränderung gibt es allerdings noch einige andere Details, die von der Realität abweichen. So wird in Kafkas Roman nicht in Dollar und Cent gezahlt, sondern in „Pfund" (69, 4) und „Schilling" (75, 18). Es gibt eine „Brücke, die New York mit Boston verbindet" (92, 8), die in Wirklichkeit nicht existiert – liegen die beiden Städte doch über 300 Kilometer voneinander entfernt. Der Ort Oklahoma heißt bei Kafka „Oklahama" (z. B. 242, 3), und der Weg von New York nach San Francisco führt im „Verschollenen" nach „Osten" (79, 34), obwohl New York in Wirklichkeit an der Ostküste und San Francisco an der Westküste Nordamerikas liegt. Es ist anzunehmen, dass den Schülerinnen und Schülern nicht alle Details aufgefallen sind. Wenn es die Zeit zulässt, können sie durch die gemeinsame Lektüre der entsprechenden Textpassagen gesucht werden. Ansonsten reicht es aber auch, die Unstimmigkeiten, die von den Lernenden nicht genannt worden sind, kurz vorzustellen. Danach lässt sich das Unterrichtsgespräch durch folgenden Frage-Impuls fortführen:

- *Glauben Sie, dass es bei den gefundenen Unstimmigkeiten zwischen Kafkas Amerika-Beschreibungen und der Realität zwangsläufig um Irrtümer handeln muss? Welche Gründe könnte Kafka dafür gehabt haben, die amerikanische Wirklichkeit nicht deckungsgleich abzubilden?*

Es spricht einiges dafür, dass es sich bei den aufgedeckten Diskrepanzen zwischen Roman und Realität keineswegs um Irrtümer Kafkas handelt. Vor allem das Schwert in der Hand der Freiheitsstatue[1], aber auch die falschen Währungsangaben erscheinen zu augenfällig, als dass sie lediglich Produkt bloßen Versehens sein könnten. Vermutlich hat sich Kafka für alle genannten Unstimmigkeiten bewusst entschieden, ging es ihm doch nicht um eine realistische, gar naturalistische Abbildung Amerikas. Sein Ziel scheint es vielmehr gewesen zu sein, einen eigenen Erzählkosmos zu schaffen, in dem zwar Elemente und Orte der USA aufgenommen, aber gleichzeitig auch verfremdet werden. In diese Richtung interpretiert auch Dieter Heimböckel die auffälligen Unstimmigkeiten in seinem Text, der auf dem **Arbeitsblatt 10**, S. 66, abgedruckt ist und zur Vertiefung herangezogen werden kann. Nach der gemeinsamen Lektüre erhalten die Lernenden folgenden Auftrag:

- *Wie erklärt sich Dieter Heimböckel die zahlreichen Details in Kafkas Roman, die von der Realität abweichen?*

Die Ergebnisse der vorangegangenen Unterrichtsgespräche können durch folgendes Tafelbild zusammengefasst werden:

[1] Kafka unterließ auch die Möglichkeit, dieses Detail für eine spätere Auflage noch zu verändern, wie Mark Harmann betont: „[O]bwohl ein Rezensent im Mai 1913 darauf hinwies, hat Kafka diesen vermeintlichen Lapsus für die zweite Ausgabe des ‚Heizers' 1916, für die er Kleinigkeiten änderte, nicht korrigiert." (Mark Harman: Wie Kafka sich Amerika vorstellte. In Sinn und Form, H. 6, 2008, S. 794–804; hier: S. 796)

Abweichungen von der Realität in Kafkas Amerika-Beschreibungen

	Realität	Roman
Details	Freiheitsstatue mit Fackel	Freiheitsstatue mit Schwert
Ortsnamen	Oklahoma	Oklahama
Währungsangaben	Dollar, Cent	Pfund, Schilling
Richtungsangaben	New York – San Francisco nach Westen	New York – San Francisco nach Osten

sehr wahrscheinlich KEINE Irrtümer Kafkas, sondern bewusste Verfremdung

↓

Ziel: keine realistische/naturalistische Abbildung Amerikas, sondern Schaffung eines eigenen Erzählkosmos

Nachdem erarbeitet worden ist, dass Kafka nicht die Intention hatte, die amerikanische Wirklichkeit deckungsgleich abzubilden, kann mit den Lernenden darüber diskutiert werden, warum er sich überhaupt für den Schauplatz der USA entschieden hat:

- *Wie wir gesehen haben, entspricht das Amerika, das Kafka in seinem Roman beschrieben hat, nicht genau dem Amerika der Realität. Kafka ging es offensichtlich nicht um eine realistische Abbildung. Welche Gründe könnte er dafür gehabt haben, die Handlung überhaupt in den USA spielen zu lassen? Warum nicht beispielsweise in einem europäischen Land?*

Eine mögliche Hilfestellung für die Lernenden:

- *Denken Sie bei Ihrer Antwort auch an die Amerika-Faszination in Europa, die Michael Müller (Textausgabe, S. 286–288) beschrieben hat. Welche Bilder und Vorstellungen wurden seit Ende des 19. Jahrhunderts mit den USA verbunden?*

Über Kafkas Motivation lässt sich nur spekulieren. Es ist aber sehr wahrscheinlich, dass er aus ähnlichen Gründen wie zahllose andere europäische Schriftsteller des 19. und 20. Jahrhunderts Amerika als Schauplatz seines Romans gewählt hat. Wie anhand von Michael Müllers Aufsatz (Textausgabe, S. 286–288) bereits erarbeitet, diente das Land auf der anderen Seite des Ozeans dem europäischen Denken als Projektionsfläche für bestimmte Wünsche und Vorstellungen. Seit Ende des 19. Jahrhunderts standen die USA in Europa vor allem auch für Erfindungsgeist und Fortschritt – und damit für Modernität im Allgemeinen. Auch Kafka, so sollen die nachfolgenden Textanalysen zeigen, hat sich für Amerika als Handlungsort entschieden, um allgemeine soziokulturelle Entwicklungstendenzen, die mit der Modernisierung Anfang des 20. Jahrhunderts auch in Europa einsetzten, besonders bildhaft und plastisch vor Augen zu führen. „Dieses kafkasche Amerika ist zunächst ein Land der riesenhaften Dimensionen", konstatiert Klaus Hermsdorf, „und der Autor versäumt keine Gelegenheit, das Mammuthafte aller amerikanischen Verhältnisse noch satirisch zu überspitzen. Alles ist eine von Menschenhand gemachte Riesenhaftigkeit, das Resultat zivilisatorisch-moderner Geschäftigkeit."[1] Nachdem die Schülerinnen und Schüler – wenn nötig auch mit erneutem Blick auf Müllers Aufsatz – auf diese Zusammenhänge aufmerksam gemacht worden sind,

[1] Klaus Hermsdorf: Kafka. Weltbild und Roman. Berlin 1961, S. 61

kann das Unterrichtsgespräch durch folgenden Frageimpuls fortgesetzt werden:

- *In welchen Szenen des „Verschollenen" wird der Aspekt von Erfindungsgeist, Fortschritt und Modernität Amerikas besonders deutlich?*

Vermutlich sind den Schülerinnen und Schülern etliche passende Szenen eingefallen. Die Modernität der USA zeigt sich in Kafkas Roman bereits in Gestalt von Karls Onkel, einem typischen Kapitalisten mit einem riesigen, hocheffizienten Unternehmen, das in diesen Ausmaßen ein Jahrhundert zuvor noch nicht denkbar gewesen wäre (vgl. Kap. II „Der Onkel"). Das Gleiche gilt auch für das Hotel occidental, in dessen gigantischem Räderwerk Karl seine Anstellung als Liftjunge findet (vgl. Kap. V „Im Hotel occidental"). Auch die Beschreibungen des Streiks der Metallarbeiter (vgl. S. 47f.), des Straßenverkehrs (vgl. S. 89f.) und der Wahlkampfveranstaltung (vgl. S. 204–213) lassen sich als Beispiele für den modernen Aspekt von Kafkas Amerika nennen. Im Folgenden werden für den weiteren Unterrichtsverlauf die Analysen dreier Szenen vorgestellt, in denen Kafka den ambivalenten Charakter – einerseits die neuen Möglichkeiten, andererseits die Schattenseiten – der beginnenden Modernität besonders plastisch vor Augen führt. Es handelt sich um folgende Textpassagen:
1. Die Telefonisten im Unternehmen von Karls Onkel (42, 20–43, 28)
2. Die Auskunftsarbeit der Unterportiere im Hotel occidental (162, 24–165, 8)
3. Thereses Geschichte über den Selbstmord ihrer Mutter (125, 11–129, 13)

Die Telefonisten im Unternehmen von Karls Onkel (42, 20–43, 28)

Der Kurs wird in Arbeitsgruppen eingeteilt, die folgenden Auftrag erhalten:

- *Lesen Sie die Textpassage von S. 42, 20 bis S. 43, 28. Inwiefern wird in dieser Szene ein Aspekt wachsender Modernität dargestellt? Welche Schattenseiten zeigen sich hier gleichzeitig?*

Nach der Bearbeitungszeit werden die Ergebnisse im Kursrahmen vorgestellt und besprochen. Die Schülergruppen haben vermutlich problemlos erkannt, dass in der Textpassage einer der wichtigsten Aspekte der Modernisierung zu Beginn des 20. Jahrhunderts dargestellt ist, nämlich die durch wachsende Technisierung immer komplexer und vielfältiger werdende Kommunikation. Für den reibungslosen Ablauf der Firmengeschäfte gibt es im Unternehmen des Onkels zwei riesige Säle, in denen „ganz genaue unaufhörliche telephonische und telegraphische Verbindungen mit den Klienten" (42, 31–42, 33) technisch gewährleistet werden. Ganze Armeen von Telefonisten kommunizieren hier mit der Außenwelt. Doch bei genauer Betrachtung ist die dargestellte Situation überaus paradox: So ermöglicht die hier dargestellte modernste Nachrichtentechnik zwar eine immer bessere und weiter reichende Kommunikation – verhindert diese gleichzeitig aber auch. Denn obwohl durch die Telefone und Telegrafen wesentlich mehr Menschen immer mehr Informationen miteinander in kürzester Zeit austauschen können, verstehen sie sich doch letztlich überhaupt nicht mehr wirklich. So ist es nicht vorgesehen, dass ein angestellter Telefonist während der Bestellung Kommentare geben oder Nachfragen stellen kann. „In den Worten, die er in den Sprechtrichter sagte, war er sehr sparsam und oft sah man sogar, daß er vielleicht gegen den Sprecher etwas einzuwenden hatte, ihn etwas genauer fragen wollte, aber gewisse Worte, die er hörte zwangen ihn, ehe er seine Absicht ausführen konnte, die Augen zu senken und zu schreiben." (43, 10–43, 15) Ein wirkliches Gespräch zwischen Anrufer und Angerufenem ist nicht möglich. Der Telefonist – „eingespannt in ein Stahlband, das ihm die Hörmuscheln an die Ohren drückte" (43, 6– 43, 8) – wird von seiner Arbeit entfremdet und zum bloßen Objekt seiner Tätigkeit degradiert: „nur die Finger, welche den Bleistift hielten, zuckten unmenschlich gleichmäßig und rasch". (43, 9–43, 10) So beschreibt Kafka in dieser Szene eine für die Moderne typische Organisationsstruktur, In der alles auf Effizienz und ökonomischen Erfolg ausgerichtet ist. Das herrschende Arbeitsklima wirkt dementsprechend kühl und anonym. Die Angestellten gleichen eher Robotern denn lebendigen Menschen: „Keiner grüßte, das Grüßen war abgeschafft, jeder schloß sich den Schritten des ihm vorhergehenden an und sah auf den Boden auf dem er möglichst rasch vorwärtskommen wollte oder fieng mit den Blicken wohl nur einzelne Worte oder Zahlen von Papieren ab, die er in der Hand hielt". (43, 23–43, 28)

Um die Lernenden diese Zusammenhänge vor Augen zu führen, bieten sich beispielsweise folgende Frageimpulse an:

- *Ermöglicht die hier dargestellte Technik den Austausch zwischen den Menschen oder verhindert sie ihn eher? Begründen Sie Ihre Meinung.*
- *Inwiefern sind die Telefonisten in dieser Szene von ihrer eigenen Arbeit entfremdet?*
- *Beschreiben Sie die Arbeitsatmosphäre, die in den Telefonisten- und Telegrafensälen herrscht.*

Nach dem Unterrichtsgespräch kann folgendes Tafelbild zur Ergebnissicherung dienen:

Die Telefonisten- und Telegrafensäle des Onkels

- Aspekt der Modernität: komplexe und weitreichende Kommunikation durch moderne Technik
- paradoxe Situation: Technik ermöglicht, aber verhindert gleichzeitig Kommunikation
- Angestellte sind ihrer Arbeit entfremdet, gleichen Robotern
- alles auf Effizienz ausgerichtet; kühles, anonymes Arbeitsklima

→ **Kafka zeigt in der Szene Chancen und Risiken moderner (Kommunikations-) Technik auf.**

Im Anschluss daran empfiehlt es sich, das Unterrichtsgespräch durch folgenden Frage-Impuls auf die heutige Zeit und die Lebenswelt der Schülerinnen und Schüler zu lenken:

- *Fallen Ihnen Situationen aus der heutigen Zeit ein, in denen die moderne Technik ebenfalls schier unbegrenzte Kommunikationsmöglichkeiten eröffnet, sie gleichzeitig aber auch extrem schwierig macht? Denken Sie beispielsweise an bestimmte Onlinedienste im Internet.*

Sicherlich werden die Lernenden sehr schnell Webdienste wie Facebook, Twitter und WhatsApp nennen, welche die meisten von ihnen vermutlich regelmäßig nutzen. Ähnlich wie Telegrafen und Telefone zu Kafkas Zeiten vor 100 Jahren schafft auch das Internet zu Beginn dieses Jahrhunderts völlig neue Formen der Kommunikation. Doch erneut entsteht eine paradoxe Situation: Während die neuen Onlinedienste einerseits die Möglichkeit weltumspannender Kommunikation eröffnen, die Welt gleichsam zum „globalen Dorf" machen, in dem jeder mit jedem sprechen kann, droht durch sie doch andererseits auch eine „Verflachung" der zwischenmenschlichen Beziehungen. Die Lernenden sollen dazu ermutigt werden, über ihre Erfahrungen mit den diversen Onlinediensten zu berichten. Haben sie über das Web 2.0 wirklich neue Freunde kennengelernt, oder bleiben die gewonnenen virtuellen

Bekanntschaften nur oberflächlich? Sind alte Freundschaften zugunsten neuer Facebook-Freunde oder Twitter-Follower verloren gegangen? Hat sich die Qualität der Freundschaften generell verändert? Und wie kommunizieren die Lernenden normalerweise in ihrem Freundeskreis? Trifft man sich eher im „Reallife" oder in der „Cyberworld"? Voraussichtlich entsteht ein lebhafter Erfahrungs- und Meinungsaustausch unter den Heranwachsenden, der sie im Idealfall zur kritischen Reflexion über ihr eigenes Internet- und Medienverhalten motiviert.

Die Auskunftsarbeit der Unterportiere im Hotel occidental (162, 24–165, 8)

Die nächste Textanalyse sollen die Lernenden in Einzelarbeit durchführen. Folgender Auftrag bietet sich auch gut als Hausaufgabe an:

- *Lesen Sie die Textpassage von S. 162, 24 bis S. 165, 8 und beschreiben Sie, inwiefern auch hier ein Aspekt der Moderne dargestellt ist. Welche Schattenseiten der modernen Gesellschaft offenbaren sich in der Szene? Überlegen Sie sich in einem abschließenden Schritt, in welchem Kontext sich die hier beschriebene Problematik in unserer Zeit finden lässt.*

Die Ergebnisse der Schülerinnen und Schüler werden im Kursrahmen vorgestellt und miteinander besprochen. Zu erarbeiten ist, dass auch in dieser Szene ein zentraler Aspekt der Moderne thematisiert wird, nämlich die seit dem Beginn des 20. Jahrhunderts durch die an Bedeutung gewinnenden Massenmedien explosiv anwachsende Informationsflut, der man kaum noch Herr werden kann. Die Szene gewinnt etwas Slapstickartiges, weil hier keine technischen Apparate, sondern leibhaftige Menschen für die Informationsvermittlung zuständig sind. Zwei Unterportiere sind im Hotel occidental „unaufhörlich damit beschäftigt, Auskünfte in den verschiedensten Angelegenheiten zu erteilen" (163, 6–163, 8). Dabei müssen sie auf die verschiedensten Fragesteller abwechselnd eingehen, sodass „oft ein Durcheinander von Sprachen" (163, 14–163, 15) herrscht. Wie in der zuvor analysierten Szene ist auch hier kein wirkliches Gespräch möglich: „Gewöhnen mußte man sich auch daran, daß der Unterportier niemals bat, eine Frage zu wiederholen, selbst wenn sie im Ganzen verständlich und nur ein wenig undeutlich gestellt war, ein kaum merkliches Kopfschütteln verriet dann, daß er nicht die Absicht habe, diese Frage zu beantworten und es war Sache des Fragestellers, seinen eigenen Fehler zu erkennen und die Frage besser zu formulieren." (164, 2–164, 9) Die Gesprächsteilnehmer müssen sich den genau vorgegebenen Kommunikationsbedingungen beugen, Zeit und Raum für einen Gedankenaustausch außerhalb der definierten Situation sind nicht vorgesehen. Dementsprechend anstrengend ist die Arbeit. Schon nach einer Stunde müssen die auskunftsgebenden Unterportiere durch neue ersetzt werden. „Die abgelösten zwei Männer streckten sich und begossen dann über zwei bereitstehende Waschbecken ihre heißen Köpfe". (165, 3–165, 9) Wie die Telefonisten beim Onkel gleichen auch sie eher Robotern als Menschen: „Sie funktionieren wie Apparate", betont auch Klaus Hermsdorf, „und im Monstermechanismus des Hotels wird von ihnen nur apparathaftes Funktionieren verlangt."[1] Kafka erweist sich mit dieser Szene einmal mehr als Visionär: So humorvoll wie treffend nimmt er die Konsequenzen des Informationszeitalters vorweg, in dem wir alle – spätestens seit der massenhaften Nutzung des Internets – leben. Vermutlich ist es den meisten der Lernenden bei ihrer Informationsrecherche im Netz schon so ergangen wie den erschöpften Unterportieren: Ihre Köpfe sind angesichts der schier unüberschaubaren Datenmenge sprichwörtlich heiß gelaufen.

Die Ergebnisse können durch ein Tafelbild gesichert werden:

[1] Klaus Hermsdorf: Kafka. Weltbild und Roman. Berlin 1961, S. 63

Die Portiersloge im Hotel occidental

- Aspekt der Modernität: wachsende, kaum noch zu bewältigende Daten- und Informationsflut
- paradoxe Situation: Je mehr Informationen, desto schwieriger zu finden
- Auskunftsgeber in strengem Korsett der Kommunikationssituation, nach einer Stunde völlig erschöpft
- alles auf effiziente Informationsvermittlung ausgerichtet; Gesprächsteilnehmer werden in starre Kommunikationsrollen gepresst

→ **Kafka nimmt visionär die Datenflut des Informationszeitalters vorweg.**

Zur Vertiefung bietet sich ein Schreibauftrag an, in dem die Schülerinnen und Schüler kreativ tätig werden können:

■ *Stellen Sie sich vor, Kafkas Roman würde in der heutigen Zeit spielen: Die Unterportiere sitzen an Computern, um die erfragten Informationen im Internet zu recherchieren, sind aber ebenso gestresst von ihrer Aufgabe wie in Kafkas Version. Schreiben Sie die entsprechende Szene.*

Thereses Geschichte über den Selbstmord ihrer Mutter (125, 11–129, 13)

Es bietet sich an, die Analyse dieser Textpassage in Gruppenarbeit durchführen zu lassen:

■ *Lesen Sie die Textpassage von S. 125, 11 bis S. 129, 13 und fassen Sie Thereses Kindheitserinnerung in eigenen Worten zusammen. Inwiefern zeigen sich auch in dieser Geschichte die Schattenseiten der modernen Gesellschaft?*

Vermutlich haben die Lernenden keine Schwierigkeiten, Thereses Geschichte in wenigen Sätzen zusammenzufassen. Sie erinnert sich daran, wie sie als fünfjähriges Mädchen mit ihrer kranken Mutter – ihr Vater ist nach Kanada ausgewandert und hat jeden Kontakt abgebrochen – auf der Suche nach einer Unterkunft durch die kalte Nacht irrt. „Die Mutter war damals schon zwei Tage ohne Arbeit gewesen, nicht das kleinste Geldstück war mehr vorhanden, der Tag war ohne einen Bissen im Freien verbracht worden und in ihren Bündeln schleppten sie nur unbrauchbare Fetzen mit sich herum". (126, 6–126, 10) Nachdem sie überall abgewiesen worden sind, gelangen sie am nächsten Morgen zur Baustelle, auf der sich die Mutter zur Arbeit melden soll. Doch vor lauter Hunger und Erschöpfung hat sie allen Lebensmut verloren: Ohne sich richtig von Therese zu verabschieden, klettert sie auf das Baugerüst und stürzt sich verzweifelt in den Tod.
In dieser Szene zeigt sich eine weitere Schattenseite der modernen, kapitalistischen Gesellschaft, nämlich die immer größer werdende Kluft zwischen Arm und Reich. Während einige wenige Menschen, wie beispielsweise Karls Onkel, zu unermesslichem Vermögen gelangen, müssen unzählige andere Armut und Hunger erleiden. Dabei ist ihre Situation auch deshalb so hoffnungslos, weil die Gleichgültigkeit der Gesellschaft gegenüber dem Schicksal des Einzelnen mit wachsender Modernisierung und Anonymisierung zunimmt. Der Freitod von Thereses Mutter bedeutet für die Bauarbeiter kaum mehr als eine ärgerliche Arbeitsverzögerung, für die Gesellschaft ist er allenfalls für eine Armuts- oder Unfallstatistik relevant.
Im weiteren Verlauf des Unterrichtsgesprächs kann der Fokus auf die Einbettung von Thereses Geschichte in die Romanhandlung gerichtet werden:

■ *Thereses Geschichte steht als eigenständige Erzähleinheit inmitten der Romanhandlung. Inwiefern spiegelt sie Karls eigenes Schicksal wider?*

Es soll erarbeitet werden, dass Thereses Geschichte gleichsam als Spiegelbild für Karls Geschichte dient. Die Erinnerung an den Selbstmord ihrer Mutter ist als eine Art Parabel für die gesamte Handlung in den Roman eingebettet. Dabei finden sich in Karls Charakter sowohl Anteile von Therese als auch von ihrem Vater und ihrer Mutter. „In allen drei Gestalten, von denen Therese berichtet, spiegelt sich Karl Roßmann", konstatiert auch Nobert Oellers. „Als Vater eines unehelichen Kindes, den es nach Amerika verschlägt, der seine Angehörigen ohne Nachricht von sich lässt, der plötzlich verschwindet [...]; er ist vergleichbar Thereses Mutter, ziellos umherirrend, nach Arbeit suchend immer kraftloser werdend [...]; er ist schließlich in manchem Therese ähnlich, die sich an den Verlust eines Bündels genauso schmerzlich erinnert wie Karl anfangs an den mutmaßlichen Verlust seines Koffers; die ihre Beziehung zur Mutter so ähnlich beschreibt, wie Karl die Beziehung zu seiner Mutter zuweilen gedacht hat."[1] So steht die Erinnerung an den tragischen Vorfall keineswegs zusammenhangslos im Romanganzen, sondern erfüllt einen genau kalkulierten poetologischen Zweck: Ähnlich wie die Parabel „Vor dem Gesetz" in Kafkas Roman „Der Prozess" spiegelt auch Thereses Geschichte im Roman „Der Verschollene" das Schicksal des Protagonisten – komprimiert auf wenige Seiten – wider. Sollten die Schülerinnen und Schüler diese Konstellation nicht allein erkennen, bietet sich beispielsweise folgende Nachfrage an:

■ *Inwiefern spiegeln Therese, ihre Mutter und ihr Vater bestimmte Aspekte von Karl wider? Welche Elemente ihres Charakters und Schicksals finden sich auch bei Karl?*

Die erarbeiteten Analogien zwischen Thereses und Karls Geschichte können durch folgende Grafik an der Tafel veranschaulicht werden:

Die Parabel innerhalb des Romans

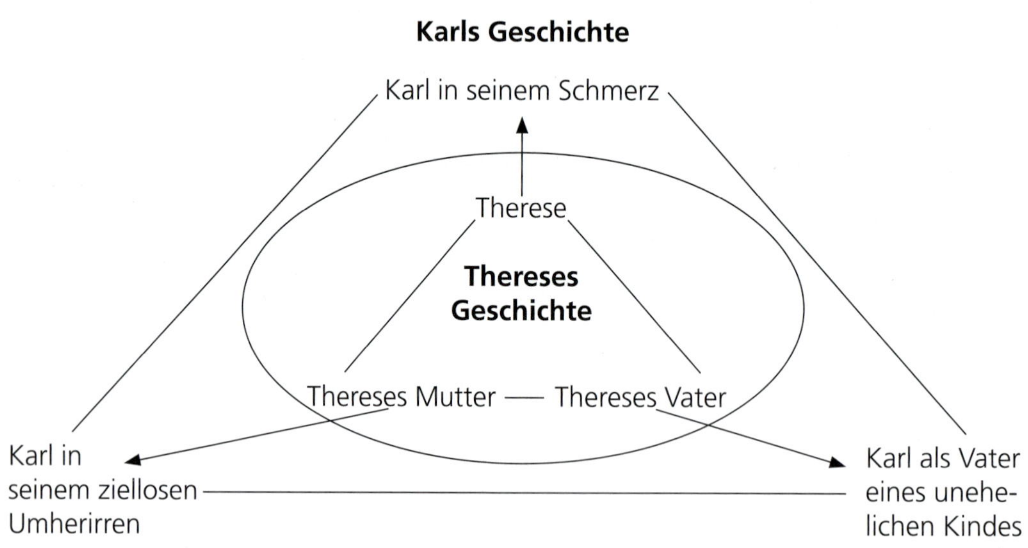

➡ **In Thereses Geschichte spiegelt sich Karls Geschichte parabelhaft wider.**

[1] Norbert Oellers: Karl Roßmanns Untergang. Zu Kafkas Roman „Der Verschollene". In: Budapester Beiträge zur Germanistik. Bd. 10: Welt und Roman. Hrsg. von Antal Mádl und Miklos Salyamosy. Budapest (Lorand-Eötvös-Universität) 1983, S. 189–205; hier: S. 204

Nach den durchgeführten Textanalysen bietet sich zum Abschluss dieser Unterrichtseinheit noch ein zusammenfassendes Unterrichtsgespräch an, das durch folgenden Frage-Impuls eingeleitet werden kann:

- *In allen drei analysierten Textpassagen werden die Schattenseiten der Moderne deutlich. Erkennen Sie noch eine weitere Gemeinsamkeit zwischen den drei Abschnitten? Denken Sie bei Ihrer Antwort an die Stellung des Individuums in der modernen Gesellschaft. Welche Macht, welche Einflussmöglichkeiten hat es gegenüber gesellschaftlichen Entwicklungen?*

Vor dem Hintergrund der bereits erarbeiteten Ergebnisse ist zu vermuten, dass die Lernenden ohne weitere Hilfe die Gemeinsamkeit der zuvor betrachteten Szenen erkennen: In allen drei Textpassagen ist nicht zuletzt die Ohnmacht des Einzelnen gegenüber gesellschaftlichen Entwicklungen dargestellt. Während sich sowohl die Telefonisten im Unternehmen von Karls Onkel als auch die Unterportiere im Hotel occidental einer streng vorgegebenen Arbeitsstruktur unterwerfen müssen, die sie zu einem großen Teil ihrer Individualität und Autonomie beraubt, verliert Thereses Mutter im Wortsinn ihr Leben, also ihre gesamte Existenz, aufgrund der gnadenlosen Verhältnisse ihrer Zeit. All diese Figuren sind Opfer der modernen Gesellschaft und damit gleichzeitig auch allgemeine Repräsentanten des Menschen in der Moderne. Dass auch der Protagonist Karl Roßmann ein solcher Repräsentant ist, soll im Baustein 3 erarbeitet werden.

2.4 Die Entstehungs- und Publikationsgeschichte

Zum Abschluss dieses Bausteins rückt die Entstehungs- und Publikationsgeschichte des „Verschollenen" ins Zentrum. Dabei geht es auch um Kafkas gegenüber Max Brod geäußerte Bitte, alle erhaltenen Manuskripte nach seinem Tod zu vernichten. Die Schülerinnen und Schüler sollen dazu motiviert werden, über Sinn und Intention einer solchen Verfügung zu reflektieren. Die wichtigsten Informationen zur Entstehungs- und Publikationsgeschichte vermittelt Manfred Engels Aufsatz (Textausgabe, S. 279–284). Die Lernenden erhalten folgenden Auftrag:

- *Lesen Sie Manfred Engels Text über die Entstehungs- und Publikationsgeschichte von Kafkas „Verschollenem" (Textausgabe, S. 279–284) und unterstreichen Sie die wichtigsten Informationen.*

Nach der Bearbeitungszeit werden die Ergebnisse zusammengetragen und miteinander besprochen. Die wichtigsten Informationen können stichpunktartig an der Tafel (oder in Form einer Folie auf dem Overhead-Projektor) gesichert werden:

Entstehungs- und Publikationsgeschichte des „Verschollenen"

(vmtl.) 1898/99: Idee für einen Amerika-Roman, Hauptfiguren: zwei rivalisierende Brüder

(vmtl.) Dez. 1911–Juli 1912: Arbeitsphase an der ersten Fassung des „Verschollenen"; ca. 200 Manuskriptseiten entstehen, Kafka vernichtet das Geschriebene vollständig

Sept. 1912–Anfang Nov. 1912: erste Arbeitsphase an der neuen Fassung des „Verschollenen"; u.a. entsteht das erste Kapitel „Der Heizer"

Mitte Nov. 1912–Jan. 1913: zweite Arbeitsphase am „Verschollenen"; Schreibprozess stockend und mühsam; Kafka ist unzufrieden und bricht die Arbeit vorerst ab

Mai 1913: Das erste Romankapitel „Der Heizer" erscheint als Einzelveröffentlichung (mit dem Untertitel „Fragment") in der Buchreihe „Der jüngste Tag"

August 1914–Okt. 1914: dritte Arbeitsphase am „Verschollenen"; Kafka schreibt die Fragmente, die in der späteren Ausgabe am Ende stehen

Juli 1916: im Tagebuch letzte Aufzeichnungen zum „Verschollenen"

1927: posthume Publikation unter dem Titel „Amerika" durch Max Brod

1983: kritische Ausgabe unter dem Titel „Der Verschollene" (so hat Kafka seinen Roman in den Briefen an Felice Bauer genannt); dieser ursprüngliche Titel setzt sich allmählich durch

Wie in Engels Aufsatz deutlich wird, ist die Schlüsselfigur für die Entstehungs- und Publikationsgeschichte des „Verschollenen" der Prager Schriftsteller Max Brod. Als enger Freund begleitete er Kafka durch alle Höhen und Tiefen des Lebens, förderte dessen Schreiben, indem er beispielsweise Verlagskontakte herstellte und Lesungen organisierte, und edierte schließlich nach Kafkas Tod dessen hinterlassene Manuskripte. Angesichts seiner großen Bedeutung für das Leben und Werk Kafkas bietet sich an dieser Stelle ein Schülerreferat über Max Brod an.

Nach dem Referat sollte der Fokus der Lernenden auf Kafkas letzten Willen gelenkt werden: Kafka verlangte von Brod, nach seinem Tod alle hinterlassenen Texte zu vernichten. Dass dieser Wunsch allerdings nicht so eindeutig formuliert war wie häufig behauptet und durchaus vielfältig auslegbar ist, führt Oliver Jahraus in seinem Text auf dem **Arbeitsblatt 11**, S. 67, aus. Die Lernenden sollen den Text in Einzelarbeit lesen und folgende Aufträge ausführen:

- *Welche Fassungen von Kafkas letztem Willen gibt es und an wen sind sie adressiert? Fassen Sie ihren Inhalt in eigenen Worten zusammen.*
- *Wie interpretiert der Autor Kafkas Bitte der posthumen Vernichtung seiner Texte?*
- *Inwiefern hat Kafkas letzter Wille eine paradoxe Form?*

Nach der Bearbeitungszeit werden die Ergebnisse im Kursrahmen vorgestellt und besprochen. Zu erarbeiten ist, dass es zwei an Max Brod gerichtete Testamente Kafkas gab: den sog. „Tintenzettel" und den sog. „Bleistiftzettel", in denen beiden die Vernichtung bestimmter Werke angeordnet ist. Jahraus interpretiert diese testamentarische Verfügung als Kafkas Wunsch, auch nach seinem Tod die absolute Kontrolle und Herrschaft über seine Literatur zu behalten und sie nicht durch die Publikation der allgemeinen Interpretation des Lesepublikums zu öffnen. Durch seinen Tod sollen der Schreib- und der Deutungsprozess seines Werkes ein gemeinsames Ende finden. Da Kafka allerdings wusste, dass Brod seinem Willen nicht nachkommen würde, hat er eine paradoxe Situation geschaffen: Die Anordnung zur Vernichtung wird durch den Adressaten des letzten Wunsches gleichzeitig aufgehoben, Max Brod findet sich in der ambivalenten Rolle des Verräters und Retters.

Die Ergebnisse können stichpunktartig an der Tafel gesichert werden:

Kafkas letzter Wille

Erstes Testament: „Tintenzettel“:
Bitte an Max Brod, gesamten handschriftlichen Nachlass zu vernichten

Zweites Testament: „Bleistiftzettel“:
Bitte an Max Brod, gesamten – handschriftlichen und gedruckten – Nachlass zu vernichten, ausgenommen einiger weniger Veröffentlichungen

Intention: Kontrolle über das Geschriebene über den Tod hinaus; Ende des Schreibprozesses soll mit Ende seiner Literatur zusammenfallen (sich nicht durch Publikation dem Lesepublikum öffnen und weiterinterpretierbar sein)

Max Brods Situation: Kafka wusste, dass Brod seinen Wunsch nicht erfüllen würde; damit macht er Brod gleichzeitig zum Verräter seines Willens und zum Bewahrer seiner Literatur

Paradoxe Form: Wunsch der Vernichtung seiner Literatur und gleichzeitige Aufhebung dieses Wunsches (durch Adressaten, der Wunsch nicht erfüllen wird)

Auch das Romanfragment „Der Verschollene“ hat Brod gegen Kafkas Willen posthum veröffentlicht. Vor der Publikation nahm er als Herausgeber etliche Eingriffe in den ursprünglichen Text vor, sodass sich die 1927 erschienene Buchfassung des Romans in etlichen Punkten von Kafkas handschriftlichem Manuskript unterscheidet. Da ein Vergleich im Rahmen des Unterrichts zu zeit- und arbeitsaufwendig wäre, empfiehlt sich hierfür ein kurzes Schülerreferat, in dem die wichtigsten Unterschiede zwischen der handschriftlichen Fassung und Brods Ausgabe vorgestellt werden.[1] Diese Unterschiede können alternativ oder auch im Anschluss an den Schülervortrag durch folgende Gegenüberstellung an der Tafel zusammengefasst werden:

[1] Die Literaturbeschaffung für diesen Vergleich ist nicht schwierig: Die Schöningh-Textausgabe des „Verschollenen“ beruht auf der handschriftlichen Fassung, die Ausgabe von Max Brod ist nach wie vor im Buchhandel erhältlich (mittlerweile wird sie vom Fischer-Verlag herausgegeben).

Unterschiede zwischen Kafkas Manuskript und Max Brods Ausgabe

	Kafkas Manuskript	Brods Ausgabe
Titel	„Der Verschollene" (laut Kafka in den Briefen an Felice Bauer)	„Amerika"
Orthografie, Interpunktion	sehr eigenwillig	„korrigiert"
Schreibweisen	viele (Orts-)Angaben entsprechen nicht der Realität (z. B. „Oklahama" statt „Oklahoma")	„korrigiert"
Kapitel	teilweise keine Kapitelüberschriften	fehlende Kapitelüberschriften ergänzt (z. B. „Das Naturtheater von Oklahoma")
Fragmente	Kapitel teils nicht vollendet (z. B. Karls Zugfahrt nach „Oklahama")	unvollendete Kapitel in der ersten Ausgabe weggelassen

→ heute sind zwei unterschiedliche Romanfassungen erhältlich:
1) die strenge Edition nach der Handschrift
2) die leserfreundlichere Ausgabe von Max Brod

Danach kann das Unterrichtsgespräch durch folgende Frage-Impulse weitergeführt werden:

- *Welche Gründe könnte Brod für diese Veränderungen gehabt haben?*
- *Halten Sie es für richtig, dass Brod Kafkas Romanmanuskript vor der Veröffentlichung „überarbeitet" hat? Was spricht dafür, was dagegen?*

Max Brod hatte vermutlich vielerlei Gründe für seine Eingriffe in Kafkas Text vor einer Veröffentlichung. Nicht zuletzt ging es ihm sicherlich auch um einen möglichst hohen Absatz des Romans. Schließlich darf man nicht vergessen, dass Kafka 1927 noch weitgehend unbekannt war und sein Weltruhm erst später, insbesondere nach dem Zweiten Weltkrieg, einsetzte. So bemühte sich Brod, eine Romanausgabe zu erstellen, die ein möglichst breites Publikum finden würde. Die Korrektur von Orthografie und Interpunktion versteht sich von selbst. Der neu gegebene Titel „Amerika" konnte gerade in den 1920er-Jahren, in denen die europäischen Gesellschaften fasziniert von den USA waren, auf großes Interesse hoffen. Und die Titelgebung von ursprünglich überschriftslosen Kapiteln sowie die Streichung Fragment gebliebener Kapitel dienten offenbar dem Zweck, Kafkas unvollendetem Roman möglichst große Geschlossenheit zu verleihen. Das Lesepublikum sollte das Gefühl haben, einen beendeten und „runden" Roman in den Händen zu halten.
Dass diese Änderungen aus editionswissenschaftlicher Sicht höchst problematisch sind, bedarf keiner weiteren Erklärung. Jeder ernstzunehmende Literaturwissenschaftler und Kafka-Forscher arbeitet heute wie selbstverständlich mit den kritischen Kafka-Ausgaben, die auf Grundlage der handschriftlichen Manuskripte erstellt worden sind; Brods Ausgabe hingegen wird weitgehend gemieden. Doch trotz aller berechtigten Einwände gegen Brods ei-

genmächtige Eingriffe in Kafkas Manuskript lässt sich darüber streiten, ob es wirklich notwendig und sinnvoll ist, auch im Deutschunterricht die kritische Fassung der Handschrift einzusetzen. Da der Lesefluss nicht zuletzt durch Kafkas eigenwillige Orthografie und Interpunktion gebremst wird und die Lektürefreude dadurch schnell getrübt werden kann, zögen sicherlich viele der Schülerinnen und Schüler Brods leserfreundlichere Ausgabe vor. Es ist zu vermuten, dass nicht wenige von ihnen die Entscheidung für den Einsatz der Handschriften-Version nicht nachvollziehen können und kritisieren. Ihren Unmut gegen diese Entscheidung, aber auch mögliche Gründe dafür können sie in folgendem abschließendem Schreibauftrag formulieren:

- *Das Kultusministerium hat empfohlen, für den Deutschunterricht als Textgrundlage für den „Verschollenen" die Handschrift Kafkas mit all ihren orthografischen Eigenarten zu wählen – und nicht die leserfreundlichere Ausgabe von Max Brod. Schreiben Sie einen fiktiven Brief an das Kultusministerium, in dem Sie für oder gegen diese Empfehlung Stellung beziehen.*

Notizen

Gustav Janouch: Erinnerungen an Kafka

Kafka hatte große graue Augen unter dichten, dunklen Brauen. Sein braunes Gesicht ist sehr lebhaft. Kafka spricht durch sein Gesicht.

Wo er das Wort durch eine Bewegung der Gesichtsmuskeln ersetzen kann, tut er es. Ein Lächeln, Zusammenziehen der Augenbrauen, Kräuseln der schmalen Stirne, Vorschieben oder Spitzen der Lippen – das sind Bewegungen, die gesprochene Sätze ergänzen.

Franz Kafka liebt Gesten und darum geht er mit ihnen sparsam um. Seine Geste ist keine das Gespräch begleitende Verdoppelung des Wortes, sondern Wort einer gleichsam selbstständigen Bewegungssprache selbst, ein Verständigungsmittel, also keineswegs passiver Reflex, sondern zweckmäßiger Willensausdruck.

Falten der Hände, ausgebreitetes Hinlegen der Handflächen auf die Schreibunterlage des Schreibtisches, behagliches und dabei doch gespanntes Zurückbeugen des Oberkörpers im Stuhl, Vorbeugen der Schultern, Pressen der Hand ans Herz – das ist ein kleiner Teil seiner sparsam angewendeten Ausdrucksmittel, die er immer mit einem entschuldigenden Lächeln begleitet, als wollte er sagen: ‚Es ist wahr, und ich gestehe, dass ich spiele; doch hoffe ich, dass euch mein Spiel gefällt. Und dann – dann mache ich das ja nur, um euer Verständnis auf eine ganz kleine Weile zu gewinnen.'

Aus: Gustav Janouch: Gespräche mit Kafka. Frankfurt a. M.: Fischer 1961, S. 15f.

Ich erinnere mich nicht mehr daran, wie oft ich bei Franz Kafka in der Kanzlei war. An eines erinnere ich mich jedoch ganz genau: An seine Körperhaltung, wenn ich – eine halbe Stunde oder eine ganze Stunde vor Schluss der Amtsstunden – die Tür im zweiten Stock der Arbeiter-Unfallversicherungsanstalt öffnete.

Er saß hinter dem Schreibtisch, den Kopf nach rückwärts gebeugt, die Beine ausgestreckt, die Hände lose auf der Tischplatte. […]

Die schmalen Lippen umgab ein dünnes Lächeln, welches viel mehr der rührende Abglanz einer entfernten fremden Freude als ein Ausdruck eigenen Frohseins war. Die Augen sahen den Menschen immer ein wenig von unten an. Franz Kafka hatte so eine seltsame Haltung, als möchte er seine schlanke Größe entschuldigen. Seine ganze Gestalt sah aus, als möchte sie sagen: ‚Ich bin, bitte, ganz unwichtig. Sie machen mir eine große Freude, wenn Sie mich übersehen.'

Er sprach mit einer schütteren, verschleierten Baritonstimme, welche bewunderungswürdig melodiös war, obwohl sie nie die Mittellage von Kraft und Höhe verließ. Stimme, Gebärde und Blick, alles strahlte die Ruhe des Verstehens und der Güte aus.

Er sprach tschechisch und deutsch. Jedoch mehr deutsch. Dabei hatte sein Deutsch einen harten Akzent, ähnlich demjenigen, der das Deutsch der Tschechen charakterisiert. Aber das ist nur eine entfernte, ungenaue Ähnlichkeit. In Wirklichkeit war es doch ganz anders.

Dieser tschechische Akzent des Deutsch, an den ich denke, ist scharf. Die Sprache klingt zerhackt. Diesen Eindruck machte aber Kafkas Sprache nie.

Sie wirkte eckig durch die innere Spannung: jedes Wort ein Stein. Seine Härte der Sprache wurde durch die Sehnsucht nach Abgemessenheit und Genauigkeit verursacht. Sie wurde also durch aktive persönliche Eigenschaften und nicht durch passive Gruppenmerkmale bedingt.

Seine Sprache ähnelte seinen Händen.

Er hatte große starke Hände, breite Handflächen, schlanke feine Finger mit flachen spatenförmigen Fingernägeln und hervortretenden, dabei aber sehr zarten Gliedern und Knöcheln. Wenn ich mich an Kafkas Stimme, sein Lächeln und seine Hände erinnere, fällt mir immer eine Bemerkung meines Vaters ein.

Er sagte: „Kraft in Verbindung mit einer ängstlichen Feinheit; Kraft, für die alles Kleine eben das Schwerste ist."

Aus: Gustav Janouch, Gespräche mit Kafka. S. 20–22

- *Decken sich die Beschreibungen mit den Eindrücken, die Sie durch die Betrachtung des Porträts gewonnen haben? Gibt es Widersprüche? Oder neue Eindrücke bezüglich Kafka?*
- *Welche Details der Beschreibungen finden Sie besonders interessant? Welche Einzelheiten vermitteln sehr viel über Kafkas Charakter?*

Aphorismen Kafkas

Der wahre Weg geht über ein Seil, das nicht in der Höhe gespannt ist, sondern knapp über dem Boden. Es scheint mehr bestimmt, stolpern zu machen, als begangen zu werden.

Wenn das, was im Paradies zerstört worden sein soll, zerstörbar war, dann war es nicht entscheidend; war es aber unzerstörbar, dann leben wir in einem falschen Glauben.

Von einem gewissen Punkt an gibt es keine Rückkehr mehr. Dieser Punkt ist zu erreichen.

Verkehr mit Menschen verführt zur Selbstbeobachtung.

Du bist die Aufgabe. Kein Schüler weit und breit.

Der Geist wird erst frei, wenn er aufhört, Halt zu sein.

Das Glück begreifen, dass der Boden, auf dem du stehst, nicht größer sein kann, als die zwei Füße ihn bedecken.

Zwei Aufgaben des Lebensanfangs: Deinen Kreis immer mehr einschränken und immer wieder nachprüfen, ob du dich nicht irgendwo außerhalb deines Kreises versteckt hältst.

Früher begriff ich nicht, warum ich auf meine Frage keine Antwort bekam, heute begreife ich nicht, wie ich glauben konnte, fragen zu können. Aber ich glaubte ja gar nicht, ich fragte nur.

Es ist nicht notwendig, dass Du aus dem Haus gehst. Bleib bei Deinem Tisch und horche. Horche nicht einmal, warte nur. Warte nicht einmal, sei völlig still und allein. Anbieten wird sich Dir die Welt zur Entlarvung, sie kann nicht anders, verzückt wird sie sich vor Dir winden.

Nur unser Zeitbegriff lässt uns das Jüngste Gericht so nennen, eigentlich ist es ein Standrecht.

Das Wort „sein" bedeutet im Deutschen beides: Dasein und Ihmgehören.

Alle Aphorismen aus: Franz Kafka: Betrachtungen über Sünde, Leid, Hoffnung und den wahren Weg. In: Ders.: Hochzeitsvorbereitungen auf dem Lande. Und andere Prosa aus dem Nachlass. Herausgegeben von Max Brod. Frankfurt a. M.: Fischer 1983, S. 30–40

■ *Lesen Sie den Aphorismus Kafkas und fassen Sie die Aussage in eigenen Worten zusammen. Interpretieren Sie den Aphorismus. Was fällt Ihnen dazu ein, welche Assoziationen haben Sie bei Ihrer Lektüre?*

Franz Kafka – Leben und Werk

Leben	Werke (Auswahl)	Zentrale Themen
• 3. Juli 1883: Geburt in Prag • 1901: Bar-Mizwa • 1901–1906: Studium in Prag • 1906: Promotion in Jura • 1907: Anstellung beim Versicherungskonzern „Assicurazioni Generali“ • 1908: Wechsel zur „Arbeiter-Unfall-Versicherungsanstalt für das Königreich Böhmen“ • 1912: Beginn des Briefwechsels mit Felice Bauer • 1914: Verlobung mit Felice Bauer; 12 Tage später Verlobung aufgelöst • 1916: erneute Verlobung mit Felice Bauer • 1917: Blutsturz; Lungenkrankheit offen ausgebrochen • 1917: erneute Auflösung der Verlobung mit Felice Bauer • 1919: Verlobung mit Julie Wohryzek • 1920: Auflösung der Verlobung mit Julie Wohryzek • 1920: Beziehung mit Milena Jesenská • 1922: Aufgabe des Versicherungsberufs aus Krankheitsgründen • 1923: Umzug mit Dora Diamant nach Berlin • 3. Juni 1924: Tod in Kierling bei Wien	*zu Lebzeiten erschienen:* • Betrachtung (1913) • Das Urteil (1913) • Die Verwandlung (1915) • Ein Bericht für eine Akademie (1917) • Ein Landarzt (1918) • In der Strafkolonie (1919) • Ein Hungerkünstler (1924) *posthum erschienen:* • Der Process (1925) • Das Schloss (1926) • Der Verschollene (1927)	• Konflikt: Leben/Schreiben • Außenseiter (Juden, Künstler, Junggesellen etc.) • Konflikt mit dem Vater • Sehnsucht nach und Angst vor Frauen • Einsamkeit • Schuldproblematik • Das Individuum ausgeliefert einer anonymen Bürokratie • Frage nach dem Sinn

■ *Ergänzen Sie während der nächsten Stunden die rechte Spalte mit weiteren Themen, die Kafkas Werk bestimmen.*

Franz Kafka: Großer Lärm

Ich sitze in meinem Zimmer im Hauptquartier des Lärms der ganzen Wohnung. Alle Türen höre ich schlagen, durch ihren Lärm bleiben mir nur die Schritte der zwischen ihnen Laufenden erspart, noch das Zuklappen der Herdtüre in der Küche höre ich. Der Vater durchbricht die Türen meines Zimmers und zieht im nachschleppenden Schlafrock durch, aus dem Ofen im Nebenzimmer wird die Asche gekratzt, Valli fragt, durch das Vorzimmer Wort für Wort rufend, ob des Vaters Hut schon geputzt ist, ein Zischen, das mir befreundet sein will, erhebt noch das Geschrei einer antwortenden Stimme. Die Wohnungstüre wird aufgeklinkt und lärmt, wie aus katarrhalischem[1] Hals, öffnet sich dann weiterhin mit dem Singen einer Frauenstimme und schließt sich endlich mit einem dumpfen, männlichen Ruck, der sich am rücksichtslosesten anhört. Der Vater ist weg, jetzt beginnt der zartere, zerstreutere, hoffnungslosere Lärm, von den Stimmen der zwei Kanarienvögel angeführt. Schon früher dachte ich daran, bei den Kanarienvögeln fällt es mir von Neuem ein, ob ich nicht die Türe bis zu einer kleinen Spalte öffnen, schlangengleich ins Nebenzimmer kriechen und so auf dem Boden meine Schwestern und ihr Fräulein um Ruhe bitten sollte.

Aus: Franz Kafka: Tagebücher 1910–1923. Hrsg. von Max Brod. Frankfurt a. M.: Fischer Taschenbuch Verlag 1989, S. 104

1 Katarrh: Schleimhautentzündung der Atmungsorgane

- *Beschreiben Sie die Situation des Ich-Erzählers und die Atmosphäre, die durch seine Schilderungen entsteht.*
- *Zeichnen Sie eine Skizze, in der der Grundkonflikt – und seine angedeuteten Lösungen – des Textes „Großer Lärm" sofort deutlich werden.*

Reiner Stach: Über Kafkas Prosastück „Großer Lärm"

Großer Lärm betitelt Kafka dieses Prosastück, das er am 5. November 1911 im Tagebuch notiert und ein knappes Jahr später – da sich an den geschilderten Zuständen nicht das Mindeste gebessert hat – in einer Prager Literaturzeitschrift abdrucken lässt: zur „öffentlichen Züchtigung meiner Familie". Allerdings ist zweifelhaft, ob Hermann Kafka die Spur, die sein schleppender Schlafrock in der deutschen Literatur hinterließ, je mit eigenen Augen gesehen hat. Der Vater, obgleich ein stämmiger Mann und noch keine sechzig Jahre alt, durfte nicht ‚aufgeregt' werden, das war Gesetz; sein Blutdruck war nicht in Ordnung, der Atem ging schwer, sein Herz machte ihm zu schaffen, und für Humor, der auf seine Kosten ging, hatte er wenig Sinn. Die drei Schwestern hingegen empfingen ihre Belegexemplare gewiss kichernd: „Valli", da stand es schwarz auf weiß; nicht einmal den Namen seiner mittleren Schwester hatte Franz unkenntlich gemacht.

Der Text war an einem Sonntag entstanden, und die wenigen Freunde, die von Kafkas privaten Verhältnissen wussten, erkannten wohl mit einem Blick den typischen Sonntagslärm. Denn jeder andere Morgen, der im vierten Stock des Prager Mietshauses Niklasstraße 36 anbrach, stand ganz unter dem Diktat des Berufslebens und ließ niemandem die Muße, still am Tisch zu sitzen und ein Protokoll der akustischen Verhältnisse anzufertigen.

Gewöhnlich gegen sechs Uhr früh begann der Alltag der Kafkas: Entfernen der Asche aus dem Küchenherd, Vorbereiten des Frühstücks, Einheizen im Wohnzimmer, Bereitstellen warmen Wassers zum Waschen – alles lästige und geräuschvolle Handarbeit, für die natürlich ein Dienstmädchen zuständig war. Dennoch musste Kafkas jüngste Schwester Ottilie, genannt Ottla, fast ebenso früh aus dem Bett finden. Denn ihre Aufgabe war es seit Jahren, allmorgendlich, nach hastigem Frühstück, mit einem Schlüsselbund in die Zeltnergasse zu eilen – nahe dem Altstätter Ring, das war beinahe ein Kilometer – und das dort ansässige ‚Galanteriewaren-Geschäft Hermann Kafka' aufzusperren, vor dessen Eingang sich bereits um 7.15 Uhr das Personal einfand. War Ottla aus dem Haus, wurde es auch für ihren Bruder hohe Zeit. Sein kleines, ungeheiztes Zimmer lag unglücklich zwischen dem Schlafzimmer der Eltern und der Wohnstube, und während auf der einen Seite das Geschirr klapperte, hörte er auf der anderen Seite das Flüstern der Mutter und das weniger rücksichtsvolle, laute Gähnen des Vaters, der sich mächtig im knarrenden Ehebett drehte. Dazwischen die Tür zum Flur, die mit Scheiben aus mattem, ornamentiertem Glas versehen war: Machte draußen jemand das Licht an, wurde es auch drinnen hell.

Eng und gedrängt ging es zu bei den Kafkas: Die sonore Stimme des Vaters war allgegenwärtig, Besucher wurden stets von der ganzen Familie empfangen, und ein Gespräch unter vier Augen bedurfte der Verabredung, wollte man sich nicht mit verstohlenen Zeichen begnügen. Dennoch ist Kafkas Aufzeichnungen nicht zu entnehmen, dass irgendjemand unter diesem Mangel an Intimität gelitten hätte – außer ihm selbst natürlich, den am Sonntagmorgen (aber darüber konnte man nicht schreiben) stets eine leichte Übelkeit anflog, wenn er das zerwühlte Bettzeug der Eltern erblickte, nur wenige Schritte von seinem eigenen. Dabei durfte er sich nicht einmal beschweren: Immerhin war er das einzige Familienmitglied, das über ein eigenes Zimmer verfügte, während sich seine drei Schwestern Elli, Valli und Ottla jahrelang mit einem einzigen ‚Mädchenzimmer' hatten abfinden müssen. Elli heiratete im Herbst 1910 und verließ die Wohnung. Doch noch immer teilte Kafka seinen Lebensraum mit fünf Erwachsenen (inklusive des Dienstmädchens), und es war nicht zuletzt die unwirtliche Stimmung des morgendlichen Aufbruchs, die ihn jetzt immer häufiger daran denken ließ, diesen Zustand zu beenden.

Es war wenig verlockend, den vergehenden Schlaf noch länger auszukosten, und während nebenan die notorischen Kanarienvögel (die nach ihrem Ableben immer wieder durch neue ersetzt wurden) in das allgemeine Geräusch einstimmten, eilte Kafka ins Bad, um sich mit peinlicher Sorgfalt zu waschen, zu kämmen und zu rasieren.

Aus: Reiner Stach, Kafka. Die Jahre der Entscheidung. S. 8–10

■ *Kafka schildert in seiner frühen Prosaskizze „Großer Lärm" offensichtlich eine reale Szene, die er in der elterlichen Wohnung Tag für Tag selbst erlebt hat. Halten Sie es für sinnvoll und wichtig für das Verständnis eines literarischen Textes, die biografischen Hintergründe seiner Entstehung zu kennen? Was sind die Vorteile eines solchen Wissens? Sehen Sie auch mögliche Gefahren und Nachteile?*

Max Brod: Nachwort zu Kafkas „Amerika"-Roman

[...]

Es ist klar, dass der Roman mit dem „Prozeß" und „Schloß", deren Reihe er (chronologisch) eröffnete, innig zusammenhängt. Es ist eine *Trilogie der Einsamkeit*, die Kafka hinterlassen hat. Fremdheit, Isoliertheit mitten unter den Menschen sind das Grundthema. Die Situation des Angeklagten im „Prozeß" – der Stand des Uneingeladenen und Landfremden im „Schloß" – die Hilflosigkeit eines unerfahrenen Kindes mitten in dem von Leben tobenden „Amerika" – hier sind drei Grundtatsachen, deren geheimnisvoll Gemeinsames durch die Kunst Kafkas klar und symbolhaft, jedoch stets durchaus ohne die übliche Symbolsprache und im einfachsten Ausdruck der Wirklichkeit hervortritt. So machen die drei Romane einander gegenseitig verständlich, sie weisen auf ein und dasselbe Herz zurück. In allen drei Romanen geht es um die Einordnung des Einzelnen in die menschliche Gemeinschaft und, da es sich dabei um höchste Gerechtigkeit handelt, gleichzeitig um Einordnung in ein Gottesreich. Die ungeheuren Widerstände, die sich gerade dem sorgsam guten und rechtlichen Menschen hierbei entgegensetzen, werden gezeigt. Im „Prozeß" und im „Schloß" überwiegen die Widerstände – und das macht diese Bücher zu tragischen Dokumenten. Im „Amerika"-Roman dagegen wird durch die kindliche Unschuld und rührend naive Reinheit des Helden das Unheil gerade noch knapp in Schach gehalten. Wir fühlen, wie dieser gute Junge Karl Roßmann, der schnell unsere ganze Liebe gewinnt, allen falschen Freundschaften und perfiden Feindschaften zum Trotz, sein Ziel, sich im Leben als anständiger Mensch zu bewähren und die Eltern zu versöhnen, erreichen wird. [...] Aber der Weg, der zu diesem Ziel führt, ist allerdings mit ungeheuerlichen Leiden und Schwierigkeiten besetzt. „Es ist unmöglich, sich zu verteidigen, wenn nicht guter Wille da ist", heißt es auch hier voll Trauer und Anklage in jenem Verhör vor dem Oberkellner, das mit dem im „Prozeß" geschilderten Gerichtsverfahren so viele Dämonien gemein hat. Nur wird der Kampf ums Recht diesmal mit ruhigerem Gewissen, in jugendlicher Ungebrochenheit geführt. Und die vergebliche, wie oft ironisch genasführte Postensuche verweist auf die verwandten Geschehnisse im „Schloß", mit der Ausnahme, dass hier, in „Amerika", zum Schluss das erlösende, sei's auch durch gewisse Nebenumstände nicht ganz vollgültige „Aufgenommen" erklingt.

Kafka behandelt seinen Karl Roßmann nicht schonender als die beiden anderen Helden, deren Initial gleichfalls K. (–Ich) ist. Denn auch in den beiden anderen Romanen birgt sich hinter der kristallklaren und unverzierten Ausdrucksweise keine Kälte des Dichters, wie man in manchen Analysen vermutet hat, nur unendliche Strenge, die mit zartestem Gefühl, mit der Würdigung des kompliziertesten Entlastungsmomentes und mit grenzenlosem Mitleid unauflösbar verbunden ist. Indes macht es den Eindruck, als ob Kafka in diesem „Amerika"-Roman dem braven, ehrlichen und unverdrossenen Jungen gegenüber, den er darstellt, sich etwas freier bewegte. Er verbirgt seine Anteilnahme weniger, er wird von ihr überwältigt. Das Herz geht ihm auf, es blutet, wenn seinem wehrlosen, unschuldigen Geschöpf Unrecht getan wird. [...]

Aus: Max Brod: Nachwort zur ersten Ausgabe. In: Franz Kafka: Amerika. Roman. Hrsg. von Max Brod. Frankfurt a. M.: Fischer Taschenbuch Verlag 989, S. 260–262

■ *Fassen Sie Max Brods Ausführungen in eigenen Sätzen zusammen. Was sind für ihn die zentralen Themen von Kafkas Amerika-Roman? Nehmen Sie kritisch Stellung zu Brods Thesen.*

Franz Kafka: Der Schlag ans Hoftor

Es war im Sommer, ein heißer Tag. Ich kam auf dem Nachhauseweg mit meiner Schwester an einem Hoftor vorüber. Ich weiß nicht, schlug sie aus Mutwillen ans Tor oder aus Zerstreutheit oder drohte sie nur mit der Faust und schlug gar nicht. Hundert Schritte weiter an der nach links sich wendenden Landstraße begann das Dorf. Wir kannten es nicht, aber gleich nach dem ersten Haus kamen Leute hervor und winkten uns, freundschaftlich oder warnend, selbst erschrocken, gebückt vor Schrecken. Sie zeigten nach dem Hof, an dem wir vorübergekommen waren, und erinnerten uns an den Schlag ans Tor. Die Hofbesitzer werden uns verklagen, gleich werde die Untersuchung beginnen. Ich war sehr ruhig und beruhigte auch meine Schwester. Sie hatte den Schlag wahrscheinlich gar nicht getan, und hätte sie ihn getan, so wird deswegen nirgends auf der Welt ein Beweis geführt. Ich suchte das auch den Leuten um uns begreiflich zu machen, sie hörten mich an, enthielten sich aber eines Urteils, Später sagten sie, nicht nur meine Schwester, auch ich als Bruder werde angeklagt werden. Ich nickte lächelnd. Alle blickten wir zum Hofe zurück, wie man eine ferne Rauchwolke beobachtet und auf die Flamme wartet. Und wirklich, bald sahen wir Reiter ins weit offene Hoftor einreiten. Staub erhob sich, verhüllte alles, nur die Spitzen der hohen Lanzen blinkten. Und kaum war die Truppe im Hof verschwunden, schien sie gleich die Pferde gewendet zu haben und war auf dem Wege zu uns. Ich drängte meine Schwester fort, ich werde alles allein ins Reine bringen. Sie weigerte sich, mich allein zu lassen. Ich sagte, sie solle sich aber wenigstens umkleiden, um in einem besseren Kleid vor die Herren zu treten. Endlich folgte sie und machte sich auf den langen Weg nach Hause. Schon waren die Reiter bei uns, noch von den Pferden herab fragten sie nach meiner Schwester. Sie ist augenblicklich nicht hier, wurde ängstlich geantwortet, werde aber später kommen. Die Antwort wurde fast gleichgültig aufgenommen: wichtig schien vor allem, dass sie mich gefunden hatten. Es waren hauptsächlich zwei Herren, der Richter, ein junger lebhafter Mann und sein stiller Gehilfe, der Aßmann genannt wurde. Ich wurde aufgefordert in die Bauernstube einzutreten. Langsam, den Kopf wiegend, an den Hosenträgern rückend, setzte ich mich unter den scharfen Blicken der Herren in Gang. Noch glaubte ich fast, ein Wort werde genügen, um mich, den Städter, sogar noch unter Ehren aus diesem Bauernvolk zu befreien. Aber als ich die Schwelle der Stube überschritten hatte, sagte der Richter, der vorgesprungen war und mich schon erwartete: „Dieser Mann tut mir leid.“ Es war aber über allem Zweifel, dass er damit nicht meinen gegenwärtigen Zustand meinte, sondern das, was mit mir geschehen würde. Die Stube sah einer Gefängniszelle ähnlicher als einer Bauernstube. Große Steinfliesen, dunkel, ganz kahle Wand, irgendwo eingemauert ein eisener Ring, in der Mitte etwas, das halb Pritsche, halb Operationstisch war. Könnte ich noch andere Luft schmecken als die des Gefängnisses? Das ist die große Frage oder vielmehr, sie wäre es, wenn ich noch Aussicht auf Entlassung hätte.

Aus: Franz Kafka: Beschreibung eines Kampfes. Novellen, Skizzen, Aphorismen aus dem Nachlaß. Hrsg. von Max Brod. Frankfurt a. M.: Fischer Taschenbuch Verlag 1989, S. 80f.

- *Fassen Sie die Geschichte in eigenen Worten zusammen.*
- *Was macht diesen Text so unheimlich? Wie erscheint hier die Rechtsprechung?*
- *Welche inhaltliche Parallele erkennen Sie zwischen dieser Geschichte und Kafkas Roman „Der Verschollene“?*

Zwischen Beruf und Berufung

[…]
Nachdem er [Kafka] sich von April bis Juli 1906 als Aushilfskraft in einer Rechtsanwaltskanzlei am Altstädter Ring betätigt und seit Oktober dieses Jahres ein einjähriges Referendariat zuerst beim Prager Landgericht und dann beim Strafgericht abgeleistet hatte, trat er am 1. Oktober 1907 in die Dienste der Triester Versicherungsgesellschaft „Assicurazioni Generali". Aber die lange Arbeitszeit, der Stress, dem er in diesem privatwirtschaftlich organisierten Unternehmen ausgesetzt war, das dort herrschende schlechte Betriebsklima und mangelnde Sachkenntnis in der Versicherungsbranche machten ihm diese Stellung so unerträglich, dass er zum 31. Juli 1908 wieder ausschied.

An literarische Arbeit war unter diesen Umständen natürlich nicht zu denken: „Die unmittelbare Nähe des Erwerbslebens benimmt mir, trotzdem ich innerlich so unbeteiligt bin, als es nur möglich ist, jeden Überblick", schrieb er am 19. Januar 1915 zur Begründung dieses Sachverhalts in sein Tagebuch. […]

Im August 1908 gelang Kafka der Sprung in die halbstaatliche „Arbeiter-Unfall-Versicherungs-Anstalt für das Königreich Böhmen in Prag". Otto Přibram, von 1895 bis zu seinem Tod im Jahr 1917 Präsident der Anstalt, war der Vater von Kafkas Schul- und Studienfreund Ewald Felix Přibram und hatte seine Aufnahme in die für Juden fast unzugängliche Institution erwirkt. Durch Kurse an der Prager Handelsakademie, die vorwiegend von späteren Vorgesetzten der Anstalt abgehalten wurden, hatte er sich auf den neuen Posten vorbereitet. Neben einer günstigeren Urlaubsregelung und leicht zu bewältigender Arbeit bestand der Vorteil vor allem darin, dass die tägliche Arbeitszeit nur sechs Stunden (von 8 bis 14 Uhr durchgehend) betrug, die Nachmittage und Abende also anderweitig verwendet werden konnten. Trotzdem sah sich Kafka im Lauf der Jahre immer mehr psychischen Belastungen ausgesetzt, die seine Gesundheit zu untergraben drohten und schon 1911 und 1912 Erholungsaufenthalte in Sanatorien notwendig machten. Die Ursache war das Schreiben, das Kafka neben seinem Brotberuf her betrieb, genauer: die inneren Voraussetzungen, unter denen es sich zu vollziehen hatte.

Einerseits nämlich erwog Kafka dauernd eine Kündigung, um sich ausschließlich der Literatur widmen zu können, die er seit ungefähr 1911 als seine wahre Bestimmung zu erkennen glaubte. Aber seine Ängstlichkeit, Skrupulosität sowie Rücksichten auf seine Familie ließen ihn diesen Schritt nie tun. Ein solches Leben als freischaffender Schriftsteller wäre auch dadurch sehr erschwert gewesen, dass er teils Bedenken hatte, sich mit dem Schreiben seinen Lebensunterhalt zu verdienen, teils aber auch gar nicht darauf hätte rechnen können, weil Dauer und Intensität seiner Inspiration nicht beeinflussbar waren, so dass, wie die Erfahrung zeigte, immer wieder mit längeren Perioden der Unproduktivität zu rechnen war. Andererseits jedoch war das Schreiben neben dem Brotberuf her außerordentlich problematisch. Die Konzeption literarischer Werke war Kafka nur in tiefster Stille und Abgeschiedenheit möglich, also allein in der Nacht, wenn die übrigen Familienmitglieder und Hausbewohner schliefen. Aber dann litt die Qualität, besonders die Geschlossenheit der Arbeit, unter ihrer Stückelung, die selbst Folge der regelmäßig wahrzunehmenden Dienstzeiten war. Mehr als zwei, drei Stunden zusammenhängendes Schreiben war in der Regel nicht zu verwirklichen. […]

Aus: Hartmut Binder und Jan Parik: Kafka. Ein Leben in Prag. Essen/München: Mahnert-Lueg Verlag 1993, S. 99–106

■ *Lesen Sie den Text und fassen Sie Kafkas berufliche Stationen stichpunktartig zusammen. Beschreiben Sie in einem zweiten Schritt in eigenen Worten das Problem, das sich für Kafka aus seinem Beruf ergab.*

Dieter Heimböckel über die „Fehler“ in Kafkas Amerika-Roman

Aus der seitenverkehrten Anlage der amerikanischen Welt Franz Kafkas erklärt sich, warum das zweite ‚o‘ in Oklahoma sich unter seiner Feder in ein ‚a‘ verwandelte. Oklahama nämlich fügt sich ebenso wie Butterford und Ramses, die weiteren Stationen der amerikanischen Odyssee Karl Roßmanns, in eine Landschaft ein, die es nicht gibt. Wo Amerika im *Verschollenen* eine topographische Kontur erhält, fingiert und verfremdet Kafka: San Francisco liegt im Osten – New York grenzt an Boston. Der Roman bietet keinen identifizierbaren Fixpunkt. Nicht einmal das amerikanische Wahrzeichen entgeht dem verfremdenden Eingriff des Autors. Bei der Einfahrt in den New Yorker Hafen erblickt Karl Roßmann „die schon längst beobachtete Statue der Freiheitsgöttin wie in einem plötzlich stärker gewordenen Sonnenlicht“. Doch statt der Fackel hält sie ein Schwert in ihrer Hand –: als „Symbol der erbarmungslosen Gewalt“ und Hinweis auf den bevorstehenden Kampf in einem durch und durch technisierten und ökonomisierten Gesellschaftssystem, wie manche Interpreten meinen. Andere wiederum heben auf die ikonographische Tradition der Justitia ab und sehen darin ein Sinnbild der „Gerechtigkeit“ walten. Dass es sich hierbei um eine erste bewusste Leserlenkung handeln könnte, eine Warnung an den Rezipienten, das Geschriebene nicht mit der Realität zu verwechseln, geriet bei all den durchaus erhellenden Auslegungen jedoch kaum einmal in den Blick. Eindeutiger wäre der Zusammenhang wohl gewesen, wenn Kafka die ersatzlose Streichung einer Textvariante rückgängig gemacht und es bei der abschließenden Formulierung der Eingangsszene belassen hätte. Denn ursprünglich sollte es an dieser Stelle heißen: „Er [Karl Roßmann] sah zu ihr auf und verwarf das über sie Gelernte“.

Aus: Dieter Heimböckel: „Amerika im Kopf“. Franz Kafkas Roman *Der Verschollene* und der Amerika-Diskurs seiner Zeit. In: DVjs 77 (2003), S. 130–147; hier: 139f.

■ *Wie erklärt sich der Autor die zahlreichen Details in Kafkas Roman, die von der Realität abweichen?*

Oliver Jahraus: Kafkas Testament

Mit der Vollendung eines Textes, mit dem Ende des Schreibprozesses, also an jenem Punkt, an dem der Autor zum Leser […] wird, an dem der Text damit für potenziell alle möglichen Leser lesbar geworden ist, an jenem Punkt emanzipiert[1] sich der Text von seinem Autor, und zwar insbesondere im Hinblick auf seine Interpretierbarkeit […]. Der Autor ist nicht mehr Herr über die Art und Weise, wie sein Text interpretiert wird. Das aber wollte Kafka unbedingt vermeiden. Doch warum nur?

Und noch in anderer Hinsicht hatte für Kafka diese Grenze eine besondere Bedeutung, und zwar angesichts eines Ereignisses, das oft als sinnlos erfahren wird und gerade deswegen Bedeutung in besonderer Weise stiften kann, nämlich angesichts des eigenen Todes, hier besonders in Kafkas beiden Testamenten. Er hat nämlich tatsächlich zwei Testamente hinterlassen. […] Beide Testamente haben Brod[2] zum Adressaten. Im ersten Testament, dem sogenannten „Tintenzettel", heißt es:

„Liebster Max, meine letzte Bitte: Alles was sich in meinem Nachlass […] an Tagebüchern, Manuskripten[3], Briefen, fremden und eigenen, Gezeichnetem und so weiter findet, restlos und ungelesen zu verbrennen, ebenso alles Geschriebene und Gezeichnete, das Du oder andre, die Du in meinem Namen darum bitten sollst, haben. […] Dein Franz Kafka"

[…] Im zweiten Testament, dem sogenannten „Bleistiftzettel", heißt es:

„Von allem, was ich geschrieben habe, gelten nur die Bücher: Urteil, Heizer, Verwandlung, Strafkolonie, Landarzt und die Erzählung Hungerkünstler. […] Dagegen ist alles, was sonst an Geschriebenem von mir vorliegt (in Zeitschriften Gedrucktes, im Manuskript oder in Briefen) ausnahmslos, soweit es erreichbar oder durch Bitten von den Adressaten zu erhalten ist […] – alles dieses ist ausnahmslos zu verbrennen, und dies möglichst bald zu tun bitte ich Dich, Franz."

Das erste Testament verfügt demnach die Vernichtung des gesamten handschriftlichen Nachlasses; das zweite verfügt aber die Vernichtung des gesamten Nachlasses, also einschließlich des bereits Gedruckten außer den genannten Erzählungen. […] Der Wunsch eines Autors, bereits Veröffentlichtes vernichtet zu sehen, ist selbstverständlich alles andere als realistisch. […] Nachvollziehbar wird diese Vorstellung erst dann, wenn man Veröffentlichung weniger als Publikation[4], sondern hier wiederum als Ende des und Gegenteil zum Schreibprozess versteht. Kafka wollte mit seinen Testamenten – und insofern hängen sie unmittelbar mit seinem Verständnis von Literatur und vor allem vom Schreiben zusammen – eine Garantie dafür, dass mit dem Tod der Schreibprozess ein für alle Mal an ein Ende gekommen sein sollte.

Er wollte also letztendlich die Unabänderlichkeit seiner (Hand-)Schrift, weil nur darin der Schreibprozess als solcher zu retten und zu erhalten wäre, er wollte sie im vollen Bewusstsein ihrer Unmöglichkeit. Nur im Schreiben empfand sich Kafka als Herr über das Geschriebene. Da der Tod dem Schreiben ein Ende setzt, kann die Herrschaft über das Geschriebene nur noch in einer negativen, destruktiven[5] Geste aufrechterhalten werden, nämlich indem man das Geschriebene vernichtet. […]

Als Kafka sein erstes Testament dem Freund vorgelegt hatte, hatte dieser unmissverständlich erklärt, dass er diesem letzten Willen nicht nachkommen werde. Kafka musste also wissen, dass, wenn er tatsächlich eine Vernichtung seiner Literatur im Sinn hätte, Brod diesem Wunsch nicht nachkommen würde. In diesem Sinne hat Kafka Brod die Rolle eines Verräters […] zugedacht und ihm gleichzeitig die Rolle eines Bewahrers […] ermöglicht. Somit gelang Kafka das Unmögliche: Er hat die Vernichtung des Nachlasses bestimmt – dies entspricht der Idee des Schreibprozesses, der mit dem Tod des Autors an ein Ende kommt –, aber er hat die Vernichtung zugleich auf eine Weise bestimmt, die die Bestimmung selbst außer Kraft setzte […].

Aus: Oliver Jahraus: Kafka. Leben, Schreiben, Machtapparate. Stuttgart: Reclam 2006, S. 51 60

1 sich selbstständig machen
2 Max Brod: lebenslanger Freund Kafkas
3 handgeschriebene Entwürfe
4 veröffentlichtes Druckwerk

- *Welche Fassungen von Kafkas letztem Willen gibt es und an wen sind sie adressiert? Fassen Sie ihren Inhalt in eigenen Worten zusammen.*
- *Wie interpretiert der Autor Kafkas Bitte der posthumen Vernichtung seiner Texte?*
- *Inwiefern hat Kafkas letzter Wille eine paradoxe Form?*

Baustein 3

Ein Roman der literarischen Moderne

In diesem Baustein wird Kafkas Roman der literarischen Moderne zugeordnet. Die Schülerinnen und Schüler sollen anhand detaillierter Textanalysen erarbeiten, inwiefern „Der Verschollene" zentrale Merkmale dieser Literaturepoche aufweist, wobei das Augenmerk insbesondere auf die Erzähltechnik und den Aufbau gerichtet wird. Im Anschluss an diese Romananalysen soll den Lernenden die Besonderheit des alle soziokulturellen Bereiche erfassenden Epochenumbruchs um 1900 anhand eines weiteren, kurzen Textes Kafkas noch deutlicher vor Augen geführt werden. Im Einzelnen geht es um folgende Aspekte:

- die Merkmale der literarischen Moderne,
- die Erzähltechnik in Kafkas Roman
- der Aufbau des „Verschollenen",
- Kafkas Parabel „Eine alltägliche Verwirrung" als typisches Beispiel der literarischen Moderne.

3.1 Die Merkmale der literarischen Moderne

Für ein tieferes Verständnis eines literarischen Werks ist es sinnvoll, die Literaturepoche zu kennen, in der es entstanden ist. Kafkas „Verschollener" gehört zur literarischen Moderne, der Epoche ungefähr zwischen 1880 und 1920. „Literarische Moderne" ist die – recht unscharfe – Gesamtbezeichnung für alle literarischen Bewegungen der klassischen Avantgarde, zu der der Naturalismus, der Impressionismus, der Jugendstil und der Expressionismus zählen. Die Autoren dieser Epoche reagieren mit ihren Werken auf die tiefgreifenden sozialen und kulturellen Umbrüche gegen Ende des 19. Jahrhunderts. In dieser Zeit kam es zu immer stärkeren Erschütterungen des traditionellen Weltbilds, etwa durch Friedrich Nietzsches Philosophie, Sigmund Freuds Psychoanalyse, Albert Einsteins Relativitätstheorie und Max Plancks Quantentheorie. Deren neue Sicht auf die Wirklichkeit, die das Zufällige, Heterogene und Disparate allen Geschehens betonte, forderte den Schriftstellern eine neue literarische Beschreibung der Welt und der menschlichen Existenz ab. In dem Lexikonartikel auf dem **Arbeitsblatt 12**, S. 91, werden einige Besonderheiten der modernen Literatur vorgestellt. So reflektieren die Schriftsteller der literarischen Moderne verstärkt das gewachsene Selbstbewusstsein des Menschen, das einerseits mit einer größeren Handlungsfreiheit, andererseits aber auch mit Erfahrungen existenzieller Angst und Ohnmacht verbunden ist. Viele der Texte handeln von der Fremdheit und Verlassenheit des Menschen in einer nicht mehr durchschaubaren, sinnlos erscheinenden Welt. Die Darstellung der psychischen Innenwelt wird wichtiger als die Beschreibung der realen Außenwelt, wobei der Begriff der Realität ohnehin zunehmend problematisch wird. Die Wirklichkeit lässt sich nicht mehr länger einheitlich und konsistent darstellen, viele Autoren betonen denn auch das Widersprüchliche, Fragmentarische, Komplexe und Paradoxe des Seins.

Als Einstieg in diese Unterrichtseinheit ist es empfehlenswert, die Schülerinnen und Schüler in der Stunde zuvor mit folgender Hausaufgabe zu beauftragen:

- *Recherchieren Sie im Internet nach der Epoche der literarischen Moderne. In welchen Zeitraum wird diese Epoche eingeordnet? Was sind ihre zentralen Merkmale?*

Die gewonnenen Ergebnisse können stichpunktartig an die Tafel geschrieben werden, sodass sich allmählich eine konkretere Vorstellung über die Epoche der literarischen Moderne ergibt. Zusätzlich oder alternativ zur Rechercheaufgabe kann der Lexikonartikel auf dem **Arbeitsblatt 12**, S. 91, hinzugezogen werden. Der Kurs wird in Arbeitsgruppen aufgeteilt, die folgenden Auftrag erhalten:

- *Lesen Sie den Lexikonartikel und unterstreichen Sie alle Merkmale der literarischen Moderne. Beschreiben Sie in einem nächsten Schritt, inwiefern die Literatur dieser Epoche vor ganz anderen Herausforderungen steht als die frühere Literatur.*

In dem folgenden Unterrichtsgespräch sollte es weniger darum gehen, mit den Lernenden Detailinformationen zu besprechen, als vielmehr eine grundsätzliche Ahnung von dem tiefgreifenden soziokulturellen Epochenwandel um 1900 zu vermitteln, der mit Namen wie Friedrich Nietzsche, Sigmund Freud, Albert Einstein oder Max Planck verbunden ist und auf den die literarische Moderne ästhetisch reagiert.[1]

Die aus der Internetrecherche und der Lektüre des Lexikonartikels gewonnenen Ergebnisse können in folgendem Tafelbild oder auf Folie festgehalten werden:

Literarische Moderne (ca. 1880–1920)

Sammelbegriff einzelner moderner Literaturepochen: Naturalismus, Impressionismus, Jugendstil und Expressionismus

Literatur reagiert auf die Erschütterung des traditionellen Weltbilds (etwa durch F. Nietzsche, S. Freud, A. Einstein, M. Planck), moderne Welt ist geprägt durch:

- Individualisierung
- Differenzierung
- Spezialisierung
- Abstraktion
- Technologisierung
- Säkularisierung
- Rationalisierung
- Verwissenschaftlichung

➡ Welt ist entzaubert

- Literatur ahmt nicht mehr nach, sondern gestaltet Inhalte
- Darstellung der subjektiven Wahrnehmung wichtiger als Darstellung der Außenwelt
- Reflexion des Selbstbewusstseins
- verändertes Realitätsverständnis
- Betonung von Widersprüchlichkeit, Fragmentarisierung, Komplexität, Paradoxie
- Literatur spiegelt Pluralität, Vielschichtigkeit und permanenten Wandel wider
- traditionelle Sinngebungen werden zerstört, parodiert und durch neue Mythen ersetzt
- Zeit wird relativ, Bedeutung des Augenblicks wächst
- Problematisierung der Sprache
- Literatur fasst Moderne als Krisensituation auf, in der alle Traditionen und Sicherheiten verloren sind und der Mensch vereinsamt und entfremdet ist

[1] Zu Freud siehe Baustein 4.

Im Anschluss daran können die Ergebnisse auf den „Verschollenen" übertragen werden. Zur Eröffnung des Unterrichtsgesprächs bietet sich folgender Frageimpuls an:

- *Inwiefern ist auch Kafkas Roman „Der Verschollene" ein Vertreter der literarischen Moderne? Welche Kriterien dieser Epoche weist er auf?*

Die Schülerinnen und Schüler sollen diskutieren, inwiefern Kafkas Roman zur literarischen Moderne gehört. Dabei könnte insbesondere überlegt werden, welche der im Tafelbild angeführten Merkmale dieser Epoche auch auf den „Verschollenen" zutreffen. Natürlich ist nicht davon auszugehen, dass die Lernenden den Roman schon so gut kennen, dass sie für ihre Antworten auf konkrete Textpassagen verweisen können. Allgemeine Überlegungen, inwiefern sich Merkmale der genannten Epoche im Roman wiederfinden, sind aber durchaus auch nach einer ersten Lektüre erwartbar. Im Folgenden vier mögliche Antworten:

Entzauberung der Welt durch Technologisierung und Spezialisierung

Der Lexikonartikel auf dem **Arbeitsblatt 12**, S. 91, betont, dass die literarische Moderne auf die Entzauberung der Welt reagiert, deren Gründe u.a. eine zunehmende Technologisierung und Spezialisierung sind. Auch Kafkas Amerika-Roman spiegelt eine solche Welt wider, wie insbesondere in den Szenen deutlich wird, in denen moderne Arbeitsprozesse beschrieben sind. So sind die Telefonisten in der Firma von Karls Onkel und auch die Unterportiere im Hotel occidental, die unablässig Auskunft erteilen müssen, derart in den streng reglementierten Arbeitsablauf eingebunden, dass sie eher Maschinen als Menschen gleichen. Wie typisch für die moderne Gesellschaft erfüllen sie mit ihrer hochspezialisierten Aufgabe zwar einen genau kalkulierten Zweck, sind dadurch aber gleichzeitig von ihrer Arbeit entfremdet. (Vgl. dazu ausführlicher Baustein 2.3)

Zerstörung und Verspottung traditioneller Sinngebungen

Die Moderne ist geprägt von einem tiefgreifenden Glaubensverlust, der in Friedrich Nietzsches Diktum vom „Tod Gottes" seinen prägnantesten Ausdruck findet. Das Christentum und alle anderen traditionellen Sinngebungen haben mit der Säkularisierung und Entzauberung der Welt an Bedeutung verloren. Der Mensch der Moderne sieht sich in ein rätselhaftes, sinnloses Universum geworfen, ohne Aussicht auf Paradies und Erlösung. In Kafkas „Verschollenem" zeigt sich die Abkehr und gleichzeitige Verspottung traditioneller Sinngebungen insbesondere im Kapitel über das „Teater von Oklahama", das – denkt man beispielsweise an die trompetenden Engel und Teufel – als Parodie neutestamentlicher Jenseitshoffnungen aufgefasst werden kann. (Vgl. dazu ausführlicher Baustein 5.1 und 5.2)

Relativierung der Zeit und Bedeutung des Augenblicks

Wie der Lexikonartikel betont, wird die Wirklichkeit in der Moderne zunehmend fragil, traditionelle Raum- und Zeitkonzepte drohen sich aufzulösen, Innen- und Außenwelt fließen ineinander über. Vor diesem Hintergrund ist es verständlich, dass in der Moderne der Augenblick an Bedeutung gewinnt. Auch in Kafkas Roman wird die Zeit nicht als gleichmäßig und kontinuierlich fließend dargestellt. Indem Zeiträume manchmal extrem gerafft, manchmal gedehnt werden, erscheint die Zeit unfest und relativ. Dabei stellen sich Konzentrationen im Zeitablauf als zentrale Augenblicke, nämlich als handlungsentscheidende Wendepunkte, heraus: Sie erhalten ihr Gewicht dadurch, dass die Zeit hier zur Genauigkeit eines Sekunde-für-Sekunde-Voranschreitens übergeht (so etwa als Karl im Landhaus bei New York den Brief seines Onkels erhält oder als er im Hotel occidental vom Oberkellner verhört wird). Dieser Aspekt der Zeitausdehnung kann im Baustein 3.3 erarbeitet werden, wenn die Lernenden die einzelnen Wendepunkte des Handlungsverlaufs im Rahmen einer Strukturanalyse bestimmen.

Entfremdung des Menschen in einer unsicher gewordenen Welt

Das Realitätsverständnis hat sich in der Moderne radikal verändert. Die Wirklichkeit lässt sich nicht mehr eindeutig beschreiben, sie ist unsicher und komplex geworden. Aus dieser Unsicherheit resultiert eine Vielzahl unterschiedlichster, sich teils widersprechender Weltdeutungen. Niemand kann mehr Anspruch auf eine einzig gültige Wahrheit erheben, die Ereignisse lassen sich von einem olympischen, gottgleichen Standort nicht mehr überblicken oder erklären. So steht der Mensch der Moderne fremd und orientierungslos in einer rätselhaften Wirklichkeit, ohne den Sinn seiner Existenz jemals verstehen zu können. Ein solches Weltbild spiegelt sich auch in Kafkas Roman wider, wie in den beiden folgenden Unterrichtseinheiten (Baustein 3.2 und 3.3) anhand zweier formaler Aspekte – nämlich der Erzähltechnik und des Romanaufbaus – detailliert erarbeitet werden soll.

3.2 Die Erzähltechnik: Der „unwissende" Erzähler

In dieser Unterrichtseinheit geht es um die im „Verschollenen" verwendete Erzähltechnik. Nachdem die Schülerinnen und Schüler zunächst die relevanten erzähltechnischen Kategorien auf Kafkas Roman angewendet haben, richtet sich der Fokus auf den Standort des Erzählers und seine damit verbundene eingeschränkte Perspektive. Die Lernenden sollen erkennen, dass der Erzähler über weite Strecken des Romans keineswegs „allwissend", sondern „unwissend" ist und damit der Hauptfigur Karl Roßmann gleicht. Zur Beantwortung der Ausgangsfrage dieses Bausteins soll abschließend erarbeitet werden, inwiefern diese Unwissenheit und Orientierungslosigkeit des Erzählers unterstreicht, dass Kafkas Amerika-Roman ein Werk der literarischen Moderne ist.

Vor der konkreten Textarbeit bietet es sich an, den Schülerinnen und Schülern die Grundbegriffe der Erzähltechnik anhand des **Arbeitsblatts 13**, S. 93, zu vermitteln. Die Lernenden erhalten folgende Aufträge, die sie in Partnerarbeit lösen sollen:

- *Unterstreichen Sie in Partnerarbeit die wichtigsten erzähltechnischen Begriffe und erläutern Sie diese mit eigenen Worten.*
- *Erfinden Sie Textbeispiele, in denen die einzelnen Erzähltechniken jeweils Anwendung finden.*
- *Unterstreichen Sie in einer anderen Farbe Stellen, die Ihnen unklar sind, und diskutieren Sie diese mit Ihrem Partner.*
- *Präsentieren Sie die Ergebnisse (und offenen Fragen), die sich aus Ihrer Partnerarbeit ergeben haben, dem Kursplenum.*

Die Ergebnisse und offenen Fragen werden im Unterrichtsgespräch vorgestellt und geklärt. Explizit sollte auf den ersten Punkt der Begriffsaufzählung, den Unterschied zwischen Autor und Erzähler eines literarischen Textes, eingegangen werden, da es hierbei – nicht nur im Unterricht, sondern vereinzelt sogar in der Literaturwissenschaft – immer wieder zu Fehlern und Verwechslungen kommt. Der Autor ist der Verfasser eines Textes, der Schriftsteller, er entstammt also der Realität – wohingegen der Erzähler eine vom Autor verwendete erzählende Instanz, ein literarisches Instrument ist, also lediglich in der fiktiven Welt der Literatur existiert. Niemals überschneiden sich Autor und Erzähler. Aufgrund der Wichtigkeit dieser Unterscheidung bietet sich an dieser Stelle ein zusammenfassendes Tafelbild an:

Eine zentrale Unterscheidung bei jeder Literaturinterpretation

Autor		**Erzähler**
Verfasser eines literarischen Werkes, Schriftsteller	≠	erzählende Instanz literarisches Instrument
Realität		Fiktion
	Kafkas Roman „Der Verschollene"	
Franz Kafka	≠	namenlos bleibender Erzähler/Erzählinstanz

➔ **Autor und Erzähler eines literarischen Werkes sind niemals gleichzusetzen!**

Im Anschluss kann die konkrete Textarbeit beginnen. Zur Analyse bieten sich die ersten zwei Seiten des Romananfangs an, da sich hier der Erzähler – wie nur an ganz wenigen Stellen – zunächst allwissend zeigt, um kurz darauf in die eingeschränkte Perspektive der Hauptfigur einzutauchen. Der Kurs wird in Arbeitsgruppen eingeteilt, die folgenden Auftrag erhalten:

- *Lesen Sie den Romanbeginn von S. 5, 1 bis S. 6, 34. Achten Sie dabei auf die verschiedenen im Arbeitsblatt aufgeführten Grundbegriffe der Erzähltechnik und wenden Sie sie auf diese Textpassage an. Notieren Sie also, welche Erzählform vorherrscht, welche Perspektive und welchen Standort der Erzähler einnimmt, beschreiben Sie sein Erzählverhalten und seine Erzählhaltung etc.*

Nach der Bearbeitungszeit werden die Gruppenergebnisse im Kursrahmen vorgestellt und miteinander besprochen. Zu erarbeiten ist:
Die in Kafkas Roman „Der Verschollene" verwendete **Erzählform** ist durchgehend die Er-Erzählung. Der Erzähler tritt hierbei niemals selbst in Erscheinung, sondern bleibt als erzählerische Instanz stets im Verborgenen. Dabei wechselt er die **Erzählperspektive** in der hier zu analysierenden Textpassage – ebenso wie im gesamten Roman – häufig zwischen der Innensicht, die den Blick auf Karls Gedanken, Gefühle und Wahrnehmungen freigibt, und der Außensicht. So erfährt der Leser einerseits von den inneren Beweggründen der Hauptfigur, sieht sie andererseits aber auch von außen in ihrer Beziehung zur Umwelt. Auch wenn der Erzähler niemals direkt in Erscheinung tritt, ist sein **Erzählerstandort** doch meist innerhalb der erzählten Welt, da er die Handlung zum großen Teil aus Karls Sicht wahrnimmt. Nur an wenigen Stellen nimmt er einen Standort außerhalb der Handlung ein und zeigt sich allwissend, wobei sein Fokus zum überwiegenden Teil auch hier auf die Hauptfigur gerichtet ist. So fasst der Erzähler im ersten Abschnitt des Romans durch einen kurzen Rückblick die vorangegangenen Ereignisse zusammen, ist also für einen Moment in der olympischen Position, aus der er alle Zusammenhänge gut überblicken kann (vgl. 5, 1–5, 8). Diese allwissende Position kommt aber ausgesprochen selten im Roman vor, meist ist die Perspektive des Erzählers – und damit sein Wissen – durch das gewählte Erzählverhalten stark eingeschränkt. In dem hier zu analysierenden Abschnitt (wie auch im gesamten Roman) wechselt er immer wieder zwischen personalem (aus Karls Perspektive) und neutralem **Erzählverhalten**. So handelt es sich bei der Schilderung von Karls Weg durch das Schiff eher um ein Beispiel personalen Erzählverhaltens (bei dem der Leser von Karls „Bedauern" [5, 24] und „Ratlosigkeit" [5, 32–5, 33], also seinem Innenleben, erfährt), während die anschließende, weitgehend in der Außensicht gehaltene Beschreibung seines Gesprächs mit dem Heizer eher dem neutralen Erzählverhalten zuzuordnen ist, wobei die Grenze zwischen diesen beiden Formen fließend und daher nicht eindeutig bestimmbar ist. Da

– trotz des manchmal allwissenden Erzählers – an keiner einzigen Stelle der Erzählung ein auktoriales Erzählverhalten auftritt, ist es nicht überraschend, dass Kafkas „Verschollener" durchgehend in neutraler **Erzählhaltung** geschrieben ist. Auch in der vorliegenden Textpassage tritt der Erzähler nie wertend oder kommentierend in Erscheinung, sondern berichtet von den Ereignissen in neutraler Weise. Die **Zeitstruktur** ist meist zeitraffend: So kann der Roman im Laufe mehrerer Stunden gelesen werden (= Erzählzeit), das Erzählte – beginnend mit Karls Ankunft in New York über seinen Aufenthalt beim Onkel, im Hotel occidental und bei Brunelda bis hin zur Zugfahrt nach „Oklahama" – erstreckt sich jedoch über mehrere Monate (= erzählte Zeit). Dabei ändert sich die Differenz zwischen Erzählzeit und erzählter Zeit während des gesamten Textes immer wieder: In Abschnitten, in denen Ereignisse zusammengefasst werden, ist sie größer als in Passagen, in denen beispielsweise von einem besonders emotionalen Erlebnis der Hauptfigur, insbesondere von einem dramatischen Wendepunkt erzählt wird.[1] Der zu analysierende Textausschnitt beginnt in Form des zusammenfassenden Rückblicks sehr zeitraffend (5, 1–5, 8), danach, wenn Karls Weg durch das Schiff beschrieben wird, nähern sich Erzählzeit und erzählte Zeit etwas an (5, 24–6, 5) und decken sich weitgehend in der Textpassage, in der von Karls Gespräch mit dem Heizer berichtet wird, d. h., die Erzählzeit entspricht hier ungefähr der erzählten Zeit. Die Ereignisse der gesamten Handlung werden ausnahmslos in chronologischer Abfolge erzählt (wobei die Geschichte Thereses [125, 11–129, 13] als Rückblick in das Romanganze eingebettet ist[2]). Die hauptsächlich verwendete **Darbietungsform** ist der Erzählerbericht, d. h., der Erzähler berichtet vom Geschehen in eigenen Worten. Darüber hinaus findet sich auch die Personenrede, und zwar sowohl die direkte Rede (z. B. „Ich bin doch fertig", 5, 15) als auch die indirekte Rede (z. B. „Er bat schnell den Bekannten, [...] bei seinem Koffer einen Augenblick zu warten", 5, 20–5, 22). An etlichen Stellen des Romans wird außerdem die erlebte Rede verwendet.

Die in Kafkas Roman „Der Verschollene" verwendeten Erzähltechniken können in einem Tafelbild oder auf einer Folie stichpunktartig zusammengefasst werden:

Erzähltechniken im „Verschollenen"

Erzählform:	Er-Erzählung; Erzähler tritt nicht in Erscheinung, sondern bleibt stets im Verborgenen
Erzählperspektive:	steter Wechsel zwischen Innensicht (Einblick in Karls Gedanken, Gefühle und Wahrnehmungen) und Außensicht
Erzählerstandort:	meist innerhalb der erzählten Welt; eingeschränktes Wissen, da auf Perspektive der Hauptfigur Karl Roßmann beschränkt; nur ganz selten allwissend/olympisch (z. B. im ersten Romanabschnitt)
Erzählverhalten:	steter Wechsel zwischen personalem Erzählverhalten (aus Karls Perspektive) und neutralem Erzählverhalten, dabei meist Fokus auf Hauptfigur
Erzählhaltung:	Erzähler tritt nie wertend oder kommentierend in Erscheinung; neutrale Erzählhaltung
Zeitstruktur:	meist zeitraffend: Erzählzeit kürzer als erzählte Zeit, nur manchmal Annäherung an zeitdeckendes Verhältnis zwischen Erzählzeit und erzählter Zeit (z. B. in Beschreibungen von Gesprächen); ausschließlich chronologische Abfolge der Ereignisse
Darbietungsform:	Erzählerbericht; Personenrede (sowohl indirekte Rede als auch direkte Rede); erlebte Rede

[1] Siehe dazu auch Baustein 3.3.

[2] Vgl. zu Thereses Geschichte Baustein 2.3.

Mit Blick auf die Ausgangsfrage, inwiefern der Roman Merkmale der literarischen Moderne aufweist, kann der Fokus im Folgenden auf den Erzählerstandort – oder genauer: auf das Wissen des Erzählers – gelenkt werden. Wie bereits durch die Textanalyse deutlich geworden, hat der Erzähler nur sehr selten eine allwissende Position inne, meist nimmt er die Geschehnisse aus der Perspektive des Protagonisten Karl Roßmann wahr und teilt somit dessen eingeschränkte Sicht. In einem zunächst allgemein gehaltenen Unterrichtsgespräch können die Schülerinnen und Schüler nach möglichen Gründen für eine solche Wahl des Erzählerstandortes gefragt werden:

- *Wir haben erarbeitet, dass der Erzählerstandort im „Verschollenen" meist innerhalb der erzählten Welt liegt, der Erzähler somit nur ganz selten eine allwissende bzw. olympische Position einnimmt. Da er die Geschehnisse zum großen Teil aus der Sicht der Hauptfigur beschreibt, verfügt er nur über eine stark eingeschränkte Perspektive. Welche Gründe könnte Kafka für die Wahl eines solchen Erzählerstandortes gehabt haben? Warum hat er sich nicht für einen allwissenden Erzähler entschieden?*

Vermutlich erkennen die Lernenden ohne weitere Hilfe, dass ein Erzähler mit eingeschränkter Sicht die für Kafkas Roman genau richtige Wahl ist. Durch seinen Erzählerstandort inmitten der Handlung erscheint er ähnlich orientierungslos und unwissend wie der Protagonist Karl Roßmann und muss Amerika gleichsam aus dessen Augen Schritt für Schritt entdecken. Und auch der Leser wird durch diese eingeschränkte Perspektive des Erzählers zu Karls Schicksalsgenossen, fiebert gewissermaßen mit ihm auf seiner Odyssee durchs fremde Land mit. Der Roman würde einen Großteil seiner Spannung verlieren, würde ein allwissender Erzähler aus olympischer Position von den Geschehnissen berichten und alle Zusammenhänge erklären, schließlich machen insbesondere das Rätselhafte und Unsichere, das Nichtgesagte und nur Angedeutete den besonderen Reiz des „Verschollenen" aus.

Sollten die Lernenden Schwierigkeiten haben, diese Zusammenhänge zu erkennen, bieten sich beispielsweise folgende Frage-Impulse als Hilfestellung an:

- *Stellen Sie sich vor, ein allwissender Erzähler würde Karl Roßmanns Abenteuer in Amerika erzählen. Was wäre grundsätzlich anders? Welche Version wäre wohl spannender? Begründen Sie Ihre Meinung.*
- *Wie wirkt Amerika in den Beschreibungen des Erzählers? Wie würde dieses Land wohl erscheinen, wenn es ein allwissender Erzähler beschreiben würde?*

Zur Verständnisvertiefung können die Lernenden anschließend nach passenden Romanstellen gefragt werden, in denen die eingeschränkte Sicht des Erzählers und damit seine Unwissenheit besonders deutlich werden:

- *Welche Romanszenen fallen Ihnen ein, in dem der Erzähler die Zusammenhänge der Geschehnisse selbst nicht mehr überblickt? An welchen Textstellen wird also besonders deutlich, dass sein Wissen mit dem beschränkten Wissen der Hauptfigur Karl Roßmann zusammenfällt?*

Textstellen, in denen der Erzähler sich ähnlich unwissend zeigt wie Karl Roßmann, gibt es etliche. Im Folgenden nur ein paar Beispiele: Schon im ersten Kapitel ist es bei genauerer Überlegung rätselhaft, warum der Onkel, der offenbar auf der Suche nach seinem gerade in Amerika angekommenen Neffen ist, ausgerechnet im Zimmer des Kapitäns auf ihn wartet – ist doch die Wahrscheinlichkeit, dass Karl dorthin geht, verschwindend gering. Dem Erzähler scheint dieser seltsame Umstand allerdings genauso wenig aufzufallen wie der Hauptfigur, jedenfalls kommentiert, geschweige denn erklärt er ihn nicht. Auch wenig später lässt er den Leser völlig im Unklaren über die eigentlichen Verhältnisse zwischen dem Onkel, Herrn Pollunder, Herrn Green und Mak. Offenbar verbindet diese Männer irgendeine ominöse Vergangenheit – womöglich frühere Geschäfte, die sie zu einer Schicksalsgemeinschaft gemacht haben. Dabei scheinen gerade zwischen Herrn Pollunder und Herrn Green unausgesprochene, aber dennoch sehr deutliche Antipathien zu bestehen. Was es damit letztlich auf sich hat, erfährt der Leser durch den Erzähler nicht, scheint dieser das Beziehungsgeflecht im Landhaus bei New York doch ebenso wenig zu durchschauen wie Karl selbst. Und auch im Hotel occidental bleibt es ungeklärt, warum der Oberkellner Karl derart streng bestraft. Für den persönlichen Hass, mit dem er dem Liftjungen, der ihm doch eigentlich völlig gleichgültig sein könnte, begegnet, bietet der Erzähler jedenfalls nicht die geringste Erklärung an. An diesen und zahlreichen anderen Stellen erweist er sich als das genaue Gegenteil eines allwissenden Erzählers: In seiner Unwissenheit ähnelt er vielmehr seiner Hauptfigur, die hilflos und ohne jede Orientierung durch das fremde Land Amerika irrt.

Besonders deutlich zeigt sich die eingeschränkte Perspektive des Erzählers auch in der Szene, in der Karl auf Bruneldas Balkon die Wahlkampfveranstaltung unten auf der Straße verfolgt (204, 30–213, 5). Im Anschluss an das Unterrichtsgespräch ist zur Verständnissicherung ein Schreibauftrag sinnvoll, in dem die Lernenden den Erzählerstandort in dieser Textpassage allein ermitteln und kommentieren sollen. Aufgrund des zu lesenden Textumfangs bietet sich dieser Auftrag als Hausaufgabe an:

- *Welchen Standort nimmt der Erzähler in der Textpassage von S. 204, 30 bis S. 213, 5 innerhalb der Handlung ein? Beschreiben Sie sein Wissen über die Situation, das er durch diese Perspektive hat. Inwiefern würde sich die Szene grundsätzlich ändern, wenn der Erzähler „allwissend" wäre?*

Vor dem Hintergrund des bereits Erarbeiteten haben die Lernenden voraussichtlich keine Schwierigkeiten zu erkennen, dass der Erzählerstandort auch in der analysierten Textpassage innerhalb der erzählten Welt liegt. Der Erzähler schlüpft gleichsam in die Perspektive des Protagonisten Karl Roßmann und nimmt die Ereignisse unten auf der Straße mit dessen Augen wahr. Genauso eingeschränkt wie seine Sicht ist auch sein Wissen über die aktuelle Situation. An keiner Stelle erläutert er das Gesehene, sodass dem Leser erst allmählich klar wird, dass es sich beim Spektakel um eine Wahlkampfveranstaltung eines Kandidaten für ein Richteramt handelt. Bezeichnenderweise erfährt man dies nicht durch einen erklärenden Kommentar des Erzählers, sondern dadurch, dass sich Delamarche bei den Leuten auf dem Nachbarbalkon erkundigt. Doch auch danach bleiben die Geschehnisse auf der Straße fremd und bizarr. „Dieses höchst wichtige und komplizierte Geschehen wird nur so weit erlebbar", konstatiert Klaus Hermsdorf, „wie es der unpolitische, neu eingewanderte Karl aus dem obersten Stockwerk eines sehr hohen Mietshauses wahrnimmt, wobei überhaupt nur ganz am Rande erwähnt wird, dass es sich um eine Richterwahl handelt. Der Vorgang erscheint dem Leser verzerrt – genauso unverständlich, wie er dem Helden aus seiner subjektiven Sicht allerdings erscheinen muss. Dass dabei der tatsächliche Sachverhalt bis zum Äußersten deformiert wird, ist offensichtlich."[1] So steht der Erzähler den Ereignissen bis zum Ende der Szene genauso verständnislos gegenüber wie Karl und mit ihm der Leser. Und als schließlich unten auf der Straße die Autolaternen zerstört werden, mit denen die Wahlkampfszenerie bislang ausgeleuchtet worden ist, heißt es symptomatisch für die eingeschränkte Erzählersicht: „Auch nicht beiläufig hätte man jetzt angeben können, wo sich der Kandidat befand". (213, 1–213, 3) Nur wenn der Erzähler außerhalb der erzählten Welt stehen und allwissend auf die Geschehnisse herabblicken würde, könnte er den Leser gleich-

[1] Klaus Hermsdorf: Kafka. Weltbild und Roman. Berlin 1961, S. 71

sam an die Hand nehmen und ihn über die merkwürdigen Gebräuche des amerikanischen Wahlkampfes aufklären. Freilich würde die Textpassage dadurch einen Großteil an Spannung und Reiz verlieren.

Zur Vertiefung kann im Anschluss auch Klaus Hermsdorfs Text über die eingeschränkte Erzählperspektive im „Verschollenen" (**Arbeitsblatt 14**, S. 95) herangezogen werden. Nach der gemeinsamen Lektüre erhalten die Schülerinnen und Schüler folgende Aufgaben:

- *Wie beschreibt der Autor das Verhältnis zwischen Erzähler und Hauptfigur?*
- *Welche Folgen hat die eingeschränkte Erzählperspektive laut Klaus Hermsdorf für den gesamten Roman?*

Die Ergebnisse der Textanalyse und der vorangegangenen Unterrichtsschritte lassen sich beispielsweise durch folgende stichpunktartige Zusammenfassung an der Tafel sichern:

Der „unwissende" Erzähler im „Verschollenen"

- Erzählstandort: fast immer **innerhalb der erzählten Welt**
- hat meist **eingeschränkte Perspektive** der Hauptfigur Karl Roßmann
- **eingeschränktes Wissen**, erkennt Zusammenhänge ebenso wenig wie Karl
- **Amerika** erscheint dadurch **fremd und rätselhaft**
- **Leser wird** vom Erzähler nicht **„an die Hand genommen"**; irrt an Karls Seite durch die Fremde
- Romanhandlung gewinnt dadurch an **Spannung**, der Reiz liegt gerade im Rätselhaften
- **Verlust** der künstlerischen **Objektivität und Wahrheit**
- intensives **Gefühl** ständiger **Unsicherheit, Ungesichertheit, Hast, Angst**
- Beispiele der „Unwissenheit" des Erzählers:
  - Warum wartet Onkel beim Kapitän auf Karl?
  - Was verbindet den Onkel mit Herrn Pollunder, Herrn Green und Mak?
  - Warum hasst der Oberkellner die Hauptfigur?
  - Wie läuft der Wahlkampf genau ab?

In einem abschließenden Schritt kann das Unterrichtsgespräch mit folgendem Frage-Impuls auf die Ausgangsfrage des gesamten Bausteins zurückgeführt werden:

- *Wir haben erarbeitet, dass der Erzähler im „Verschollenen" eine stark eingeschränkte Perspektive einnimmt und den Geschehnissen daher meist ähnlich fremd und unwissend gegenübersteht wie seine Hauptfigur Karl Roßmann. Inwiefern lässt sich auch diese Beschränkung als Merkmal der literarischen Moderne auffassen?*

Voraussichtlich erkennen die Lernenden ohne weitere Hilfe, dass eine eingeschränkte Erzählperspektive einem Werk der literarischen Moderne am meisten entspricht. In ihrer Orientierungs- und Verständnislosigkeit repräsentiert eine solche erzählerische Instanz gewissermaßen das Individuum in der modernen Welt. Wie der einzelne Mensch in der Realität, so steht auch der Erzähler (und mit ihm die Hauptfigur) des „Verschollenen" fremd und unsicher im

Erzählkosmos des Romans, ohne das Geschehen ganz zu durchschauen. Die literarische Wirklichkeit erscheint dadurch so undurchsichtig, rätselhaft und bedrohlich wie häufig auch die tatsächliche Wirklichkeit. So führt der Roman dem Leser auch durch den Erzählerstandort und die Erzählperspektive die unsichere Stellung in seinem eigenen Leben vor Augen. Ein allwissender Erzähler, der alle Zusammenhänge gottgleich überblickt und erfasst, würde hingegen wie ein Anachronismus wirken und dem Leser eine existenzielle Geborgenheit vorgaukeln, die es spätestens seit Anbruch der Moderne nicht mehr gibt.

Die Ergebnisse des Unterrichtsgesprächs lassen sich beispielsweise in Form folgender Grafik an der Tafel zusammenfassen:

Die eingeschränkte Erzählperspektive im „Verschollenen" als Merkmal der lit. Moderne

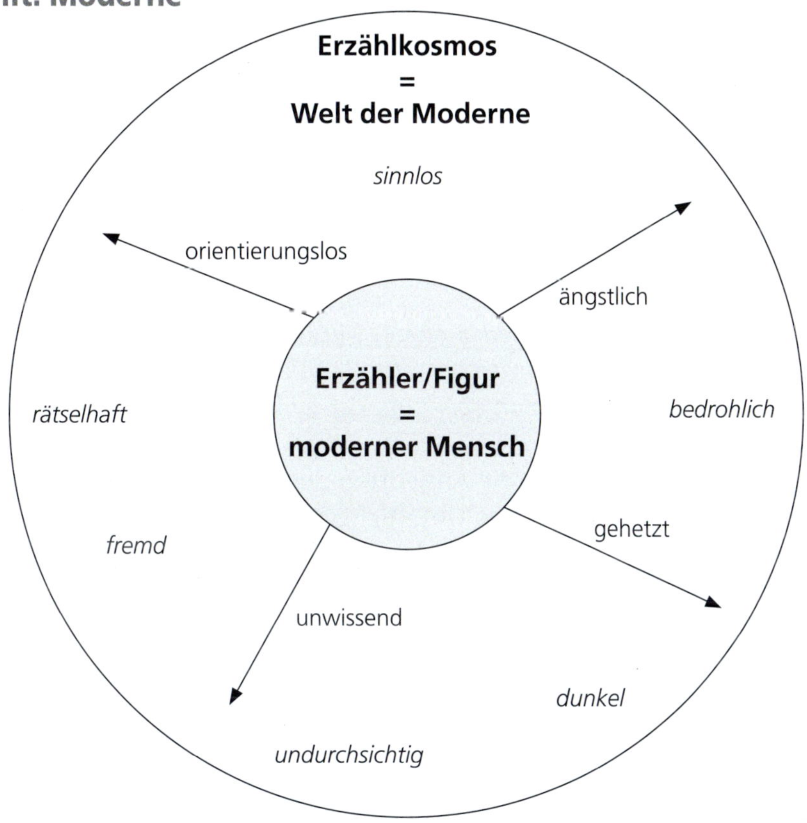

3.3 Die Handlungsstruktur: Schritt für Schritt in den Abgrund

In dieser Unterrichtseinheit sollen die Lernenden erarbeiten, dass auch die Handlungsstruktur des Romans, in der die Hauptfigur Karl Roßmann Schritt für Schritt sozial absteigt und seinem möglichen Untergang entgegengeht, als Merkmal der literarischen Moderne aufgefasst werden kann. Nachdem der Aufbau und insbesondere das Handlungsmuster, das jeder Romanepisode zugrunde liegt, aufgedeckt worden sind, soll in einem abschließenden Schritt geklärt werden, inwiefern der „Verschollene" zu den Entwicklungsromanen zu zählen ist. Vor allem die Kriterien, die einer solchen (eindeutigen) Kategorisierung widersprechen, unterstreichen den modernen Charakter von Kafkas Roman.

Zu Beginn ist ein Unterrichtsgespräch sinnvoll, das mit folgendem Frage-Impuls eingeleitet werden kann:

- *Welche Teile des Romans sollten wir beachten, um seine Handlungsstruktur zu analysieren? Welche Teile sollten wir ausklammern? Begründen Sie Ihre Meinung.*

Vermutlich kommen die Lernenden nach einigem Überlegen selbst darauf, dass für die Analyse der Handlungsstruktur nur die Kapitel relevant sein können, die bereits beendet sind: Es handelt sich dabei um die ersten sechs Kapitel, „die angesichts der von Kafka selbst gesetzten Überschriften als in sich vollendeter, fertig gegliederter Teil eines projektierten Ganzen behandelt werden können".[1] Die lediglich als Fragmente vorliegenden und nicht betitelten Kapitel (S. 173–261) können über die Gesamtstruktur des Romans hingegen keinen Aufschluss geben, da nicht klar ist, wie sie enden und miteinander verknüpft werden sollten.[2]
Im Folgenden soll daher mit den Schülerinnen und Schülern analysiert werden, ob und welches wiederkehrende Handlungsmuster den sechs Kapiteln

I. Der Heizer
II. Der Onkel
III. Ein Landhaus bei New York
IV. Der Marsch nach Ramses
V. Im Hotel occidental
VI: Der Fall Robinson

zugrunde liegt. Der Kurs wird in Schülergruppen eingeteilt, die folgenden Auftrag erhalten:

- *Erkennen Sie ein wiederkehrendes Muster der Abfolge dieser Kapitel? Überlegen Sie beispielsweise, in welcher Situation sich Karl jeweils befindet. Geht es ihm in der jeweiligen Situation eher gut oder schlecht?*

Nach der Bearbeitungszeit werden die Antworten der Gruppen im Kursrahmen vorgestellt und miteinander besprochen. Ziel des Unterrichtsgesprächs soll es in dieser frühen Phase noch nicht sein, das zugrundeliegende Handlungsmuster vollständig zu erfassen. Den Schülerinnen und Schülern soll vielmehr generell bewusst gemacht werden, dass die sechs Kapitel nicht nur in einer handlungschronologischen Reihenfolge stehen, sondern noch durch ein anderes, subtileres Muster miteinander verknüpft sind. So haben die Gruppen vermutlich bereits erkannt, dass sich Karls Zustand von Kapitel zu Kapitel ändert. Offenbar stehen die sechs Kapitel in einer strukturellen Symmetrie, die im Folgenden erarbeitet werden soll.
Im weiteren Unterrichtsgespräch soll den Lernenden eine Kategorisierung vorgeschlagen werden, mit deren Hilfe sich dieses verborgene Handlungsmuster gut aufdecken lässt. Die einzelnen Kapitel sollen durch Karls jeweiligen Zustand (verstoßen oder geborgen) und die Phase, in der sich das Kapitel in der Gesamthandlung befindet (Übergang, Ruhe oder Konflikt), voneinander unterschieden werden. Für diese sukzessive Erarbeitung ist es sinnvoll, die Kapitel zunächst einzeln zu betrachten. Die Arbeitsgruppen erhalten folgenden Auftrag:

---

[1] Michael Scheffel: Paradoxa und kein Ende – Franz Kafkas Romanprojekt „Der Verschollene". In: Das Paradoxe. Literatur zwischen Logik und Rhetorik. Festschrift für Ralph-Rainer Wuthenow zum 70. Geburtstag. Hrsg. von Carolina Romahn und Gerold Schipper-Hönicke. Würzburg 1999, S. 251–263; hier: S. 255. Die nachfolgenden Ausführungen zur Handlungsstruktur des Romans basieren zum großen Teil auf Scheffels Überlegungen.

[2] Auch die überschriftslosen Kapitel „Es mußte wohl eine entlegene ..." und „„Auf! Auf!'" rief Robinson", die im Inhaltsverzeichnis der – auf der Handschrift beruhenden – Textausgabe zum Haupttext gezählt werden, gehören letztlich zu den Fragmenten. Aufgrund früherer Entscheidungen des Herausgebers der ersten Ausgabe, Max Brod, werden diese beiden Teile auch in der kritischen Ausgabe noch im Haupttext aufgeführt. (Vgl. zur Druckgeschichte des „Verschollenen" auch Baustein 2.4.)

- *In welchem Zustand ist Karl im ersten Kapitel? Ist er verstoßen oder geborgen? Wenn Sie an die Stellung dieses Kapitels im gesamten Roman denken, in welcher Phase befindet sich dann die Handlung: im Zustand des Übergangs, der Ruhe oder des Konflikts?*

Die Schülergruppen sollen erarbeiten, dass sich Karl im ersten Kapitel zunächst im Zustand „verstoßen" befindet: Von seinen Eltern aus der Heimat vertrieben und ins fremde Land Amerika geschickt, ist er bei der Ankunft in New York anfangs völlig auf sich allein gestellt, seine Zukunftsaussichten sind alles andere als gut. Dieser Zustand wechselt im Kapitel abrupt durch das Auftauchen des Onkels und dessen Bereitschaft, Karl bei sich aufzunehmen. Spätestens in dem Moment, als Karl einwilligt, mit seinem Onkel das Schiff zu verlassen, ist er im „geborgenen" Zustand. So lässt sich das gesamte erste Kapitel als Phase des „Übergangs" innerhalb des Romangeschehens beschreiben, der – wie später zu erarbeiten sein wird – eine Phase der „Ruhe" folgen wird. (Zur Bedeutung des Onkels für Karls Zukunft vgl. auch die Bausteine 1.1 und 2.2, in denen sich auch detaillierte Textanalysen mit Textbelegen finden.) Zur Hilfestellung und Verständnisvertiefung bieten sich beispielsweise folgende Nachfragen an:

- *Versetzen Sie sich in Karls Lage, als er in New York ankommt. Wie fühlt er sich vermutlich?*
- *An welcher Stelle findet der Wendepunkt von „verstoßen" zu „geborgen" statt?*
- *Inwiefern stellt der Onkel für Karl Sicherheit und Geborgenheit dar?*

Die Ergebnisse des Unterrichtsgesprächs über das erste Kapitel lassen sich an der Tafel wie folgt zusammenfassen:

Kapitel I: Der Heizer

Phase in Romanhandlung: Übergang

Karls Zustand: verstoßen/geborgen

Wendepunkt: Karl wird von Onkel im Schiff gefunden und aufgenommen

Im Anschluss daran sollen die Schülergruppen das zweite Kapitel analysieren:

- *Beschreiben Sie das zweite Kapitel anhand der Kategorien „Phase in Romanhandlung" und „Karls Zustand". Begründen Sie Ihre Antworten durch die Handlung des Kapitels.*

Voraussichtlich wird es den Lernenden nun wesentlich leichter fallen, die betreffenden Kategorien richtig zu beschreiben. So bleibt Karl im zweiten Kapitel durchgehend in der Obhut des Onkels, ist also bis zum Ende im Zustand der „Geborgenheit". Er lernt den Senator allmählich näher kennen und wird ihm vertrauter, nutzt die gebotenen Annehmlichkeiten wie einen großen Schreibtisch und ein Klavier und bereitet sich durchs Englischlernen auf einen künftigen Beruf vor – kurz: Er lebt sich allmählich in der neuen Heimat ein. Einen Wendepunkt zwischen verschiedenen Zuständen gibt es somit nicht. Insgesamt handelt es sich beim zweiten Kapitel um eine Phase der „Ruhe", in der Karl gleichsam eine Zeit lang durchatmen und das Gefühl existenzieller Sicherheit genießen kann. (Vgl. zum Verhältnis zwischen Karl und dem Onkel insbesondere Baustein 2.2, in dem auch Textanalysen mit belegenden Zitaten präsentiert werden.) Erneut kann das Unterrichtsgespräch bei Bedarf durch hilfestellende Nachfragen weitergeführt werden:

- *Versetzen Sie sich in Karls Situation. Lebt er beim Onkel in Angst oder in Sicherheit? Ist er geborgen oder verstoßen?*
- *Bleibt dieser Zustand bis zum Ende des Kapitels erhalten, oder gibt es einen Wendepunkt?*

Wieder können die Ergebnisse stichpunktartig an der Tafel gesichert werden:

Kapitel II: Der Onkel

Phase in Romanhandlung: Ruhe

Karls Zustand: geborgen

kein Wendepunkt

Auch das dritte Kapitel sollte im Rahmen einer Gruppenarbeit hinsichtlich der definierten Kategorien betrachtet werden:

- *Beschreiben Sie nun auch das dritte Kapitel durch die festgelegten Kategorien. In welchem Zustand befindet sich Karl hier? Und wie könnte man die jetzige Phase im Romanverlauf nennen? Gibt es in diesem Kapitel einen Wendepunkt – und wenn ja, an welcher Stelle?*

Im dritten Kapitel wechselt Karls Zustand von „geborgen" in „verstoßen". Nachdem sich Karl gegen den Willen seines Onkels für den Besuch bei Herrn Pollunder entschieden hat, wird er zur Strafe fortgeschickt, muss also die einstige Sicherheit und Geborgenheit, die ihm der Aufenthalt in New York geboten hat, wieder verlassen. Der Wendepunkt ist in der Szene zu verorten, in der Karl den Abschiedsbrief seines Onkels erhält. (Siehe zu dieser Bestrafung ausführlich Baustein 2.2, aus psychoanalytischer Sicht Baustein 4.3; in beiden Bausteinen finden sich auch detaillierte Textanalysen.) Da in diesem Kapitel ein Wechsel vom „geborgenen" in den „verstoßenen" Zustand stattfindet, kann man die Phase als „Konflikt" bezeichnen. Mögliche Nachfragen zur Orientierung und Hilfestellung können beispielsweise so lauten:

- *Überlegen Sie, wie sich Karl am Anfang und am Ende des Kapitels vermutlich fühlt.*
- *Was ändert sich in Karls Leben schlagartig, als er den Brief des Onkels liest? Wie sehen seine Zukunftschancen nun aus?*

Die Ergebnisse können wiederum stichpunktartig an der Tafel gesichert werden:

Kapitel III: Ein Landhaus bei New York

Phase in Romanhandlung: Konflikt

Karls Zustand: geborgen/verstoßen

Wendepunkt: Karl erhält den Brief, in dem er vom Onkel fortgeschickt wird

Am Ende des dritten Kapitels steht Karl somit wieder dort, wo er am Anfang des ersten Kapitels begonnen hat: Er ist in den Zustand des „Verstoßenen" zurückgefallen. Betrachtet man alle drei Kapitel miteinander, so wird deutlich, dass sie die drei Phasen („Übergang", „Ruhe" und „Konflikt") einer Handlungssequenz bilden. Um den Schülern und Schülerinnen diese Abfolge zu veranschaulichen, sollten die bislang erarbeiteten Ergebnisse zusammen präsentiert werden. Dazu empfiehlt es sich, das **Arbeitsblatt 15**, S. 96, als Folie auf dem Overhead-Projektor zu zeigen (wobei die untere Hälfte abgedeckt bleibt):

Die Handlungsstruktur der ersten drei Romankapitel

Kapitel I: Der Heizer

Phase in Romanhandlung: Übergang
Karls Zustand: verstoßen/geborgen
Wendepunkt: Karl wird vom Onkel im Schiff gefunden und aufgenommen

↓

Kapitel II: Der Onkel

Phase in Romanhandlung: Ruhe
Karls Zustand: geborgen
kein Wendepunkt

↓

Kapitel III: Ein Landhaus bei New York

Phase in Romanhandlung: Konflikt
Karls Zustand: geborgen/verstoßen
Wendepunkt: Karl erhält Brief des Onkels, in dem er fortgeschickt wird

↓

} **1. Sequenz**

Im Anschluss daran sollen nun auch die Kapitel IV bis VI hinsichtlich der Gesamtstruktur analysiert werden. Da die Handlungssequenz, wie sich zeigen wird, die gleiche ist wie zuvor, werden die Lernenden bei dieser Analyse vermutlich keine Schwierigkeiten haben. Zur Verständnissicherung bietet es sich an, folgende Aufgabe als Einzelauftrag zu erteilen. Die Bearbeitung eignet sich aufgrund des Textumfangs besonders gut als Hausaufgabe:

- *Analysieren Sie die Kapitel IV bis VI so, wie wir zuvor die ersten drei Kapitel analysiert haben. Bestimmen Sie also jeweils „Karls Zustand" im jeweiligen Kapitel und die „Phase im Handlungsverlauf" und überlegen Sie sich, ob und wo ein Wendepunkt stattfindet. Stellen Sie die drei Kapitel grafisch so dar, dass ihre Abfolge klar ersichtlich wird.*

Die zu erarbeitenden Ergebnisse kurz zusammengefasst:

Im **Kapitel IV (Der Marsch nach Ramses)** ist Karl zunächst wieder im Zustand des „Verstoßenen". Bereits während des Marsches mit Delamarche und Robinson, die ihm feindselig gegenüberstehen und ihn letztlich nur ausnutzen wollen, merkt er, dass er in dieser Gesellschaft keine Geborgenheit finden wird. Seine Lage ändert sich erst, als er von der Oberkö-

chin im Hotel occidental aufgenommen wird, was dem Wendepunkt dieses Kapitels entspricht. Nun gelangt er wieder in den Zustand „geborgen“. Wie das 1. Kapitel entspricht demnach auch dieses Kapitel der Phase des „Übergangs“. Die bereits oben aufgedeckte Handlungssequenz beginnt hier also wieder von Neuem.
Nach der „Übergangs“-Phase startet mit dem **Kapitel V (Im Hotel occidental)** wieder eine Phase der „Ruhe“. Wie zuvor in der Obhut des Onkels (2. Kapitel) glaubt Karl, nun im Hotel seinen festen Platz in der Gesellschaft gefunden zu haben, dementsprechend „geborgen“ fühlt er sich. Dieser Zustand hält bis zum Ende des Kapitels an, sodass es keinen Wendepunkt gibt.
Doch wie in der ersten Sequenz wird die Phase der „Ruhe“ auch diesmal durch einen „Konflikt“ beendet. Im **Kapitel VI (Der Fall Robinson)** wechselt Karls Zustand „geborgen“ in den Zustand „verstoßen“, nachdem er Robinson in den Schlafsaal der Liftjungen zur Ausnüchterung geführt hat. Dieses Vergehen bestraft der Oberkellner mit Karls Entlassung aus dem Hotel, was dem Wendepunkt dieses Kapitels entspricht. Fortgeschickt in die Fremde, ist Karl nun wieder auf sich alleine gestellt und sieht einer unsicheren Zukunft entgegen. (Siehe zu dieser Bestrafung durch den Oberkellner ausführlich Baustein 2.2, aus psychoanalytischer Sicht Baustein 4.3; in beiden Bausteinen finden sich auch detaillierte Textanalysen.)

Nachdem die Ergebnisse vorgestellt und besprochen worden sind, können sie in einer zusammenfassenden Grafik (siehe **Arbeitsblatt 15**, S. 96) auf dem Overhead-Projektor präsentiert werden.

Durch die vorangegangene Analyse ist deutlich geworden, dass sich das Handlungsmuster, das sich aus den drei Phasen „Übergang“, „Ruhe“ und „Konflikt“ zusammensetzt, in den Kapiteln IV bis VI wiederholt. Wird in der ersten Sequenz von den Ereignissen rund um Karls Aufenthalt beim Onkel erzählt („Onkel-Episode“), handelt die zweite Sequenz von seinen Erlebnissen im Hotel occidental („Hotel-Episode“). Während sich die Handlungsinhalte dieser beiden Sequenzen ändern, bleibt ihre formale Struktur, nämlich die Aufteilung in drei aufeinanderfolgende Phasen, die gleiche. Sollten die Schülerinnen und Schüler diese strukturelle Besonderheit noch nicht ganz erfasst haben, bietet sich folgende hinführende Nachfrage an:

- *Wir haben den Handlungsaufbau der ersten sechs Kapitel nun analysiert. Beschreiben Sie, inwiefern die erste und die zweite Sequenz die gleiche Struktur aufweisen.*

Kafka hat die sechs beendeten Kapitel seines Romans also so arrangiert, dass ihr Verlauf einem strengen Handlungsmuster folgt. Es ist zu vermuten, dass dieses Muster auch in den geplanten weiteren Kapiteln fortgesetzt werden sollte. Betrachtet man die auf die „Hotel-Episode“ folgenden erhaltenen Kapitel-Fragmente, so scheint Kafka als dritte Sequenz eine „Brunelda-Episode“ geplant zu haben, in der er von Karls Erlebnissen im Umkreis der heruntergekommenen Sängerin erzählt. Auch wenn es Spekulation bleiben muss, ist es doch durchaus wahrscheinlich, dass auch diese Episode aus drei Kapiteln – und den drei Phasen „Übergang“, „Ruhe“ und „Konflikt“ – bestehen sollte. So könnte man annehmen, dass Karl in der Phase des „Übergangs“ zunächst in Bruneldas Dienste aufgenommen wird (7. Kap.), also vom Zustand „verstoßen“ in den Zustand „geborgen“ wechselt, danach eine Weile lang in der Phase der „Ruhe“ eine gewisse Geborgenheit empfindet (8. Kap.), um schließlich in der Phase des „Konfliks“ wieder aus den Diensten bei Brunelda entlassen zu werden und in den Zustand des „Verstoßenen“ zurückzufallen (9. Kap.). Danach könnte eine neue Sequenz mit dem gleichen Handlungsmuster beginnen ...

Der Kurs wird in Schülergruppen eingeteilt, die folgende Aufträge erhalten:

- *Stellen Sie sich vor, Kafka hätte auch die Kapitel VII bis IX geschrieben. Wie wären sie gestaltet, wenn das aufgedeckte Handlungsmuster der ersten sechs Kapitel fortgesetzt werden sollte?*
- *Erstellen Sie eine Grafik, in der das Handlungsmuster, das den beendeten und vermutlich auch den geplanten Romankapiteln zugrunde liegt, klar ersichtlich wird.*

Nach der Bearbeitungszeit werden die Ergebnisse vorgestellt und miteinander besprochen. Eine zusammenfassende Grafik, in der die aufeinander folgenden Sequenzen/Episoden und das ihnen zugrundeliegende Handlungsmuster deutlich werden, kann beispielsweise so aussehen und an der Tafel (oder auf dem Overhead-Projektor) präsentiert werden (siehe **Arbeitsblatt 16**, S. 97):

Das wiederkehrende Handlungsmuster im „Verschollenen“

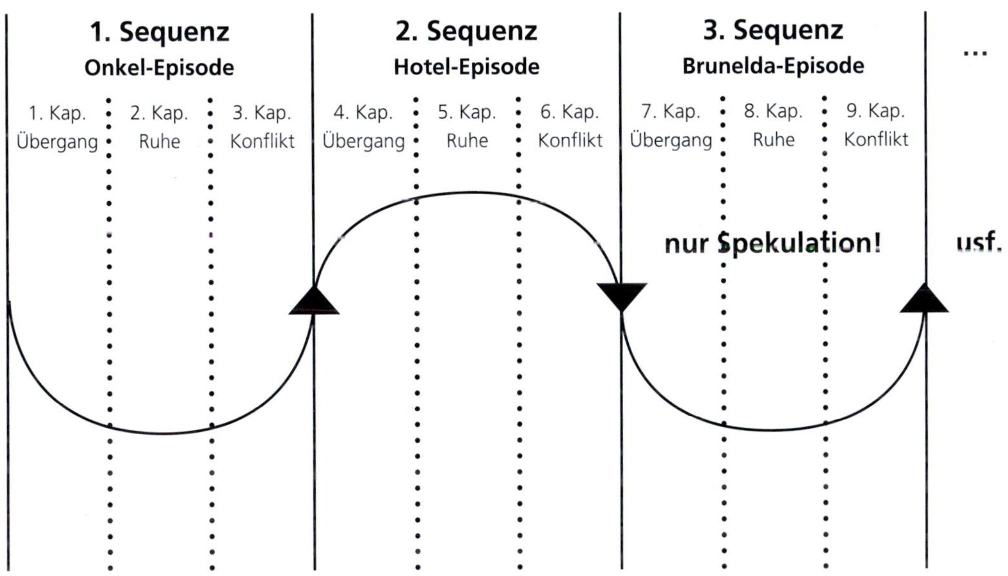

Auch wenn sich das Handlungsmuster mit jeder neuen Sequenz wiederholt, findet doch ein allmählicher Abstieg der Hauptfigur statt. Mit jeder neuen Episode schraubt sich die Romanhandlung gewissermaßen wie eine abwärts gerichtete Spirale weiter nach unten. Die Schülerinnen und Schüler sollen diesen Niedergang Karl Roßmanns im Rahmen eines Unterrichtsgesprächs gemeinsam erarbeiten, das durch folgenden Frage-Impuls eingeleitet werden kann:

- *Beschreiben Sie die Abfolge der drei erarbeiteten Episoden. In welche Richtung bewegt sich die Gesamthandlung des Romans? Begründen Sie Ihre Antwort.*

Vermutlich erkennen die Lernenden ohne weitere Hilfestellung, dass die Handlung stetig nach unten weist. Während sich Karl in der „Onkel-Episode“ als Neffe eines mächtigen Senators und reichen Geschäftsmannes noch in der oberen Gesellschaftsschicht bewegt und auf eine höchst aussichtsreiche berufliche Zukunft hoffen darf, findet er sich in der „Hotel-Episode“ als einfacher Liftjunge bereits in der unteren Arbeiterschicht wieder, um schließlich in der „Brunelda-Episode“ als sklavenähnlicher Diener einer heruntergekommenen Sängerin und späteren Prostituierten ganz in einer asozialen Randgruppe der Unterschicht zu

landen. Verfolgt man seinen Weg im Geiste weiter, so ist zu vermuten, dass ihn daraufolgende Episoden immer weiter an den Abgrund führen werden. Es ist nicht unwahrscheinlich, dass die Handlung letztlich mit seinem Untergang, dem eigenen Tod, enden sollte. „Diese Entwicklungslinie hat eine in der Tat bis ins unendliche fortsetzbare Reihenfolge von falscher Hoffnung und immer tieferem Misslingen zum Inhalt", konstatiert auch Klaus Hermsdorf. „Jedes Ende wäre ein willkürliches Abbrechen; schließlich könnte nur das Ende des Helden selbst den Roman beenden. Durchaus wäre sein ‚Verenden', sein Tod, der folgerichtige Abschluss des bisher gestalteten Handlungsverlaufs."[1]
Das Unterrichtsgespräch lässt sich durch folgende Nachfragen weiterführen und lenken:

- *Welche Stellung hat Karl in den jeweiligen Episoden? Welchen sozialen Rang haben diese Stellungen?*
- *Wie sehen seine Zukunftsaussichten in den einzelnen Episoden aus? Verbessern oder verschlechtern sie sich?*
- *Verfolgen Sie die Reihe der Sequenzen in Ihrer Vorstellung weiter. In welche Richtung hätte Kafka die Handlung vermutlich fortgesetzt? Womit hätte sie enden können?*

Der erarbeitete sukzessive (soziale) Abstieg der Hauptfigur Karl Roßmann lässt sich als Grafik folgendermaßen darstellen und an der Tafel oder auf Folie sichern:

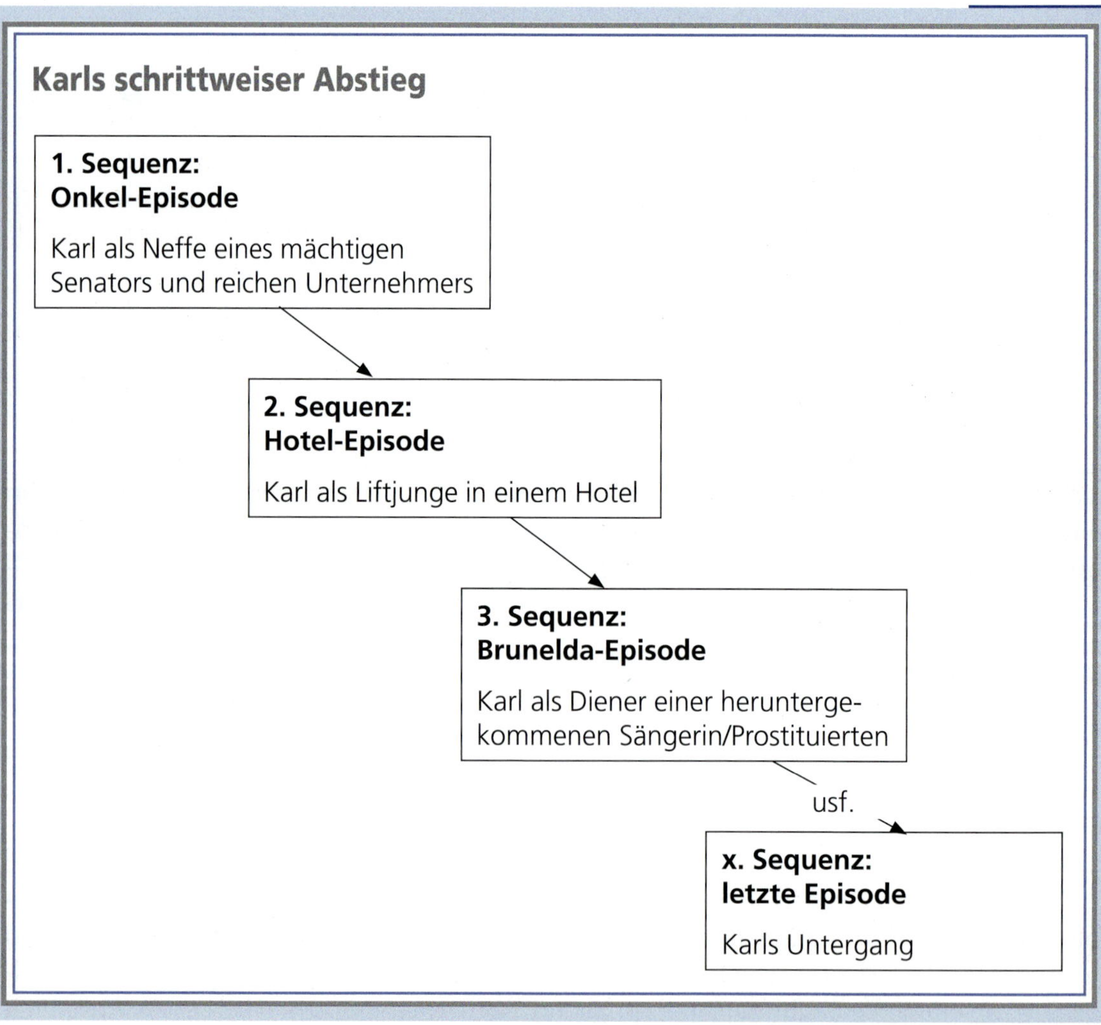

[1] Klaus Hermsdorf: Kafka. Weltbild und Roman. Berlin 1961, S. 41f.

Man kann also auch aufgrund des stetig nach unten weisenden Handlungsverlaufs mit einigem Recht annehmen, dass Kafka ein tragisches Ende, vielleicht den Tod seiner Hauptfigur geplant hat. Tatsächlich gehen die meisten Kafka-Forscher davon aus, dass das „Teater von Oklahama", in dem Karl schließlich aufgenommen wird, die letzte Station seines Lebenswegs ist. So wurde dieses Theater beispielsweise als Sinnbild für den Tod, als paradiesische Jenseitsvorstellung oder auch als gigantisches letztes Gericht interpretiert, in dem Karl schließlich zum Tode verurteilt wird. Es bietet sich daher an, bereits an dieser Stelle auf Karls weiteres Schicksal einzugehen und je nach Bedarf und zur Verfügung stehender Zeit einzelne Unterrichtselemente aus dem Baustein 5 einzusetzen, in dem der (geplante) Romanausgang ausführlich thematisiert und diskutiert wird.
Um den Schülerinnen und Schülern vor Augen zu führen, dass auch der allmähliche Niedergang des Protagonisten ein Beleg dafür ist, dass Kafkas Roman „Der Verschollene" zur literarischen Moderne gehört, soll im nächsten Schritt erarbeitet werden, inwiefern er die Kriterien eines Entwicklungsromans aufweist. An dieser Stelle bieten sich zunächst Schülerreferate über diese literarische Gattung und über Goethes „Wilhelm Meisters Lehrjahre" als einen der wichtigsten (deutschsprachigen) Entwicklungsromane an. Im Anschluss an diese Vorträge kann der Lexikonartikel auf dem **Arbeitsblatt 17**, S. 98, herangezogen werden, in dem die Merkmale des Entwicklungsromans prägnant zusammengefasst sind. Der Kurs wird in Arbeitsgruppen aufgeteilt, die folgende Aufgabe ausführen sollen:

- *Lesen Sie den Lexikonartikel und erarbeiten Sie, inwiefern Kafkas „Verschollener" als ein Entwicklungsroman aufzufassen ist. Welche der aufgeführten Merkmale sprechen für diese Kategorisierung, welche dagegen?*

Die Schülergruppen sollen erarbeiten, dass zwar der genau durchdachte, strenge Aufbau des „Verschollenen" und die chronologische Schilderung des Werdegangs der Hauptfigur in ihrer ständigen Auseinandersetzung mit Umwelteinflüssen Merkmale eines Entwicklungsromans sind. Einer solchen eindeutigen Kategorisierung steht aber entgegen, dass der Protagonist Karl Roßmann während der Handlung innerlich nicht reift, sondern charakterlich weitgehend gleich bleibt und die Handlung nicht wie für einen Entwicklungsroman typisch nach oben, sondern nach unten weist und mit dem voraussichtlichen Untergang der Hauptfigur endet. Angesichts dieser Pro- und Kontra-Gründe könnte man bei Kafkas Amerika-Roman von einem „auf den Kopf gestellten Entwicklungsroman", von einem „Anti-Entwicklungsroman", sprechen.

Die erarbeiteten Ergebnisse lassen sich durch folgendes Tafelbild sichern:

Ist der „Verschollene" ein traditioneller Entwicklungsroman?

Pro:
- durchdachte, strenge Komposition
- chronologischer Aufbau
- Schilderung des Werdegangs eines jungen Menschen in Auseinandersetzung mit Umwelteinflüssen

Kontra:
- keine innere Reifung des Protagonisten, bleibt charakterlich bis zum Ende gleich
- kein Aufstieg, sondern Abstieg des Protagonisten
- kein gutes Ende, sondern voraussichtlich Untergang des Protagonisten

→ Kafkas „Verschollener" ist ein „auf den Kopf gestellter Entwicklungsroman", ein „Anti-Entwicklungsroman".

Zum Abschluss soll im Rahmen eines Unterrichtsgesprächs erarbeitet werden, inwiefern die Kriterien, die gegen eine Kategorisierung des „Verschollenen" als Entwicklungsroman sprechen, ebenfalls Belege dafür sind, dass Kafkas Roman ein Werk der literarischen Moderne ist:

- *Wir haben gesehen, dass der „Verschollene" aus verschiedenen Gründen als „Anti-Entwicklungsroman" aufgefasst werden kann. Inwiefern ist eine solche Kategorisierung ein Beleg dafür, dass Kafkas Roman zur literarischen Moderne gehört? Inwiefern unterscheidet sich das Weltbild, das ein traditioneller Entwicklungsroman widerspiegelt, vom Weltbild des „Verschollenen"?*

Voraussichtlich erkennen die Lernenden ohne weitere Hilfe die grundsätzlichen Unterschiede zwischen den von einem traditionellen (vormodernen) Entwicklungsroman einerseits und von Kafkas Roman andererseits widergespiegelten Weltbildern. Erscheint die Welt im Entwicklungsroman geordnet und durchschaubar, so wirkt sie bei Kafka chaotisch und rätselhaft. Während der Mensch im Entwicklungsroman innerlich reifen kann und dadurch einem erstrebenswerten Ziel im Leben entgegengeht, so steht das Individuum bei Kafka seiner Umwelt ohnmächtig gegenüber und ist letztlich mit der Sinnlosigkeit seines Lebens konfrontiert. All diese Kriterien sind, wie bereits erarbeitet, typisch für ein Werk der literarischen Moderne.

Wieder können die Ergebnisse durch ein zusammenfassendes Tafelbild gesichert werden:

Vormodernes Weltbild **(im Entwicklungsroman gespiegelt)**	**Modernes Weltbild** **(in Kafkas „Anti-Entwicklungsroman" gespiegelt)**
• geordnete, durchschaubare Welt	• chaotische, rätselhafte Welt
• Mensch kann durch eigene Kraft innerlich reifen	• Individuum steht Umwelt hilflos und ohnmächtig gegenüber
• es gibt ein erstrebenswertes Ziel im Leben	• letztlich gibt es keinen Sinn im Leben

→ **Kafkas „Verschollener" ist ein typisches Werk der literarischen Moderne.**

3.4 „Eine alltägliche Verwirrung"

Um den Schülerinnen und Schülern die Bedeutung des Epochenumbruchs hin zur Moderne noch klarer vor Augen zu führen, bietet sich als Abschluss dieses Bausteins eine Interpretation von Kafkas Parabel „Eine alltägliche Verwirrung" (**Arbeitsblatt 18**, S. 99) an. In diesem Text ist das Problem der (durch Vernunft und Wissenschaft) nicht endgültig und restlos erklärbaren Wirklichkeit besonders deutlich thematisiert und auch in formaler Hinsicht gestaltet. Dieser Unterrichtsschritt lässt sich durch folgende Aufgabe einleiten:

- *Lesen Sie Kafkas Parabel „Eine alltägliche Verwirrung". Welche Eindrücke und Empfindungen haben Sie bei der Lektüre? Verstehen Sie den Text?*

Im anschließenden Gespräch soll es zunächst darum gehen, den Schülerinnen und Schülern den Raum und die Zeit zu lassen, ihre Eindrücke und Gedanken zum Text frei zu äußern. Dabei werden vermutlich einige der Lernenden nicht nur Verständnisschwierigkeiten, sondern durchaus auch Missfallen zum Ausdruck bringen. Solche Wortmeldungen sollten aufgegriffen und weiterverfolgt werden. Es bietet sich beispielsweise an, nachzufragen, wer ähnliche Probleme mit dem Text hat und woher dieses Missfallen wohl kommen könnte. Nachdem die Lernenden ihre ersten Lektüreeindrücke geäußert und miteinander besprochen haben, bietet sich zur Fortführung der Diskussion folgender Frage-Impuls an:

- *An welche Textsorte erinnert Sie Kafkas Parabel? Kennen Sie vielleicht aus anderen Zusammenhängen, beispielsweise aus anderen Schulfächern, Texte, die ganz ähnliche Elemente beinhalten wie Kafkas „Eine alltägliche Verwirrung"?*

Die Frage zielt auf Textaufgaben, wie sie im Physik- und Mathematikunterricht gerne gestellt werden. Ähnlich wie in Kafkas Text werden auch in solchen Aufgaben Menschen und Orte oft lediglich durch einzelne Buchstaben wiedergegeben, außerdem geht es häufig um Entfernungen und Geschwindigkeiten, um Raum- und Zeitprobleme. Folgende typische Textaufgabe kann die Lehrkraft am Overhead-Projektor zeigen[1]:

Textaufgabe zu „Systemen linearer Gleichungen" (Jahrgangsstufe 9):

„An einer Straße liegen hintereinander die Orte A, B und C. Die Orte A und B liegen 40 km auseinander; die Orte B und C sind 60 km voneinander entfernt. Von A fährt um 8 Uhr ein Mopedfahrer mit 35 km/h nach C und 40 Minuten später von B ein Radfahrer mit 15 km/h nach C. Wann und wo überholt der Mopedfahrer den Radfahrer?"

Im weiteren Unterrichtsverlauf geht es natürlich nicht darum, die Mathematikaufgabe zu lösen (falls jemand aus dem Kurs die Lösung errechnen will, kann er sie aber kurz vorstellen).[2] Vielmehr soll durch die Gegenüberstellung mit der Textaufgabe deutlich werden, wie absurd Kafkas Text ist. Die Schülerinnen und Schüler erhalten folgende Aufgabe, die in Partnerarbeiten bearbeitet werden kann:

- *Nähern Sie sich Kafkas Text, als handelte es sich dabei um eine mathematische Textaufgabe. Versuchen Sie, die beschriebenen Ereignisse genau zu rekonstruieren. Was fällt Ihnen auf? Welche Rolle spielen beispielsweise Raum und Zeit in dem Text?*

Es dauert vermutlich nicht lange, bis die Lernenden erkennen, dass eine genaue Rekonstruktion der Ereignisse in Kafkas Parabel nicht möglich ist. Zu absurd sind die einzelnen Zeitangaben, als dass man sie zu einem konsistenten Gesamtbild zusammenfügen könnte. Während der erste Vorgang, die „Vorbesprechung", noch gut beschreibbar und rekonstruierbar ist (A besucht B in H und braucht für Hin- und Rückweg jeweils zehn Minuten), widersprechen sich die Angaben zum zweiten Vorgang, dem versuchten „endgültigen Geschäftsabschluss", so sehr, dass der Leser nur noch verwirrt zurückbleibt. Trotz aller Bemühung – die einzelnen Ereignisse lassen sich nicht widerspruchsfrei ordnen. Im Gegensatz zu Textaufgaben aus dem Physik- und Mathematikunterricht, in denen Zeit und Raum feste, unveränderliche Bezugsgrößen sind, mit denen sich exakt rechnen lässt und auf deren Basis eindeutige

1 Profke, L.: Vorlesung Didaktik der Mathematik II. Nachklausur WS 2002/03, Aufgabe 3 (http://www.uni-giessen.de/math-didaktik/klausuraufgaben/pdf/loesung_algebradidaktik1.pdf; Abruf am 6.12.2013)

2 Das Ergebnis der Aufgabe: „Der Mopedfahrer holt den Radfahrer etwa um 9:30 Uhr ein, ungefähr 12 bis 13 km hinter B." (http://www.uni-giessen.de/math-didaktik/klausuraufgaben/pdf/loesung_algebradidaktik1.pdf; Abruf am 6.12.2013)

und widerspruchsfreie Ergebnisse erzielt werden können, verlieren in Kafkas Text alle Zeit- und Raumangaben an Bedeutung, werden kontingent, scheinen sich aufzulösen.
Nachdem die Schülerinnen und Schüler die Absurdität der scheinbar so exakten Angaben des Kafka-Textes erkannt haben, kann das Unterrichtsgespräch durch folgende Frageimpulse weitergeführt werden:

- *Warum wohl hat Kafka seine Parabel in dieser Form gestaltet? Sehen Sie beispielsweise einen Grund dafür, dass die handelnden Figuren keinen Namen tragen?*
- *Handelt es sich bei dem geschilderten Ereignis tatsächlich um einen „alltäglichen Vorgang"?*
- *Wie wirkt die Welt, in der die geschilderte Handlung stattfindet, auf Sie?*

Es ist zu vermuten, dass sich Kafka ganz bewusst für diese Form entschieden hat. Dadurch, dass die Personen und der Ort im Text lediglich mit Anfangsbuchstaben bezeichnet sind, gewinnt die Parabel an Unbestimmtheit. A und B sind keine speziellen Individuen, sondern beliebig austauschbar und mit unterschiedlichen Werten zu füllen wie Variablen in mathematischen Formeln. Auch das geschilderte Ereignis ist keineswegs – wie seine Absurdität zunächst suggerieren mag – einzigartig und besonders, sondern im Gegenteil ein „alltäglicher Vorgang". Gerade weil Kafka die Form der mathematischen Textaufgabe aufgreift, im Gegensatz zu ihr aber alle Zeit- und Raumangaben ad absurdum führt, demonstriert er dem Leser, dass sich der Mensch in der Moderne an keine Gewissheiten mehr halten kann. Die Welt ist keineswegs so geordnet und überschaubar, wie es die Mathematik und die Physik – zumindest bis zum Anfang des 20. Jahrhunderts – suggeriert haben. Alles ist unsicher geworden, die Wirklichkeit als Ganzes ist aus den Fugen geraten.
Die Ergebnisse des Unterrichtsgesprächs lassen sich stichpunktartig an der Tafel sichern:

„Eine alltägliche Verwirrung"

- Raum und Zeit verlieren an Bedeutung, geben dem Menschen keine Orientierung mehr
- absurde, unsichere Welt
- Schicksal von Missverständnissen und Zufällen bestimmt
- nichts ist planbar, alles unsicher, chaotisch, rätselhaft
- keine Individualität, alle Menschen austauschbar
- der Andere ist für den Menschen unerreichbar

Zur Vertiefung können sich die Schülerinnen und Schüler im Folgenden selbst literarisch betätigen:

- *Schreiben Sie, ähnlich wie Kafka, einen kurzen Text, der von der Form und der Begrifflichkeit an eine Textaufgabe aus dem Physik- oder Mathematikunterricht erinnert, die dargestellte Wirklichkeit aber inhaltlich ad absurdum führt.*

In den vorangegangenen Unterrichtsschritten wurde deutlich, dass sich in Kafkas Literatur eine tiefe Grundlagenkrise eingeschrieben hat. Die Wirklichkeit erscheint bei ihm nicht mehr hell und durchschaubar, sondern dunkel, rätselhaft und bedrohlich. Der Mensch ist anonymen Mächten ausgeliefert, sucht vergeblich nach letzten Wahrheiten und Antworten. Endgültige Gewissheit findet er nirgends, alles ist unsicher und kontingent geworden.

Um den Lernenden zu veranschaulichen, dass diese existenzielle Verunsicherung keineswegs nur typisch für Kafkas Werk ist, sondern die gesamte Literatur und bildende Kunst des 20. Jahrhunderts bestimmt, kann zum Ausklang das Bild „Belvedere" von M.C. Escher betrachtet werden (**Arbeitsblatt 19**, S. 100):

- *Schauen Sie sich das Bild „Belvedere" von M.C. Escher eine Weile an und lassen Sie es auf sich wirken. Welche Atmosphäre vermittelt es Ihnen? Achten Sie auch auf die dargestellten Details. Was fällt Ihnen auf?*

Vermutlich werden die meisten Schülerinnen und Schüler das Bild zunächst als hell und freundlich empfinden. Bereits der Titel „Belvedere" (Aussichtspavillon; ital.: „schöne Aussicht") suggeriert eine sorgenfreie Zeit in einer schönen Landschaft. Die dargestellten Menschen könnten Sonntagsspaziergänger sein, die lustwandeln und den Blick in die Ferne genießen. Dieser positive Eindruck wird aber schnell getrübt, wenn man genauer auf die dargestellten Details achtet. So fällt bald schon die Person auf, die unten links durch das vergitterte Fenster schaut. Offensichtlich ein Gefangener. Warum wohl ist er eingesperrt? Hat er etwas verbrochen? Oder hat er seinen Verstand verloren, weil er hinter die Fassaden des scheinbar so geordneten Alltags geblickt hat? Musste er zum Schutz der Gesellschaft weggesperrt werden? Ist die Wirklichkeit vielleicht gar nicht so sicher und hell wie anfangs vermutet? Tatsächlich offenbart sich das Absurde und Unheimliche des scheinbar so freundlichen Bildes von Escher erst bei genauerem Hinsehen: Verfolgt man die Linien des dargestellten Pavillons mit dem Finger, so wird deutlich, dass ihm eine unmögliche Konstruktion zugrunde liegt. Ober- und Untergeschoss des Gebäudes sind um 90 Grad gegeneinander gedreht, die Säulen des Hauses wechseln unmerklich die Seiten. Das, was Escher im zweidimensionalen Raum gezeichnet hat, ließe sich in der dreidimensionalen Realität nicht nachbauen. Sollten die Lernenden diese dargestellte Absurdität nicht selbst erkennen, bietet sich folgende Aufgabe an:

- *Schauen Sie sich die Konstruktion des Gebäudes genau an und versuchen Sie, es nachzuzeichnen. Was fällt Ihnen auf?*

Es ist zu erwarten, dass die Schülerinnen und Schüler bald auch erkennen, dass der auf der Bank sitzende Mann im Vordergrund mit der gleichen geometrischen Paradoxie konfrontiert ist. Im „unmöglichen Würfel", den er in der Hand hält, wiederholt sich die absurde Konstruktion des Pavillons. Zur Veranschaulichung kann den Lernenden auch Eschers Bild „Mann mit Kubus"[1] am Overhead-Projektor gezeigt werden, in dem das gleiche Motiv noch einmal und deutlicher dargestellt ist:

M.C. Escher: Mann mit Kubus (1958)

[1] So der Titel des 1958 entstandenen Bildes

Um die Schülerinnen und Schüler zum eigentlichen Unterrichtsthema zurückzuführen, bietet sich zum Abschluss folgender Frage-Impuls an:

- *Wir beschäftigen uns zurzeit mit Franz Kafka. Verstehen Sie, warum Ihnen nun ein Werk von einem Maler gezeigt wurde? Sehen Sie Parallelen zwischen Kafkas Texten und Eschers Bild?*

Die Lernenden sollen erkennen, dass sich in Kafkas Werk eine tiefe Grundlagenkrise eingeschrieben hat, die sich in der gesamten Kunst des 20. Jahrhunderts widerspiegelt. Wie in Kafkas Texten, so erscheint beispielsweise auch in vielen Bildern von M.C. Escher die Wirklichkeit als absurd und paradox. Die Welt ist dem Menschen der Moderne fremd und unheimlich geworden, letzte Antworten auf existenzielle Fragen sucht er vergeblich. Sein Dasein ist ihm zum Rätsel geworden.

Notizen

Literarische Moderne

[…] Spätestens seit dem 19. Jh. sind die Menschen in den dynamischen modernen Prozess verwickelt, der durch Individualisierung, Differenzierung, Spezialisierung und Abstraktion gekennzeichnet ist sowie durch Technologisierung, Säkularisierung[1], Rationalisierung und Verwissenschaftlichung. Die moderne Welt ist „entzaubert" (M. Weber), alles Über-Natürliche ist ihr genommen, und das Künstliche als das vom Menschen Geschaffene wird ihre eigentliche Natur. Moderne Kunst ahmt daher nicht mehr Natur nach, sie ist nicht mehr von einem traditionellen Konzept der Mimesis[2] geprägt, sondern ihr obliegt es, relevante Inhalte erst zu gestalten. Wahrheit, Schönheit und Gutes sind dabei nicht mehr in einem platonischen Sinne absolut, sondern multidimensional und nur relativ gültig. Dazu treten in den Poetiken des 19. Jh.s radikale Änderungen der klassischen Kategorien des Schönen: Ch. Baudelaire z. B. feiert nicht das Schöne, sondern das Künstliche und das Neue, inklusive des Hässlichen und des Schmerzes. Alle Versuche, die Widersprüchlichkeit, Zwiespältigkeit, Relativität und Multiperspektivität der M. zu überwinden, erscheinen als verzweifelte Bemühungen, das Leiden an der modernen Vielfalt und der Eigenverantwortung im Leben zu beseitigen, das Leben weniger komplex und widersprüchlich zu machen. Ein solcher Versuch, der als typisch modern gesehen wird, ist z. B. der Faschismus. Auch der Kommunismus steht als Idee zur Aufhebung von Gegensätzen im modernen Kontext, wie ebenso verschiedenste Formen des Fundamentalismus, der sich immer als wahre und monolithische[3] Lösung in komplexen Situationen, und damit auch als Aufhebung der M., anbietet. – Die literar. M. reflektiert das gewachsene Selbstbewusstsein und ist wesentlich durch die typisch moderne Paradoxie geprägt, was zu einer großen Vielfalt der Darstellungen der modernen Situation führt. Sie sind danach sortierbar, ob sie Zwiespältigkeit und Gegensätzlichkeit beibehalten oder eine einseitige Position favorisieren, wie etwa der sozialistische Realismus, der Naturalismus oder auch der Realismus. Der Realismus und Naturalismus des 19. Jh.s wurden zunächst als typisch moderne Formen der Lit. verstanden, da sie versprachen, die zeitgemäße Wirklichkeit in angemessener Weise wiederzugeben. Mit dem sich ändernden Verständnis von Realität und den Formen ihrer Wahrnehmung und Darstellung wandelt sich jeweils auch die Sicht in Bezug auf die Art und Weise der Repräsentation von Wirklichkeit in Lit. Die Darstellung der menschlichen Innenwelt und der subjektiven Wahrnehmung wird im 20. Jh. immer wichtiger gegenüber der Darstellung von Außenwelt. Klassische Lit. der M., wie etwa J. Joyces Ulysses (1922), zeigt dabei deutlich, wie sehr Innenwelt und Außenwelt ständig ineinanderfließen. Die Epiphanieerlebnisse[4] der Joyce'schen Figur Daedalus im Dublin zu Beginn des 20. Jh.s sind ebenso nur von relativer Gültigkeit wie die der Leser. In ihnen verbinden sich immer materielle Alltäglichkeiten mit ideeller, subjektiver Bedeutungszuweisung, und die Relevanz der Epiphanie verschiebt sich bei jeder Veränderung in den Polen Innen und Außen wieder von Neuem. Die Bedeutung des Augenblicks, die u.a. K.H. Bohrer (1981) für die Ästhetik der M. hervorhebt, basiert auf dieser sich ständig verschiebenden Relevanz der Verbindung von Innen und Außen, die keine feste Identität der Protagonisten mehr zulässt. Die moderne Erfahrung, wie sie Ulysses vermittelt, ist geprägt durch die Betonung von Widersprüchlichkeit, Fragmentarisierung, Komplexität und Paradoxie, die zu Pluralität, Vielschichtigkeit und permanentem Wandel führt. Da die traditionellen Sinngebungen des Lebens, die klassischen Mythen, in der M. nicht mehr ihre Funktion erfüllen, werden sie zerstört, parodiert und in der Lit. rekonstruiert bzw. durch neue Mythen von nur relativer Gültigkeit ersetzt. Die M. und ihre Geschichte erscheint als „anarchisch" (T.S. Eliot), ohne Ordnungs- und Sinngefüge, sodass E. Durkheim für sie den Begriff „Anatomie" verwendet, der auf einen wesentlichen Grund für die hohe Selbstmordrate in der M. verweist. Für C.G. Jung ist Schizophrenie eine typische Zeiterscheinung der M. Da es in der M. keine überzeitlich gültigen Mythen mehr geben kann, Sinngebungen für menschliches Leben aber unerlässlich sind, wächst die Bedeutung von Lit. und mit ihr die Relevanz der Sinn konstituierenden Leser, denn der „Wahrheitsgehalt der Werke der literar. M. liegt diesen nicht voraus, weder im Leben des Autors noch in der Gesellschaft, der sie sich verdanken. Wir müssen ihn durch denkende Aneignung hervorbringen". Das macht die oft beklagte Schwierigkeit moderner Lit. aus, aber auch ihren bes. Reiz. Moderne Lit. reflektiert das neue und sich immer wieder wandelnde Selbstbewusstsein der Menschen zwischen den Extremen der Autonomie und der völligen Abhängigkeit von den gesellschaftlichen Umständen.

1 Verweltlichung, Loslösung von den Bindungen an die Kirche
2 Nachahmung
3 von „Monolith": aus einem einzigen Stein gehauenes Denkmal
4 Epiphanie = Erscheinung

Die M. wird als eine Krisensituation dargestellt, in der alle Traditionen und Sicherheiten verloren sind und der Mensch häufig unbehaust, im Exil, auf Wanderschaft, vereinsamt oder entfremdet ist. Neben der Problematisierung des menschlichen Selbstverständnisses steht dabei die Infragestellung aller Wahrnehmungsformen im Vordergrund. Nicht die Handlung als äußerliches Geschehen ist das Wichtigste, sondern der Versuch, aus Handlungs-, Erlebnis- und Wahrnehmungsfragmenten eine sinnvolle Struktur zu gestalten. Der Bewusstseinsstrom erscheint in diesem Kontext als eine typisch moderne Form der Wahrnehmungsdarstellung, die mit einer für die M. ebenso typischen Differenzierung einer Einheit, nämlich S. Freuds Aufspaltung des Subjekts in Ich, Über-Ich und Es, korrespondiert. Chronologie als wichtiges Ordnungselement geht in moderner Lit. häufig verloren; auch die Zeit erscheint als eine bloße Relation in Abhängigkeit von anderen Variablen. Gedankenlogik oder eindeutige Gefühle werden ersetzt durch fragmentarische Bilder und komplexe Anspielungen. Sprache und ihre Fähigkeit zur Repräsentation wird zu einem herausragenden Problem, da Bedeutung nicht mehr vorgegeben, sondern von aktiven konkreten Sinnsetzungen der Menschen innerhalb bestimmter Situationen abhängig ist. [...]

Aus: Metzler Lexikon Literatur- und Kulturtheorie. Ansätze – Personen – Grundbegriffe. Herausgegeben von Ansgar Nünning, S. 379f. © 2004 J.B. Metzlersche Verlagsbuchhandlung Carl Ernst Poeschel Verlag GmbH in Stuttgart

- *Welche Merkmale der literarischen Moderne werden im Lexikonartikel genannt?*
- *Inwiefern steht die Literatur der Moderne vor ganz anderen Herausforderungen als die frühere Literatur?*

Grundbegriffe der Erzähltechnik

Autor und Erzähler: *Autor* eines Textes ist der Schriftsteller oder die Schriftstellerin, der/die den Text verfasst hat. In epischen Texten (Romanen, Erzählungen, Novellen etc.) richtet sich der Autor nie (!) unmittelbar an den Leser, sondern er tut dies stets (!) mittelbar über den Umweg einer fiktiven erzählenden Instanz: den *Erzähler*. (Ein fiktiver Erzähler erzählt einem fiktiven Zuhörer eine Geschichte. Erzähler und Zuhörer können im Text erkennbar sein oder im Verborgenen bleiben.) Dies gilt auch bei (scheinbar) autobiografischen Schilderungen. Der Autor kann in epischen Texten nicht selbst in Erscheinung treten! Selbst wenn eine Romanfigur unter dem Namen des Autors auftritt und erklärt, ihre eigene Geschichte zu erzählen, handelt es sich dabei nicht um den Autor, sondern um den Erzähler.

Erzählform: Der Erzähler kann zwischen zwei Erzählformen wählen: der *Ich-Erzählung* und der *Er-/Sie-Erzählung*.
Der Ich-Erzähler tritt ausdrücklich als Erzähler in Erscheinung und verwendet dazu das Personalpronomen 1. Person Singular. In der Ich-Erzählung unterscheidet man zudem zwischen *erlebendem* und *erzählendem Ich* als zwei Erscheinungsformen derselben Person. Das erzählende Ich meint das „Ich", das die Geschichte erzählt. Das erlebende Ich meint das „Ich", das in der Geschichte vorkommt.
In der Er-/Sie-Erzählung tritt der Erzähler nicht selbst in Erscheinung, sondern bleibt hinter der Geschichte, die er von anderen erzählt, im Verborgenen.

Erzählperspektive: Zur Wahl stehen hier *Innen-* und *Außenperspektive* bzw. *Innen-* und *Außensicht*.
Die Innenperspektive/Innensicht eröffnet Einblicke in das Innenleben der Figuren, ihre Gefühle, Gedanken und Wahrnehmungen.
Die Außenperspektive/Außensicht richtet den Blick von außen auf die Figuren, ohne ihr Innenleben offenzulegen.
Im Laufe eines Erzähltextes kann die Erzählperspektive mehrfach wechseln.

Erzählerstandort: Der Standort des Erzählers kann *außerhalb* oder *innerhalb* der erzählten Welt liegen.
Liegt der Erzählerstandort außerhalb, wahrt der Erzähler die Distanz zum Geschehen und behält den Überblick. Er verfügt über ein umfassendes Wissen über Handlung und Figuren. Man spricht hier auch vom *allwissenden* bzw. *olympischen* Erzähler.
Liegt der Erzählerstandort innerhalb, rückt der Erzähler näher an das Geschehen und verfügt meist nur noch über eine eingeschränkte Perspektive auf Handlung und Figuren.
Auch der Erzählerstandort kann innerhalb eines Erzähltextes mehrfach wechseln.

Erzählverhalten: Hier unterscheidet man zwischen *auktorialem*, *personalem* und *neutralem* Erzählverhalten.
Beim auktorialen Erzählverhalten tritt der Erzähler deutlich in Erscheinung, indem er beispielsweise Handlung oder Figuren kommentiert, den weiteren Verlauf des Geschehens andeutet oder vorwegnimmt, erklärende Hinweise liefert oder zwischen unterschiedlichen Handlungsorten bzw. in der Zeit hin und her springt. Beim auktorialen handelt es sich daher meist auch um einen allwissenden Erzähler.
Beim personalen Erzählverhalten erzählt der Erzähler aus der eingeschränkten Perspektive einer oder mehrerer Figuren, an deren Erleben er scheinbar unmittelbar teilhat. Der personale Erzähler selbst verbirgt sich weitgehend hinter der Figur bzw. den Figuren.
Beim neutralen Erzählverhalten vermittelt der Erzähler den Eindruck eines objektiven, neutralen Erzählens. Der neutrale Erzähler verbirgt sich hinter dem Geschehen, das er überwiegend aus der Außensicht schildert.
Das Erzählverhalten kann in einem Erzähltext mehrfach wechseln.

Erzählhaltung: Die Haltung, die der Erzähler dem von ihm erzählten Geschehen gegenüber einnimmt, kann *neutral* oder *wertend* (kritisch, ironisch, zustimmend, zweifelnd etc.) sein.

Zeitstruktur:

Wesentlich ist hier, zwischen *Erzählzeit* und *erzählter Zeit* zu unterscheiden.
Erzählzeit bezeichnet die Zeit, in der das Geschehen erzählt (bzw. gelesen) wird. Die Erzählzeit entspricht also der Zeit, die man braucht, um den Text zu erzählen (bzw. zu lesen).
Die erzählte Zeit bezeichnet die Zeit, in der das Geschehen stattfindet. Die erzählte Zeit entspricht also der Zeitdauer des Geschehens.
Das *Verhältnis der Erzählzeit zur erzählten Zeit* kann *zeitdeckend* (die Erzählzeit entspricht der erzählten Zeit; die Schilderung des Geschehens dauert genauso lange wie das Geschehen selbst), *zeitraffend* (die Erzählzeit ist kürzer als die erzählte Zeit; das Geschehen wird schneller erzählt, als es tatsächlich dauerte) oder *zeitdehnend* (die Erzählzeit ist länger als die erzählte Zeit) sein.
Außer in seiner *chronologischen Abfolge* (also in der Reihenfolge, in der es stattgefunden hat) kann der Erzähler das Geschehen zudem auch in Rückblicken bzw. *Rückwendungen* und *Vorausdeutungen* schildern, die den chronologischen Ablauf durchbrechen.

Darbietungsformen:

Außer im *Erzählerbericht*, in dem der Erzähler mit eigenen Worten berichtet, beschreibt, kommentiert oder erörtert, kann der Erzähler das Geschehen auch in Form der *Personenrede* wiedergeben.
Die Personenrede umfasst alle Äußerungen, Gedanken und Empfindungen einer Figur. Sie kann als wörtliche oder direkte Rede oder in Form der indirekten Rede wiedergegeben werden.
Gedanken einer Figur können außerdem die Form eines inneren Monologs annehmen. Der *innere Monolog* gibt in der 1. Person Singular (meist im Präsens) die Gedanken, Empfindungen, Eindrücke, Erwägungen und Assoziationen einer Figur ohne Anführungszeichen scheinbar unmittelbar wieder.
Eine weitere Darbietungsform ist die *erlebte Rede*, bei der die Gedanken, Äußerungen oder Empfindungen einer Figur in der 3. Person Indikativ (meist im Imperfekt) scheinbar unmittelbar aus der Perspektive der erlebenden Figur wiedergegeben werden.
Die Darbietungsformen können innerhalb eines Erzähltextes mehrfach wechseln und sind nicht immer klar voneinander zu unterscheiden.

- *Unterstreichen Sie in Partnerarbeit die wichtigsten erzähltechnischen Begriffe und erläutern Sie diese mit eigenen Worten.*
- *Suchen Sie Textbeispiele, in denen die einzelnen Erzähltechniken jeweils Anwendung finden.*
- *Unterstreichen Sie in einer anderen Farbe Stellen, die Ihnen unklar sind, und diskutieren Sie diese mit Ihrem Partner.*
- *Präsentieren Sie die Ergebnisse (und offenen Fragen), die sich aus Ihrer Partnerarbeit ergeben haben, dem Kursplenum.*

Klaus Hermsdorf über die eingeschränkte Erzählperspektive im „Verschollenen"

Der eigentliche Erzähler des „Verschollenen" ist der Held selbst, der aber wiederum nicht der Erzähler ist, weil er ja nichts erzählt; vielmehr existiert ein Erzähler, der jedoch nichts „erzählt", sondern sich darauf beschränkt, die jeweiligen Sinneswahrnehmungen des Helden aus dessen Perspektive aufzuzeichnen.

Die Konsequenzen des Verlustes der Erzählerperspektive für den gesamten Roman sind radikal; er bedeutet gehaltlich nichts weniger als den grundsätzlichen Verlust der künstlerischen Objektivität und Wahrheit. Alles außerhalb des Helden Liegende muss seinen klaren Umriss verlieren, es entbehrt künstlerischer Klarheit und Deutlichkeit, weil es nur aus der Perspektive des Helden dargestellt, von einem Mithandelnden der Geschichte gesehen wird, der einmal allgemein als „Partei", als in die Handlung Verwickelter, zum anderen als spezielle Figur, als naiver Fremdling nicht in der Lage sein kann, seine Umwelt richtig, objektiv zu verstehen. Entscheidende Fragen des Handlungszusammenhangs können deshalb nicht beantwortet werden, weil sie der Held jeweils nicht beantworten konnte. Wahr und wirklich ist im Roman nur der Held und seine Gefühls- und Gedankenwelt – gleichzeitig aber ist er aller belebten und unbelebten Außenwelt inhärent, ihr gleichsam angeheftet dadurch, dass alles äußere Geschehen faktisch zu Bewusstseinskomplexen des Helden verwandelt ist: Dem Romangeschehen fehlt künstlerische Objektivität, weil wir es nicht selbst, sondern nur durch die subjektivierende Brille des Helden sehen. Somit verschwinden die einfache Wirklichkeit und die Wahrheit der Wirklichkeit aus dem Roman; der Erzählvorgang erhält und bewahrt den Charakter einer subjektiven Impression.

Die besondere Erzählperspektive des Romans bedeutet jedoch nicht nur Verlust, sondern zugleich auch einen Zuwachs gehaltlicher Elemente. Gerade diese Erzählperspektive vermittelt jenes intensive Gefühl ständiger Unsicherheit und Ungesichertheit, das den Roman beherrscht. Auf seiner Erzählhaltung beruht die Empfindung kalter Sachlichkeit, rational registrierender Beobachtung, insbesondere das Gefühl der Gehetztheit, des atemlosen Vorwärtsdrängens, das bereits mit den ersten Sätzen des Kafka'schen Romans beginnt und ihn nicht wieder verlässt. Die Durchsetzung der Figurenperspektive im „Verschollenen" bewirkt höchste Vergegenwärtigung epischer Begebenheit, die stets auf der Stufe spontaner Unmittelbarkeit stehen bleibt. Diese Unmittelbarkeit ist es, die produktiv als Gefühl von Hast, Unsicherheit, Unkenntnis und ängstigender Bedrückung in den Roman eingeht. Man könnte den Kafka'schen Erzähler, indem er sich mit dem Helden identifiziert, kurzsichtig nennen: Ganz dicht beugt er sich über die jagenden Vorgänge, so dicht, dass er zufällige Einzelheiten mit größter Deutlichkeit aufnehmen kann; aber gerade die fehlende Distanz hindert ihn daran, einen künstlerisch objektiven, zusammenhängenden und weiten Horizont zu erfassen. Es ist die Kurzsichtigkeit des Helden, die wir damit erleben. Die „Kurzsichtigkeit" des Helden wird jedoch zur Kurzsichtigkeit des ganzen Romans.

Aus: Klaus Hermsdorf: Kafka. Weltbild und Roman. Berlin: Rütten & Loening 1961, 73f.

- *Wie beschreibt der Autor das Verhältnis zwischen Erzähler und Hauptfigur?*
- *Welche Folgen hat die eingeschränkte Erzählperspektive laut Klaus Hermsdorf für den gesamten Roman?*

Die Handlungsstruktur der beendeten Romankapitel

Kapitel I: Der Heizer

Phase in Romanhandlung: Übergang

Karls Zustand: verstoßen/geborgen

Wendepunkt: Karl wird vom Onkel im Schiff gefunden und aufgenommen

↓

Kapitel II: Der Onkel

Phase in Romanhandlung: Ruhe

Karls Zustand: geborgen

kein Wendepunkt

↓

Kapitel III: Ein Landhaus bei New York

Phase in Romanhandlung: Konflikt

Karls Zustand: geborgen/verstoßen

Wendepunkt: Karl erhält Brief des Onkels, in dem er fortgeschickt wird

} **1. Sequenz** (Kapitel I–III)

↓

Kapitel IV: Der Marsch nach Ramses

Phase in Romanhandlung: Übergang

Karls Zustand: verstoßen/geborgen

Wendepunkt: Karl wird von Oberköchin im Hotel aufgenommen

↓

Kapitel V: Im Hotel occidental

Phase in Romanhandlung: Ruhe

Karls Zustand: geborgen

kein Wendepunkt

↓

Kapitel VI: Der Fall Robinson

Phase in Romanhandlung: Konflikt

Karls Zustand: geborgen/verstoßen

Wendepunkt: Karl wird entlassen, nachdem er gegen Dienstordnung verstoßen hat

} **2. Sequenz** (Kapitel IV–VI)

BS 3

Das wiederkehrende Handlungsmuster im „Verschollenen“

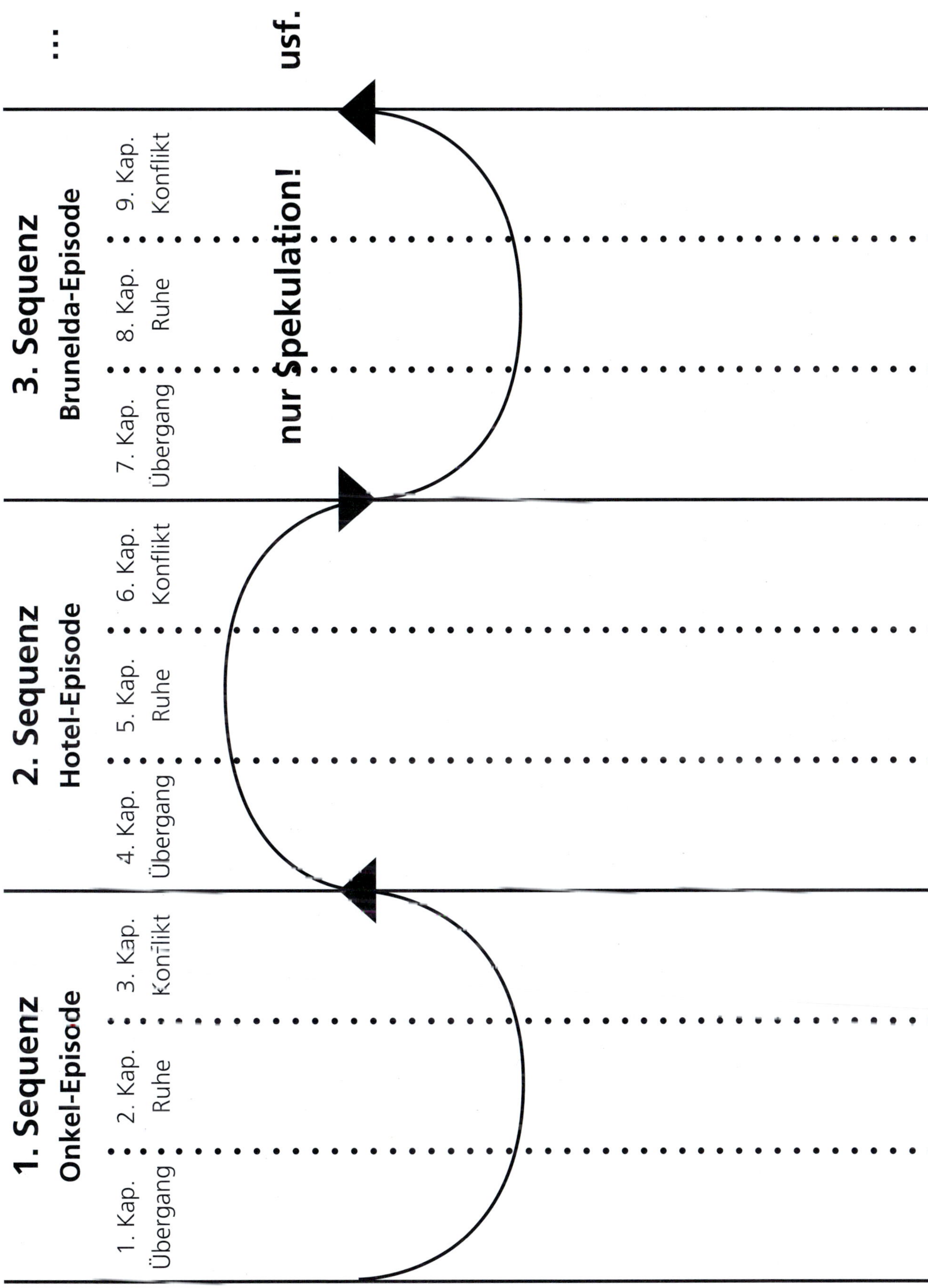

Der Entwicklungsroman

Roman, der in sehr bewusster und sinnvoller Komposition und chronolog. Aufbau den inneren und äußeren Werdegang eines jungen Menschen von den Anfängen bis zu einer gewissen Reifung der Persönlichkeit mit psycholog. Folgerichtigkeit verfolgt und die Ausbildung vorhandener Anlagen in der dauernden Auseinandersetzung mit den Umwelteinflüssen in breitem kulturellem Rahmen darstellt. Die Grenzen zum Bildungs- und Erziehungsroman sind fließend, häufig finden sie sich in einem Werk vereint, oder E. wird als Oberbegriff beider verstanden, während im eigtl. E. nicht der Einfluss der Bildungsgüter oder der Pädagogik, sondern die Innenansicht der Entwicklungs-, Bewusstseins- und Lernprozesse im Vordergrund steht: Das Streben und Irren des Helden führt aus eigener Kraft auf einen Stand gewisser Vollkommenheit, der dem subjektiven Idealbild des Dichters und seiner Zeit entspricht.

Aus: Gero von Wilpert: Sachwörterbuch der Literatur. Stuttgart: Kröner 2001, S. 215

■ *Lesen Sie den Lexikonartikel und erarbeiten Sie, inwiefern Kafkas „Verschollener" als ein Entwicklungsroman aufzufassen ist. Welche der aufgeführten Merkmale sprechen für diese Kategorisierung, welche dagegen?*

Franz Kafka: Eine alltägliche Verwirrung

Ein alltäglicher Vorfall: sein Ertragen eine tägliche Verwirrung. A hat mit B aus H ein wichtiges Geschäft abzuschließen. Er geht zur Vorbesprechung nach H, legt den Hin- und Herweg in je zehn Minuten zurück und rühmt sich zu Hause dieser besonderen Schnelligkeit. Am nächsten Tag geht er wieder nach H, diesmal zum endgültigen Geschäftsabschluss. Da dieser voraussichtlich mehrere Stunden erfordern wird, geht A sehr früh morgens fort. Obwohl aber alle Nebenumstände, wenigsten nach A's Meinung, völlig die gleichen sind wie am Vortag, braucht er diesmal zum Weg nach H zehn Stunden. Als er dort ermüdet abends ankommt, sagt man ihm, dass B, ärgerlich wegen A's Ausbleiben, vor einer halben Stunde zu A in sein Dorf gegangen sei und sie sich eigentlich unterwegs hätten treffen müssen. Man rät A zu warten. A aber in Angst wegen des Geschäfts, macht sich sofort auf und eilt nach Hause.

Diesmal legt er den Weg, ohne besonders darauf zu achten, geradezu in einem Augenblick zurück. Zu Hause erfährt er, B sei doch schon gleich früh gekommen – gleich nach dem Weggang A's; ja, er habe A im Haustor getroffen, ihn an das Geschäft erinnert, aber A habe gesagt, er hätte jetzt keine Zeit, er müsse eilig fort.

Trotz diesem unverständlichen Verhalten A's sei aber B doch hiergeblieben, um auf A zu warten. Er habe zwar schon oft gefragt, ob A nicht schon wieder zurück sei, befinde sich aber noch oben in A's Zimmer. Glücklich darüber, B jetzt noch zu sprechen und ihm alles erklären zu können, läuft A die Treppe hinauf. Schon ist er fast oben, da stolpert er, erleidet eine Sehnenzerrung und fast ohnmächtig vor Schmerz, unfähig sogar zu schreien, nur winselnd im Dunkel hört er, wie B – undeutlich, ob in großer Ferne oder knapp neben ihm – wütend die Treppe hinunterstampft und endgültig verschwindet.

Aus: Franz Kafka: Nachgelassene Schriften und Fragmente II. Frankfurt am Main: Fischer Taschenbuch 2002, S. 35f.

- *An welche Textsorte erinnert Sie Kafkas Parabel? Kennen Sie vielleicht aus anderen Zusammenhängen, beispielsweise aus anderen Schulfächern, Texte, die ganz ähnliche Elemente beinhalten wie Kafkas „Eine alltägliche Verwirrung"?*
- *Warum wohl hat Kafka seine Parabel in dieser Form gestaltet? Sehen Sie beispielsweise einen Grund dafür, dass die handelnden Figuren keinen Namen tragen?*
- *Handelt es sich bei dem geschilderten Ereignis tatsächlich um einen „alltäglichen" Vorgang?*
- *Wie wirkt die Welt, in der die geschilderte Handlung stattfindet, auf Sie?*

M. C. Escher: Belvedere

- *Schauen Sie sich das Bild „Belvedere" von M. C. Escher eine Weile an und lassen Sie es auf sich wirken. Welche Atmosphäre vermittelt es Ihnen? Achten Sie auch auf die dargestellten Details. Was fällt Ihnen auf?*
- *Sehen Sie Parallelen zwischen Kafkas Texten und Eschers Bild?*

BS 3

Baustein 4

„Der Verschollene" aus psychoanalytischer Perspektive

In diesem Baustein soll Kafkas Roman aus der Perspektive der von Sigmund Freud begründeten Psychoanalyse gelesen werden. Die Schülerinnen und Schüler erkennen dabei anhand eigener Textanalysen, wie aufschlussreich die Interpretation eines literarischen Werkes aus dem Blickwinkel eines bestimmten geisteswissenschaftlichen Diskurses sein kann. Häufig gelangt man dadurch zu Erkenntnissen, die durch eine rein textimmanente Interpretation nicht zu erzielen wären. Eine psychoanalytische Lesart bietet sich vor allem auch deshalb an, weil sowohl Freuds als auch Kafkas Werke in den ersten Jahrzehnten des 20. Jahrhunderts entstanden, mithin einen ähnlichen soziokulturellen Hintergrund haben. Im Einzelnen geht es um:

- erste Informationen über Sigmund Freud und seine Entdeckung,
- die zentrale Stellung des Ödipuskomplexes innerhalb der Psychoanalyse,
- die Interpretation ausgewählter Romanpassagen aus psychoanalytischer Perspektive,
- eine Diskussion über Sinn und Nutzen psychoanalytischer Literaturinterpretationen.

4.1 Sigmund Freud und die Psychoanalyse

Das Ziel dieses Unterrichtsschritts kann und soll es nicht sein, den Schülerinnen und Schülern einen umfassenden Überblick über die Psychoanalyse zu geben. Viel wichtiger ist es, dass sie eine generelle Vorstellung von der Bedeutung gewinnen, die Freuds Entdeckung nicht zuletzt auch für literaturwissenschaftliche Untersuchungen hat. Zunächst können die Lernenden nach ihrem Vorwissen gefragt werden:

■ *Was fällt Ihnen zum Namen „Sigmund Freud" ein? Welche wissenschaftlichen Erkenntnisse verbinden Sie mit ihm? Kennen Sie Begriffe, die ihm zuzuschreiben sind?*

Die Lehrkraft schreibt die Antworten stichpunktartig an die Tafel. Zur Unterstützung kann man die Lernenden auch konkret nach ihrer Kenntnis bestimmter psychoanalytischer Begriffe fragen, die längst Eingang in die Alltagssprache gefunden haben: so beispielsweise „Unbewusstes", „Es", „Über-Ich", „Ödipuskomplex", „Traumdeutung", „Freud'sche Fehlleistung" etc.

Zur Vertiefung bietet sich ein Schülerreferat über Freud und die Psychoanalyse an. Alternativ oder zusätzlich dazu kann auch der Lexikonartikel über Freud (**Arbeitsblatt 20**, S. 122) hinzugezogen werden. Nach der gemeinsamen Lektüre lässt sich das Unterrichtsgespräch durch folgende Fragen fortführen:

■ *Welche Entdeckungen Freuds werden im Lexikonartikel genannt? Was ist das Revolutionäre an der Psychoanalyse?*

Die Psychoanalyse geht davon aus, dass das menschliche Handeln, Denken und Fühlen zu einem großen Teil vom Unbewussten beeinflusst ist, also dem Bereich der menschlichen

Psyche, der dem Bewusstsein nicht direkt zugänglich ist. Das Unbewusste kann sich allerdings im Alltagsleben in Form von Fehlleistungen zeigen, beispielsweise im plötzlichen Vergessen unangenehmer Dinge oder in peinlichen Versprechern. Am deutlichsten wird die Macht des Unbewussten in Träumen, die für die Psychoanalyse Ausdruck unbewusster Wünsche und Ängste sind. So musste der Mensch durch die Psychoanalyse die narzisstische Kränkung erfahren, dass sein Leben von Kräften gesteuert wird, über die er selbst keinen Einfluss hat. Fast noch skandalöser aber war Freuds Betonung der infantilen Sexualität. Bis zum Anfang des 20. Jahrhunderts herrschte die Ansicht vor, dass Kinder asexuelle Wesen seien und sich der Geschlechtstrieb erst mit Beginn der Pubertät entwickle. Die Psychoanalyse entdeckte hingegen, dass nicht nur jedes Kind schon von der Geburt bis zum Erreichen der Pubertät verschiedene Phasen der Sexualität durchläuft, sondern dass diese Phasen und deren Bewältigung darüber hinaus auch von erheblicher Bedeutung für die Charakterentwicklung des Menschen sind.

Um das Revolutionäre der Psychoanalyse für die damalige Zeit zu veranschaulichen, bietet sich außerdem die Lektüre des Textes auf dem **Arbeitsblatt 21**, S. 123, an, in dem Freud selbst betont, dass seine Entdeckung des Unbewussten nach den Entdeckungen Kopernikus' (Widerlegung des geozentrischen Weltbilds) und Darwins (Mensch als Produkt der Evolution) die dritte narzisstische Kränkung des Menschen darstelle.
Nach der gemeinsamen Lektüre des Arbeitsblatts 21 kann das Unterrichtsgespräch durch folgende Frage-Impulse geführt werden:

- *Welche drei Kränkungen des Menschen nennt Freud?*
- *Was meint er damit, dass der Mensch „nicht einmal Herr ist im eigenen Hause"?*
- *Warum bedeutet diese Einsicht eine narzisstische Kränkung des Menschen?*

Nachdem die Antworten der Schülerinnen und Schüler besprochen worden sind, können die Ergebnisse durch folgende Tafelanschrift gesichert werden:

Sigmund Freud (1856–1939)

- **Begründer der Psychoanalyse:** Wissenschaft und Therapieform
- **„Entdecker" des Unbewussten:** dem Bewusstsein nicht zugänglich, es zeigt sich allerdings im Alltag durch Fehlleistungen (Vergessen, Versprecher etc.)
- **Träume** als Ausdruck unbewusster Wünsche und Ängste ➡ Träume als „via regia" (Königsweg) zum Unbewussten
- **Narzisstische Kränkung:** Der Mensch ist nicht mehr „Herr im eigenen Haus", Leben und Denken sind beeinflusst von unbewussten Kräften
- Skandalöse Entdeckung der **infantilen Sexualität:** auch die Kindheit ist nicht „unschuldig"

➡ **Die Psychoanalyse bietet eine neue Perspektive auf die menschliche Psyche, deckt deren verborgene, dunkle Seiten auf.**

In einem nächsten Schritt kann eines der zentralen Konzepte der Psychoanalyse vorgestellt werden, nämlich das Instanzenmodell. Es geht davon aus, dass die menschliche Psyche in drei Instanzen – das Über-Ich, das Ich und das Es – untergliedert ist, die einerseits kooperieren, andererseits aber auch in Konflikt miteinander geraten können. Eine leicht verständliche Beschreibung dieses Modells findet sich auf dem **Arbeitsblatt 22**, S. 124. Das Unterrichtsgespräch kann mit folgendem Auftrag eingeleitet werden:

- *Lesen Sie das Arbeitsblatt und erarbeiten Sie die Grundbegriffe des psychoanalytischen Persönlichkeitsmodells. Versuchen Sie die drei Instanzen Ich, Über-Ich und Es in einer Grafik so anzuordnen, dass ihre gegenseitigen Abhängigkeiten deutlich werden.*

Eine grafische Darstellung des Instanzenmodells könnte folgendermaßen aussehen[1]:

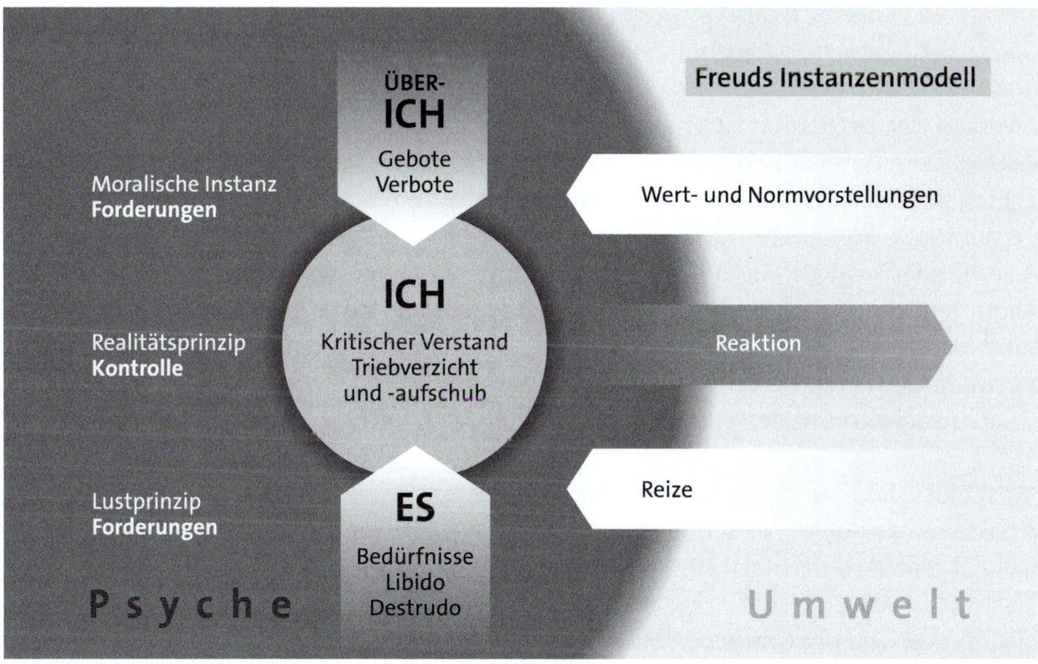

Im Hinblick auf die spätere Interpretation einzelner Romanfiguren als verschiedene psychische Instanzen bietet sich die Bearbeitung des Textes auf dem **Arbeitsblatt 23**, S. 125, an, in dem Freud selbst das Über-Ich, das Ich und das Es als autonome Personen mit unterschiedlichem Charakter beschreibt. Sehr anschaulich stellt er die Aufgabe des Ichs dar, die Ansprüche der Außenwelt, des Über-Ichs und des Es zu erfüllen und zwischen ihnen zu vermitteln. Da diese Ansprüche und Forderungen aber höchst unterschiedlich sind, kann das Ich seine Aufgabe niemals ganz erfüllen und fühlt sich daher nicht selten durch die drei Mächte überfordert und erdrückt. Wird sich das Ich seiner Schwäche bewusst, empfindet es Angst: Realangst gegenüber der Außenwelt, Gewissensangst vor dem Über-Ich und neurotische Angst vor dem Es. Nach der gemeinsamen Lektüre erhalten die Schülerinnen und Schüler folgende Aufgaben und Fragestellungen:

- *Beschreiben Sie das Dilemma des Ichs, von dem Freud hier spricht, in eigenen Worten.*
- *Welchen drei „Herren" muss das Ich dienen? Ist eine optimale Lösung immer möglich?*
- *Welche drei Ängste des Ichs beschreibt Freud? Überlegen Sie sich Situationen, in denen diese Ängste auftreten können.*

[1] Aus: Wikipedia, Stichwort: „Psychoanalyse"

Um die jeweilige Funktion, aber auch das Zusammenspiel der drei psychischen Instanzen anschaulicher zu machen, könnte außerdem auch ein Rollenspiel durchgeführt werden, bei dem eine Gruppe der Lernenden die Perspektive des Über-Ichs, eine zweite jene des Ichs und eine dritte jene des Es einnimmt. Aus der jeweiligen Interessensicht dieser einzelnen Instanzen heraus sollen die Gruppen nun über bestimmte Themen diskutieren. Eine Aufgabe kann beispielsweise folgendermaßen lauten:

- *Stellen Sie sich vor, Sie haben nächste Woche eine Klausur in Mathematik zu schreiben und müssten sich eigentlich in den nächsten Tagen intensiv darauf vorbereiten. Allerdings scheint gerade die Sonne und Sie würden viel lieber mit Freunden Eisessen gehen. Nehmen Sie die Rolle der zugeteilten psychischen Instanz ein und versuchen Sie, die anderen Instanzen davon zu überzeugen, Ihrem Willen zu folgen.*

Der Verlauf der Diskussion ist abzusehen: Das Über-Ich wird darauf pochen, sofort mit der Klausurvorbereitung zu beginnen – schließlich wird dieses Verhalten von der Schule und der Gesellschaft erwartet und womöglich durch eine gute Note honoriert. Dabei argumentiert es vernünftig, wenn nicht sogar ängstlich. Das Es hingegen wird die Strebsamkeit des Über-Ichs verhöhnen und darauf drängen, in die Sonne zu gehen und dem Wunsch nach Lustbefriedigung nachzugeben. In diesen Streit zwischen Über-Ich und Es wird sich immer wieder das Ich als vermittelnde Instanz einschalten und versuchen, einen Kompromiss zu finden, der etwa in dem Plan bestehen könnte, für ein paar Stunden nach draußen zu gehen, danach aber sogleich mit dem Lernen zu beginnen.

Im Anschluss daran und zur Vorbereitung auf die anschließende Interpretation bestimmter Textpassagen aus dem „Verschollenen“ können die Schülerinnen und Schüler den Lexikonartikel auf dem **Arbeitsblatt 20**, S. 122, noch einmal hinsichtlich folgender Frage lesen:

- *Auf der Grundlage der Theorie Freuds hat sich längst eine psychoanalytische Literaturwissenschaft herausgebildet. Welche drei Ansätze werden im Lexikonartikel genannt? Inwiefern unterscheiden sich diese drei psychoanalytischen Interpretationsmethoden voneinander?*

Im Lexikonartikel werden die folgenden Ansätze genannt:

1. Der **psychobiologische Ansatz** geht davon aus, dass literarische Werke – ähnlich wie (Tag-)Träume – Ausdruck des Unbewussten des Dichters sind. In den Texten zeigen sich also die (Trieb-)Fantasien des Autors, über die er sich selbst nicht im Klaren ist. Seine bewusste Intention spielt bei dieser Art der Interpretation somit keine Rolle. Im Gegenteil versuchen die Vertreter des psychobiologischen Ansatzes die „verborgenen Seiten“ des Textes zu beschreiben, beispielsweise verdeckte (z. B. ödipale) Strukturen aufzudecken, die verwendete Metaphorik psychoanalytisch zu entschlüsseln etc.

2. Der **textbezogene Ansatz** richtet sein Augenmerk auf die Figuren eines literarischen Werkes. Sie werden als richtige Menschen mit eigenem Unbewussten aufgefasst und analysiert, also gewissermaßen „auf die Couch gelegt“. Dieser Ansatz geht somit davon aus, dass die Figuren sich über die eigentlichen Beweggründe ihrer Handlungen und Äußerungen selbst nicht im Klaren sind – erst durch die psychoanalytische Perspektive können diese unbewussten Beweggründe aufgedeckt und dadurch ein tieferes Verständnis des literarischen Textes gewonnen werden.

3. Der **rezipientenbezogene Ansatz** erforscht die Wirkung der Lektüre eines literarischen Werkes auf den Leser, also den Rezipienten. Dessen Gefühle, die er während des Lesens entwickelt – seien es positive wie Vergnügen oder Lust, seien es negative wie Angst oder Traurigkeit –, versucht dieser Ansatz durch eine tiefere Ebene, nämlich durch psychische Vorgänge im Unbewussten des Lesers, insbesondere durch sein unbewusstes Begehren, zu erklären.

Die Ergebnisse können durch folgendes Tafelbild gesichert werden:

1. **Psychobiologischer Ansatz:** Das literarische Werk wird als Symptom für die unbewussten Triebfantasien des Autors aufgefasst und vor diesem Hintergrund analysiert.

2. **Textbezogener Ansatz:** Die literarischen Figuren werden als reale Menschen mit unbewussten Triebregungen analysiert.

„Klassische" psychoanalytische Literaturwissenschaft

↓

3. **Rezipientenbezogener Ansatz:** Die Wirkung eines Textes auf seinen Leser wird analysiert und durch dessen unbewusstes Begehren zu erklären versucht.

Zur Veranschaulichung dieser drei Ansätze ist der folgende schriftliche Auftrag (auch in Form einer Hausaufgabe) denkbar:

- *Überlegen Sie sich für jeden der drei Ansätze der psychoanalytischen Literaturwissenschaft jeweils eine Fragestellung, der eine Interpretation des „Verschollenen" nachgehen könnte.*

Hier ein paar Beispiele für mögliche Fragestellungen (die von den Schülerinnen und Schülern selbstverständlich nicht beantwortet werden sollen; sie sollen vielmehr nur eine Ahnung von den vielfältigen Möglichkeiten psychoanalytischer Literaturwissenschaft vermitteln):

Psychobiologischer Ansatz:

- Wie könnte man das Schwert der Freiheitsstatue aus psychoanalytischer Sicht interpretieren? Welche Rückschlüsse ließen sich durch eine solche Interpretation auf die (unbewussten) ödipalen Fantasien des Autors Kafka ziehen?
- Was könnte die Konstruktion der verschiedenen Frauenfiguren und deren Verhaltensweisen im „Verschollenen" (v. a. Klara, Therese und Brunelda) über die unbewussten Sexualfantasien Kafkas verraten?

Textbezogener Ansatz:

- Wie ließen sich Karls häufig wiederkehrende Schuldgefühle und sein unablässiger Arbeitseifer aus der Sicht des Freud'schen Instanzenmodells interpretieren?
- Wie könnte man Robinsons kindliche Faszination am Anblick der nackten Brunelda aus psychoanalytischer Perspektive deuten?

Rezipientenbezogener Ansatz:

- Wie ließe sich die – in den meisten Fällen vermutlich überaus ablehnende – Reaktion des Rezipienten auf die Figur der Brunelda aus psychoanalytischer Sicht interpretieren?
- Welche (unbewusste) Wirkung könnte die Beschreibung des Kampfes zwischen Klara und Karl auf den Leser haben?

4.2 Der Ödipuskomplex als Kern der psychoanalytischen Theorie

Im Zentrum der „klassischen“ (d. h. von Freud entwickelten) Psychoanalyse steht der Ödipuskomplex, den jeder Mensch auf seinem Weg von der Kindheit ins reife Erwachsenendasein zu überwinden hat. Die Psychoanalyse geht davon aus, dass bereits Kinder eine sexuelle Entwicklung durchlaufen. Nach der oralen Phase im ersten Lebensjahr, in der das Kind vor allem orale Lust durch die Nahrungsaufnahme empfindet, und der daran anschließenden analen Phase, in der die Lust mit der Abgabe und Zurückhaltung der eigenen Exkremente verbunden ist, gelangt das Kind im dritten Lebensjahr schließlich in die ödipale Phase. In dieser Phase, in der es sein eigenes Genital als Lustquelle entdeckt, richtet sich sein sexuelles Begehren auf den gegengeschlechtlichen Elternteil – ein Junge begehrt also seine Mutter. Dadurch gerät er aber unbewusst in Konflikt mit dem mächtigen Vater, der nun als Mann der Mutter ein gefährlicher, auch gehasster Konkurrent wird. Der Junge kann seinen Inzestfantasien mit der Mutter nicht nachgeben, da er die Rache des Vaters, die Kastration, also die Entfernung seines Penis, fürchtet. Im gesunden Entwicklungsprozess löst der Junge diesen ödipalen Konflikt schließlich, indem er den Inzestwunsch ins Unbewusste verdrängt und sich mit dem Vater identifiziert. Aus dem Feind wird ein Vorbild, dem der Junge nachzueifern versucht. Nach dem fünften Lebensjahr endet die ödipale Phase und die Latenzzeit tritt ein, in der das Kind weitgehend auf sexuelle Handlungen verzichtet und seine soziale Identität in der Gesellschaft findet und festigt. Erst mit dem Beginn der Pubertät ungefähr im 11. Lebensjahr erwacht der Sexualtrieb erneut und sucht nun ein geeignetes Sexualobjekt zur Triebbefriedung. Hat der heranwachsende Junge die ödipale Struktur seiner Kindheit nicht erfolgreich überwinden können, so gerät er nun in einen Ödipuskomplex (seine Libido richtet sich unbewusst erneut auf die eigene Mutter), der ihm in seiner sexuellen und charakterlichen Reifung im Weg steht und die Ursache schwerster neurotischer Erkrankungen sein kann.

Um die Schülerinnen und Schüler an das Konzept des ödipalen Konflikts heranzuführen, ist folgende Hausaufgabe denkbar:

■ *Suchen Sie in Lexika und/oder im Internet nach Informationen über den Ödipuskomplex und beschreiben Sie ihn in eigenen Worten.*

Alternativ zu diesem Auftrag kann der Ödipuskomplex auch im Rahmen eines Schülerreferats oder eines Lehrervortrags vorgestellt werden.[1] Dazu kann auch die Übersicht über die einzelnen Phasen der infantilen Sexualität auf dem **Arbeitsblatt 24**, S. 126, in Form einer Overhead-Folie gezeigt werden.

Wie oben bereits angedeutet, hat sich die psychoanalytische Literaturwissenschaft innerhalb der Germanistik längst als einflussreicher Diskurs etabliert. Psychoanalytisch orientierte

[1] Am ausführlichsten geht Freud in seinen „Drei Abhandlungen zur Sexualtheorie“ auf die infantile Sexualität ein. (Sigmund Freud: Drei Abhandlungen zur Sexualtheorie. In: Ders.: Studienausgabe. Bd. 5. Sexualleben. 2., korrigierte Auflage. Frankfurt a.M. 1976, S. 37–145)

Literaturwissenschaftler richten ihr Augenmerk insbesondere auf ödipale Strukturen, die sich häufig mehr oder weniger subtil in literarische Werke eingeschrieben haben. Vorbild für sie ist nicht zuletzt Sigmund Freud selbst, der sich wiederholt an Literaturinterpretationen versucht hat. Hervorzuheben hierbei sind seine Deutungen zu Wilhelm Jensens Novelle „Gradiva" und zu E.T.A. Hoffmanns Erzählung „Der Sandmann", in denen er die seelischen Nöte der Protagonisten vor dem Hintergrund einer nicht bewusst erkannten Verstrickung in ödipale Konflikte beschreibt und deutet. Für den Unterricht besonders aufschlussreich ist seine erste veröffentlichte Literaturinterpretation, da sie sich dem Drama widmet, dem der Ödipus-Komplex seinen Namen verdankt: In der „Traumdeutung" (1900) geht Freud auf Sophokles' Drama „König Ödipus" ein, um seine Kernthese des jeden Menschen betreffenden ödipalen Konflikts zu illustrieren. „Das Altertum hat uns zur Unterstützung dieser Erkenntnis einen Sagenstoff überliefert", betont Freud, „dessen durchgreifende und allgemeingültige Wirksamkeit nur durch eine ähnliche Allgemeingültigkeit der besprochenen Voraussetzung aus der Kinderpsychologie verständlich wird."[1]

Zur Einstimmung auf die psychoanalytische Interpretation von Kafkas Amerika-Roman kann daher eine kurze Besprechung von Sophokles' „König Ödipus" dienen. Diese Sequenz lässt sich mit folgender Frage einleiten:

- *Wissen Sie, woher der Name „Ödipus-Komplex" kommt? Wer war Ödipus?*

Sollte niemand aus der Klasse Sophokles' Drama und die mythologische Gestalt des Ödipus kennen, kann ein kurzer Lehrervortrag für Klarheit sorgen. Alternativ dazu ließe sich auch ein Kurzreferat einbauen, in dem vor allem Ödipus' tragische Lebensgeschichte vorgestellt werden sollte.

Im anschließenden Schritt kann das **Arbeitsblatt 25**, S. 127, gemeinsam gelesen und besprochen werden:

- *Lesen Sie Freuds Ausführungen zu Sophokles' Drama „König Ödipus" und skizzieren Sie seine Argumentation in eigenen Worten nach.*

Das darauffolgende Unterrichtsgespräch lässt sich durch folgende Frage-Impulse führen:

- *Was meinen Sie: Weshalb führt Freud zur Illustration seiner Kernthese des Ödipus-Komplexes wohl ein antikes Drama an?*
- *Warum wird nach Freuds Auffassung der Leser von Sophokles' Drama derart ergriffen?*

Im Unterrichtsgespräch sollen die Schülerinnen und Schüler erkennen, dass die Geschichte des Ödipus nach Freud stellvertretend für die Geschichte jedes Menschen steht: „Sein Schicksal ergreift uns nur darum, weil es auch das unsrige hätte werden können, weil das Orakel vor unserer Geburt denselben Fluch über uns verhängt hat wie über ihn."[2]
Freud geht auf Sophokles' Drama nicht zuletzt deshalb ein, weil er die Richtigkeit seiner für die damalige Zeit noch völlig unbekannten und mehr als gewagt erscheinenden Thesen durch den Verweis auf kanonisierte Werke der Weltliteratur untermauern, wenn nicht beweisen wollte.
Im weiteren Verlauf des Unterrichtsgesprächs kann der Fokus abschließend auf allgemeine Probleme der psychoanalytischen Literaturwissenschaft gerichtet werden, etwa mit folgender Frage:

[1] Sigmund Freud: Die Traumdeutung. Frankfurt a.M. 1972, S. 265
[2] Sigmund Freud: Die Traumdeutung. Frankfurt a.M. 1972, S. 267

- *Mit welchen Schwierigkeiten könnten sich psychoanalytische Literaturinterpretationen bei dem Versuch, ödipale Strukturen in Texten aufzudecken, konfrontiert sehen?*

Ödipale Strukturen sind meist nur verdeckt in den literarischen Werken dargestellt, verbergen sich gleichsam tief unter der Oberfläche der vordergründigen Handlung. Häufig sind sie nicht einmal dem Autor selbst bewusst, sondern haben sich unbewusst in den Text eingeschrieben. Meist besetzen auch nicht „Mutter", „Vater", „Kind" die Positionen des ödipalen Dreiecks, sondern andere Figuren, die durch den Ödipuskomplex insgeheim (und nicht selten auf tragische Weise) miteinander verbunden sind. Darüber hinaus sind in literarischen Texten häufig nicht Kinder, sondern Erwachsene mit dem Ödipuskomplex konfrontiert, die frühe Dramen gleichsam in späteren Jahren noch einmal zu durchlaufen (und zu lösen) haben. Die Arbeit des psychoanalytisch orientierten Literaturwissenschaftlers gleicht damit der Arbeit eines Detektivs, der ein Geheimnis ans Tageslicht bringt und den Personen Beweggründe nachweist, die ihnen selbst fremd sind. Bei dieser Entschlüsselungsarbeit muss er auch – und vor allem – auf die kleinsten, scheinbar nebensächlichen Details achten, in denen sich das Latente, Unbewusste zeigt: beispielsweise auf verwendete Metaphern und Symbole im Text, auf geschilderte Träume, auf Widersprüche in der Handlung, auf Fehlleistungen in den direkten Reden der Figuren u.v.m.

Die Ergebnisse der Unterrichtsdiskussion können in folgendem Tafelbild festgehalten werden:

Ödipale Strukturen in literarischen Texten

- verschlüsselt, unter der (Text-)Oberfläche verborgen, nur angedeutet
- von anderen Handlungsebenen verdeckt
- andere Figuren (nicht unbedingt Vater oder Mutter) nehmen die Positionen des ödipalen Dreiecks ein
- Konflikt taucht häufig erst im Leben von Erwachsenen auf

Weil ödipale Strukturen häufig „zwischen den Zeilen" verborgen sind:

➔ sorgfältige Textanalyse
➔ Interpretation von Symbolen und Metaphern
➔ Fokus auf scheinbare Nebensächlichkeiten und kleinste Details
➔ Aufmerksamkeit für Versprecher und ähnliche Fehlleistungen der Figuren
➔ besondere Bedeutung von geschilderten Träumen der Figure

Die Aufdeckung ödipaler Konflikte gleicht der Arbeit eines Detektivs.

In einer Vielzahl seiner Texte hat Kafka ödipale Konflikte mehr oder weniger deutlich gestaltet, wie die Kafka-Forschung in etlichen Interpretationen aufgedeckt hat. Eine besonders eindrucksvolle literarische Darstellung findet der Ödipus-Komplex, an dem der Protagonist schließlich zugrunde geht, in Kafkas Erzählung „Das Urteil". Um die Lernenden auf die nachfolgende psychoanalytische Interpretation des „Verschollenen" einzustimmen, bietet sich an dieser Stelle ein Schülerreferat an, in dem diese Erzählung vor dem Hintergrund ödipaler Beziehungsstrukturen kurz vorgestellt und gedeutet wird.[1]

[1] Folgende, überaus aufschlussreiche Interpretation kann für die Vorbereitung des Referats herangezogen werden: Thomas Anz: Praktiken und Probleme psychoanalytischer Literaturinterpretationen – am Beispiel von Kafkas Erzählung „Das Urteil". In: Oliver Jahraus und Stefan Neuhaus (Hg.): Kafkas „Urteil" und die Literaturtheorie. Zehn Modellanalysen. Stuttgart: 2002, S. 126–151

4.3 Karl Roßmann im ödipalen Dreieck

In den folgenden Unterrichtsschritten soll erarbeitet werden, dass Kafkas Protagonist Karl Roßmann während der gesamten Handlung immer wieder in ein ähnliches, durch wechselnde Figuren besetztes Beziehungsgeflecht gerät, das sehr treffend durch das von Freud entdeckte ödipale Dreieck beschrieben werden kann. Die Lernenden sollen verschiedene Textpassagen aus dem „Verschollenen“ vor dem Hintergrund dieses Konzepts analysieren. Ergänzt und vertieft werden diese Deutungen durch die bereits im Baustein 4.1 erarbeiteten Ergebnisse zum psychoanalytischen Instanzenmodell.

Zu Beginn ist ein Unterrichtsgespräch sinnvoll, das mit folgendem Frage-Impuls eingeleitet werden kann:

- *Sie haben Freuds Konzept des Ödipuskomplexes nun kennengelernt. Wie könnte man es psychoanalytisch deuten, dass Karl seine Heimat verlassen muss? Warum haben ihn seine Eltern fortgeschickt?*

Vor dem Hintergrund der zuvor vermittelten Informationen zum ödipalen Konflikt wird den Lernenden eine Antwort vermutlich nicht schwerfallen. Mit der Schwängerung des Dienstmädchens hat Karl gleichsam gegen die väterliche Ordnung verstoßen (auch wenn er vom Mädchen verführt worden ist, selbst also eigentlich passiv blieb) und wird daher von seinen Eltern bestraft, indem er seine Heimat verlassen muss. Seine „Schuld“ besteht aus psychoanalytischer Sicht darin, dass er seine bisherige Position des „unschuldigen“ Kindes innerhalb des ödipalen Dreiecks verlassen hat und in die Position des Vaters gedrängt ist. Er hat den Vater gewissermaßen herausgefordert und dessen Platz streitig gemacht, indem er selbst zum Vater geworden ist. Dabei spielt es keine Rolle, dass Karl nur mit dem Dienstmädchen – nicht etwa mit der eigenen Mutter – geschlafen hat, sind die Figuren des ödipalen Dreiecks in literarischen Texten doch häufig durch Ersatzfiguren vertauscht.
Sollten die Schülerinnen und Schüler Schwierigkeiten mit der Beantwortung haben, empfiehlt sich die gemeinsame Lektüre des Textabschnitts, in dem der Grund für Karls Verstoßung aus der Heimat beschrieben wird (25, 16–28, 15). Hier fasst der Onkel die zurückliegenden Ereignisse zunächst kurz zusammen, bevor sich Karl selbst an die Verführung durch das Dienstmädchen erinnert. Die Arbeit am Text und das Unterrichtsgespräch können danach durch folgende Frage-Impulse weitergeführt und gelenkt werden:

- *Inwiefern hat sich Karls Stellung nach der Schwängerung des Dienstmädchens, insbesondere gegenüber seinem Vater, verändert?*
- *Dass Karl seine Heimat verlassen muss, erscheint wie eine Strafe der Eltern. Inwiefern hat er sich ihnen gegenüber „schuldig“ gemacht?*
- *Karl wird vom Dienstmädchen verführt, er selbst bleibt völlig passiv. Inwiefern stellt die Schwängerung aus psychoanalytischer Sicht dennoch eine Provokation für den Vater dar?*
- *In welcher Position ist Karl bei seiner Ankunft in Amerika? Steht er eher in der Position eines Vaters oder in jener eines Kindes?*

Nachdem im Gespräch deutlich geworden ist, dass die Lernenden den psychoanalytischen Ansatz verstanden haben, erhalten sie folgenden Schreibauftrag:

- *Stellen Sie das ödipale Dreieck, gegen dessen Ordnung Karl durch die Schwängerung des Dienstmädchens verstoßen hat, grafisch dar. Fassen Sie in einem zweiten Schritt Karls Stellung bei seiner Ankunft in Amerika in einem Satz zusammen.*

Nach der Bearbeitungszeit werden die Ergebnisse vorgestellt und besprochen. Eine mögliche grafische Zusammenfassung, die an der Tafel präsentiert werden kann, sieht beispielsweise so aus:

Das ödipale Dreieck in Karls Heimat

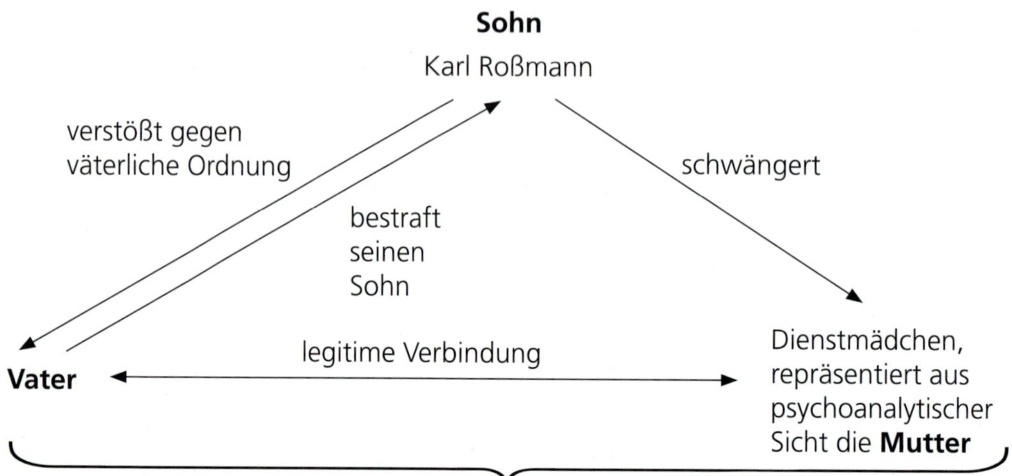

Bei seiner Ankunft in Amerika steht Karl in der Grauzone zwischen Kind und Erwachsenem.

Zur weiteren Vertiefung kann Karls „Schuld“, also die Schwängerung des Dienstmädchens, auch vor dem Hintergrund des Instanzenmodells dargestellt werden (siehe zu dessen theoretischen Grundlagen Baustein 4.1). Der Kurs wird in Arbeitsgruppen eingeteilt, die folgenden Auftrag erhalten:

- *Lesen Sie Karls Erinnerung an seine Verführung durch das Dienstmädchen (27, 9–28, 15) und beschreiben Sie diese Verführungsszene vor dem Hintergrund des Freud'schen Instanzenmodells. Welche Figur entspricht hier welcher psychischen Instanz (denken Sie dabei auch an Karls Eltern)? Wer repräsentiert das Ich, wer das Über-Ich und wer das Es? Zur Erarbeitung und Orientierung können Sie auch das Arbeitsblatt 22 hinzuziehen, auf dem das Instanzenmodell zusammengefasst ist.*

Vermutlich erkennen die meisten der Lernenden ohne weitere Hilfe, dass Karl am ehesten der Instanz des Ichs entspricht. Zwar finden sich in ihm auch Anteile des Über-Ichs (z. B. in Form seiner Schuldgefühle) und des Es (z. B. in Form seiner beschriebenen Wünsche und Begierden), doch sein eigentlicher Charakter ist geprägt durch die Stellung zwischen den verschiedenen Forderungen, die von außen auf ihn eindringen. Ähnlich dem Ich in Freuds Instanzenmodell ist auch er permanent darum bemüht, zwischen den unterschiedlichen Mächten, im Roman personifiziert durch andere Figuren, zu vermitteln. In der Verführungsszene wird Karl – also das Ich – durch die Begierden des Es massiv bedrängt. Dieses Es repräsentiert das Dienstmädchen Johanna Brummer, das ihn eines Tages regelrecht überwältigt: „Einmal aber sagte sie ‚Karl!' und führte ihn, der noch über die unerwartete Ansprache staunte, unter Grimassen seufzend in ihr Zimmerchen, das sie zusperrte. Würgend umarmte sie seinen Hals und während sie ihn bat sie zu entkleiden, entkleidete sie in Wirklichkeit ihn“. (27, 27–27, 31) In dieser Szene zeigt sich der Lust- und Aggressions-Anteil der Persönlichkeit, welches das Es ausmacht. Im Gegensatz zum Über-Ich geht es dieser Instanz ausschließlich um die eigene Triebbefriedigung. „Das Es diskutiert nicht und überlegt nicht, kennt keine Werte oder Regeln, es beachtet weder Verstand noch Logik. Es ist pure Begierde."[1] Um ungestört von der Kontrolle des Über-Ichs zu sein, wird Karl vom Dienstmädchen in ein separates Zimmer geführt und damit von seinem Umfeld abgeschottet. Das Zusperren der Tür symbolisiert hierbei die vorübergehende Ausgrenzung des Über-Ichs, das den Gegenpol zum Es bildet und sonst für eine Balance sorgt. Dieses Über-Ich wiederum repräsentieren Karls Eltern. Nachdem er, verführt durch das Es, gegen ihre Ge- und Verbote verstoßen hat, folgt sogleich die Bestrafung: Karl muss die einstige Heimat der Kindheit verlassen und in ein fremdes, unbekanntes Land gehen. In dieser drakonischen Strafe zeigt sich die ganze Strenge und Unerbittlichkeit des Über-Ichs.

Nach dem Unterrichtsgespräch bietet sich zur Ergebnissicherung ein abschließender Schreibauftrag an, der ebenfalls in Gruppenarbeit ausgeführt werden soll:

- *Stellen Sie die erarbeitete Konstellation in Form einer Grafik dar, in der jeder Figur die jeweils passende psychische Instanz zugeordnet ist.*

Nach der Vorstellung und Besprechung der Arbeitsergebnisse kann eine zusammenfassende Grafik an der Tafel präsentiert werden:

Konstellation in Karls Heimat

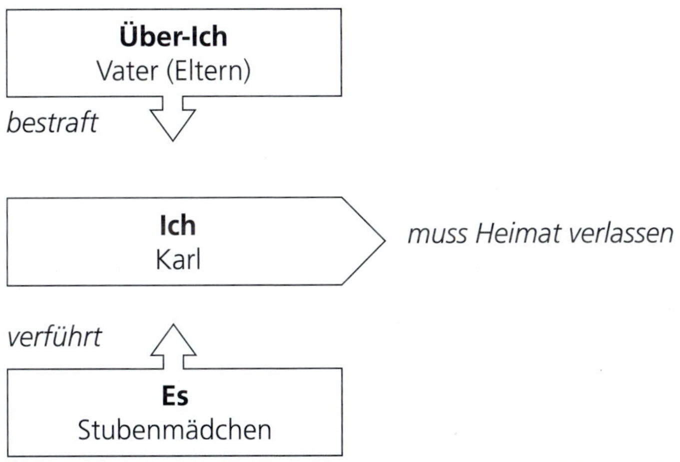

Wie bei der vorangegangenen Erarbeitung der ödipalen Beziehungsstruktur deutlich geworden ist, steht Karl nach seiner Ankunft in Amerika gewissermaßen im Grenzland zwischen Kind und Erwachsenem. Weil er das Dienstmädchen geschwängert hat, kann er nicht länger in der Position des Kindes bleiben, ist allerdings auch noch nicht stark genug, um die Position des Erwachsenen dauerhaft einzunehmen. In Amerika, weit weg vom strengen Vater, hat er gewissermaßen die Aufgabe, seinen Platz in der Gesellschaft zu finden und zum Mann heranzureifen. Es wird im Folgenden zu zeigen sein, dass Karl in der Romanhandlung diese Vertreibung aus der Welt der Kindheit immer wieder neu erleben muss. Zunächst aber sollen die Schülerinnen und Schüler zwei Textpassagen analysieren, in denen diese diametralen Positionen (Kind/Erwachsener) in symbolischer Weise dargestellt sind. Gemeint ist zum einen die Szene, in der Karl in der Herberge die Fotografie seiner Eltern betrachtet (86, 2–87, 11), zum anderen die Szene, in der er wenig später im Hotelzimmer auf Fotografien

[1] Henk de Berg: Freuds Psychoanalyse in der Literatur- und Kulturwissenschaft. Eine Einführung. Tübingen 2005, S. 58

von jungen Mädchen und Soldaten blickt (113, 22–114, 3). Die Schülergruppen erhalten folgende Aufträge:

- *Lesen Sie die beiden Szenen, in denen Karl Fotografien betrachtet (86, 2–87, 11 und 113, 22–114, 3) und vergleichen Sie die beiden Textpassagen miteinander.*
- *Versetzen Sie sich in Karls Perspektive: Wonach scheint er sich in den zwei Szenen jeweils am meisten zu sehnen?*
- *Wir haben erarbeitet, dass Karl bei seiner Ankunft in Amerika zwischen der Position des Kindes und des Erwachsenen steht. Inwiefern repräsentieren die jeweiligen Fotografien diese zwei unterschiedlichen Positionen?*

Nach der Bearbeitungszeit werden die Ergebnisse im Kursrahmen präsentiert und besprochen. Voraussichtlich haben die Lernenden problemlos die wesentlichen Unterschiede zwischen den beiden Textpassagen erkannt. In der Szene, in der Karl die Fotografie seiner Eltern betrachtet, imaginiert er sich gleichsam in die Zeit zurück, in der er noch seinen festen Platz als Sohn innerhalb der väterlichen Ordnung gehabt hat. Es scheint, als hoffe er, unter den Augen seiner Eltern, insbesondere des Vaters, in diese frühere Position des Kindes zurückzugelangen. So erinnert er sich an eine andere Fotografie, auf der ihn seine Eltern „scharf“ (86, 10) anschauen, und auch auf der jetzigen Abbildung „suchte [er] von verschiedenen Seiten den Blick des Vaters aufzufangen“. (86, 13–86, 14) Dieser Blick, so könnte man Karls Tun interpretieren, würde ihn kurzzeitig zum Objekt seines Vaters machen und damit wieder unter dessen – strenge, aber auch schützende – Kontrolle stellen. Neben der Sehnsucht nach der einstigen Heimat werden in dieser Szene aber auch die starken Schuldgefühle deutlich, die Karl gegenüber seinen Eltern hat. So erscheint ihm das Gesicht seiner Mutter auf der Fotografie schmerzvoll verzerrt, „ihr Mund war so verzogen, als sei ihr ein Leid angetan worden und als zwinge sie sich zu lächeln“. (86, 19–86, 20) Nichts scheint Karl in diesem Augenblick wünschenswerter zu sein, als sich mit seinen Eltern zu versöhnen und von ihnen wieder als ihr Kind an- und aufgenommen zu werden. Er überlegt sich, ob er nicht einen Brief in die Heimat schreiben sollte, gleichsam als Entschuldigung und Eingeständnis des eigenen Scheiterns. „Und lächelnd prüfte er die Gesichter der Eltern, als könne man aus ihnen erkennen, ob sie noch immer das Verlangen hatten, eine Nachricht von ihrem Sohn zu bekommen.“ (87, 4–87, 6)

In einer ganz anderen inneren Verfassung ist Karl wenig später, als er im Zimmer, das ihn die Oberköchin des Hotels occidental zugewiesen hat, erneut Fotografien anschaut: Sie „stellten in der Mehrzahl Mädchen dar, die in unmodernen unbehaglichen Kleidern, mit locker aufgesetzten kleinen aber hochgehenden Hüten, die rechte Hand auf einen Schirm gestützt, dem Beschauer zugewendet waren und doch mit den Blicken auswichen“. (113, 26–113, 30) Während sich Karl in der obigen Szene unbedeutend und hilflos gefühlt und den elterlichen Blick wie zur Stütze gesucht hat, wirkt er hier stark und aktiv, sodass die Betrachteten nun seinem Blick auszuweichen scheinen. Die Vermutung ist sicherlich nicht abwegig, dass er als Heranwachsender beim Anblick dieser jungen Frauen auch sexuelles Begehren empfindet. In dieser Szene sehnt er sich offenbar danach, zum Mann zu werden und damit einen respektierten Platz in der Gesellschaft zu finden. So ist es sicherlich kein Zufall, dass ihm unter den Fotografien der Herren das Bild eines „jungen Soldaten“ besonders auffällt, „der das Käppi auf ein Tischchen gelegt hatte, stramm mit seinem wilden schwarzen Haar dastand und voll von einem stolzen aber unterdrückten Lachen war“. (113, 31–113, 34) Zumindest unbewusst scheint sich Karl beim Anblick dieses Fotos mit dem Soldaten zu identifizieren. Er imaginiert sich gleichsam eine Existenz, in der er ebenso stolz und selbstsicher im Leben steht wie der Betrachtete. Gerade im Hotel angekommen und noch voller Hoffnung auf seine weitere Zukunft, glaubt Karl, nun endlich erwachsen werden zu können.

Nachdem die Ergebnisse der Gruppenarbeit im Kursplenum vorgetragen und diskutiert worden sind, bietet sich wiederum ein zusammenfassendes Tafelbild an:

Die zwei Foto-Szenen im Roman

1. Szene (86, 2–87, 11)

Karl betrachtet in der Herberge eine Fotografie seiner Eltern

- hat Heimweh
- sehnt sich nach Eltern
- hat Schuldgefühle gegenüber Eltern
- fühlt sich hilflos, passiv
- will in Vergangenheit zurück

↓

Sehnsucht nach **Position des Kindes**

2. Szene (113, 22–114, 3)

Karl betrachtet im Hotel occidental Fotografien junger Menschen

- öffnet sich sozial
- begehrt junge Frauen
- identifiziert sich insgeheim mit Soldat
- fühlt sich stark, aktiv
- sieht Zukunft entgegen

↓

Sehnsucht nach **Position des Erwachsenen**

Zum Abschluss dieses Unterrichtsschritts ist die Fantasie der Schüler gefragt:

- *Welche weiteren Fotografien fallen Ihnen ein, die Karls Sehnsucht nach seiner Kindheit bzw. seinen Wunsch, erwachsen zu werden, symbolisieren könnten? Beschreiben Sie diese Fotografien.*

Im Folgenden sollen die Lernenden anhand ausgewählter Textpassagen erarbeiten, dass der gesamte Handlungsverlauf durch das gleiche Muster geprägt ist, das bereits bei der Betrachtung von Karls Verstoßung aus der elterlichen Heimat erkannt worden ist. Die gleiche Grundsituation tritt in den folgenden Handlungsepisoden – in New York, im Hotel occidental und vermutlich auch bei Brunelda – immer wieder in neuer Gestalt auf: Ist Karl zunächst als Untergebener in einem Machtgefüge eingebettet, gleichsam einer väterlichen Ordnung unterworfen, so wird er kurz darauf durch einen (vermeintlichen) Regelbruch bestraft und aus dieser Ordnung wieder entlassen. Wie zu sehen sein wird, hängt dieser Regelbruch stets – mehr oder weniger direkt – mit Sexualität zusammen. „Zunächst findet Karl Zuwendung und Fürsorge von Eltern oder von Personen, die ihn wie ihren eigenen Sohn behandeln“, konstatiert auch Ritchie Robertson, „aber Erfahrungen im sexuellen Bereich oder gar nur die bloße Möglichkeit solcher Erfahrungen lassen ihn schuldig erscheinen und führen zu seiner Verurteilung und Verstoßung. Schuld wird immer als zweifelsfrei gegeben betrachtet. Ein reines Gewissen, ja nicht einmal eine Abneigung gegen den Bereich des Sexuellen sind eine Entschuldigung. Sie können es auch nicht sein, denn was Karl auch immer mit Bewusstsein denken und fühlen mag – der Sexualtrieb ist in seinem vor und unterbewussten physischen Dasein immer schon zugegen. Er wird deshalb nicht für das bestraft, was er tut, sondern für das, was er ist.“[1]

Diese Struktur liegt auch **Karls Verstoßung durch den Onkel**, der für Karl eine Art Vaterersatz geworden ist,[2] zugrunde (siehe Kap. III: Ein Landhaus bei New York), wie im Folgenden erarbeitet werden soll. Nach der gemeinsamen Lektüre des Abschiedsbriefes (78, 17–79, 10) kann das Unterrichtsgespräch durch folgende Frage-Impulse eingeleitet werden:

- *Warum muss Karl seinen Onkel in New York verlassen? Was wirft ihm der Onkel*

[1] Ritchie Robertson: Kafka. Judentum, Gesellschaft, Literatur. Stuttgart 1999, S. 101

[2] Vgl. hierzu auch Baustein 1.1 und 2.2.

vor?

- *Denken Sie an Freuds Instanzenmodell: Welche Instanz repräsentiert hier der Onkel? Inwiefern zeigt er die typischen Eigenschaften dieser Instanz?*

Die Lernenden werden die Fragen vermutlich problemlos beantworten können. Der Onkel schickt Karl als Strafe dafür fort, dass dieser sich gegen seinen Willen für den Besuch bei Herrn Pollunder entschieden hat. Als „ein Mann von Principien“ (78, 19) könne er einen solchen „allgemeinen Angriff“ (78, 25) gegen seine Person nicht dulden. So leid es ihm tue, zur Wahrung seiner Prinzipien – und damit seiner Existenz – müsse er sich nun von Karl trennen. Es ist unschwer zu erkennen, dass der Onkel aus psychoanalytischer Sicht das Über-Ich repräsentiert, wacht diese Instanz doch streng über die Einhaltung von Regeln und neigt bei Verstößen zu den grausamsten Strafen. Henk de Berg konstatiert, „dass es totalen Gehorsam gegenüber den internalisierten gesellschaftlichen Regeln einfordert. Das Über-Ich ist ein absolutistischer Herrscher: Geringfügige Überschreitungen, zufällige Ausrutscher, kurzfristige Ausnahmen oder gut gemeinte Kompromisse werden nicht toleriert.“[1]
Dies muss nun auch Karl (also die Ich-Instanz) erfahren, war er sich seiner Schuld gegenüber dem Onkel doch gar nicht bewusst.[2]

Die Ergebnisse des Unterrichtsgesprächs lassen sich beispielsweise in Form folgender Grafik an der Tafel sichern:

Karls Bestrafung durch den Onkel

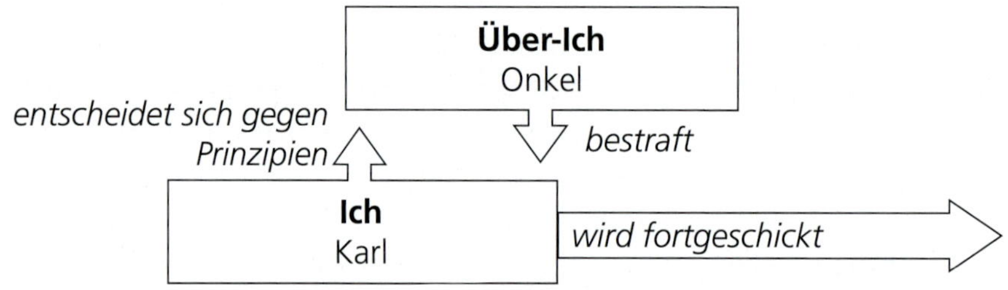

Karls Ungehorsam gegenüber dem Onkel ist allerdings nur der oberflächliche, gleichsam der Handlungslogik folgende Grund für seine Bestrafung. Dringt man mit psychoanalytischem Blick tiefer in die beschriebenen Beziehungsstrukturen, so wird bald deutlich, dass Karl im Landhaus bei New York erneut gegen die ödipale Ordnung verstößt. Wie mit den Schülerinnen und Schülern anhand der Analyse zweier Textpassagen erarbeitet werden soll, wiederholt sich die Verführungsszene, wegen der Karl einst von den Eltern weggeschickt worden ist, nun auf symbolischer Ebene in diesem Kapitel. Die Rolle, die das Dienstmädchen einst in der Heimat gespielt hat, übernimmt nun Pollunders Tochter Klara. Um die Lernenden an diese Deutung heranzuführen, bietet sich zunächst die Analyse der Szene an, in der Karl von Klara im Kampf überwältigt und aufs Kanapee gedrückt wird (57, 31–59, 28). Der Kurs wird in Arbeitsgruppen aufgeteilt, die folgenden Auftrag erhalten:

[1] Henk de Berg: Freuds Psychoanalyse in der Literatur- und Kulturwissenschaft. Eine Einführung. Tübingen 2005, S. 62

[2] Zur Schuld-Frage aus nichtpsychoanalytischer Perspektive vgl. Baustein 2.2.

- *Lesen Sie die Textpassage von S. 57, 31 bis S. 59, 28. Wofür könnte der beschriebene Kampf zwischen Karl und Klara stehen, was könnte hier symbolisch dargestellt sein? Belegen Sie Ihre Deutungen durch passende Zitate. Überlegen Sie sich zur Beantwortung, in welcher Situation Karl zuvor schon einmal von einer jungen Frau überwältigt worden ist.*

Nach der Bearbeitungszeit stellen die Schülerinnen und Schüler ihre Ergebnisse im Rahmen eines Unterrichtsgesprächs vor, das mit folgenden Frage-Impulsen weitergeführt und vertieft werden kann:

- *Beschreiben Sie die Machtverhältnisse zwischen den zwei Figuren während des Kampfes. Inwiefern gleichen sie den Machtverhältnissen der Verführungsszene zwischen Karl und dem Dienstmädchen in der Heimat (vgl. 27, 9–28, 12)?*
- *Wodurch wird das Gerangel zwischen Karl und Klara schließlich beendet? Wie könnte man dieses abrupte Ende vor dem Hintergrund ödipaler Beziehungsstrukturen deuten?*

Vermutlich drängen sich den meisten Lesern bei der Lektüre der Textpassage wie von selbst sexuelle Assoziationen auf, allzu deutlich erinnert der Kampf zwischen Karl und Klara an einen Geschlechtsakt mit einem Vorspiel und der baldigen Überwältigung eines der Partner. Diese Deutung wird bereits ganz am Anfang nahegelegt, wenn es heißt, dass Klara „auf ihren Rock" (57, 32) klatscht und ihren Kontrahenten Karl in „Erregung" (57, 35–57, 36) gegen die Brust stößt. Während des darauf folgenden Gerangels, in dem einmal sie, einmal er die Oberhand gewinnt, kommen sich beide körperlich so nahe, wie es in einem normalen Umgang zwischen zwei Fremden niemals denkbar wäre: „das erhitzte Gesicht eng an seinem, er mußte sich anstrengen sie zu sehn, so nahe war sie ihm". (58, 12–58, 14) Und spätestens wenn Klara in dieser gegenseitigen Umklammerung „seufzt" (58, 15), dürfte es klar sein, dass hier nicht nur ein harmloser Streit dargestellt ist. Alles deutet darauf hin, dass sich in dieser Szene die Verführungsszene symbolisch wiederholt, wegen der Karl die elterliche Heimat verlassen musste. Die Rolle des Dienstmädchens hat nun Klara übernommen, die Choreographie aber bleibt die gleiche. Wie einst Johanna Brummer „seinen Hals" „würgend umarmte" (27, 29–27, 30) und Karl „in ihr Bett legte" (27, 31–27, 32), so wird er nun von Klara überwältigt, aufs Kanapee gelegt und ebenfalls so stark am Hals gewürgt, „daß Karl ganz unfähig war, etwas anderes zu tun, als Luft zu schnappen". (58, 29–58, 30) Im Gegensatz aber zur früheren Verführung kommt es diesmal zur abrupten Unterbrechung. Nachdem Klara plötzlich an ihren Bräutigam denken muss – „Was wohl Mack sagen wird, wenn ich ihm das alles erzähle" (59, 24–59, 25) –, lässt sie Karl wieder los. Es scheint ganz so, als fühlte sie sich durch die Erinnerung an Mack in flagranti erwischt.

Wie berechtigt diese sexuell konnotierte Deutung ist, bestätigt auch ein Blick auf die bald darauf folgende Szene, in der Karl in Klaras Zimmer Klavier spielt und erst danach bemerkt, dass ihn Mack die ganze Zeit lang belauscht hat (74, 7–77, 18). In diesem Moment wird die ödipale Beziehungsstruktur zwischen den drei Figuren besonders deutlich. Die Schülerinnen und Schüler erhalten folgenden Auftrag:

- *Lesen Sie die Textpassage von S. 74, 7 bis S. 77, 18 und deuten Sie die Szene aus psychoanalytischer Sicht. Wie könnte man das Klavierspielen aus dieser Perspektive interpretieren? Ordnen Sie den beteiligten Personen ihre jeweilige Position im ödipalen Dreieck zu.*

Vor dem Hintergrund der vorangegangenen Textanalyse haben die Lernenden vermutlich ohne weitere Hinweise den sexuellen Unterton erkannt, der auch in dieser Szene mitschwingt. So betont Karl, dass „ja doch schon Schlafenszeit“ (75, 1) ist, und Karla „ordnete zerstreut die Falten ihres losen Nachtkleides, ihr Gesicht glühte und immerfort lächelte sie“. (74, 9–74, 11) Zwischen den beiden scheint sich längst eine erotische Spannung aufgebaut zu haben, die schließlich in Karls Klavierspiel mündet. Ähnlich wie ihr Ringkampf zuvor weckt auch dieses heimliche Musizieren sexuelle Assoziationen – nicht zufällig haben beide Angst, entdeckt zu werden: „Dann wiederhallt hier auch jeder Ton im ganzen Hause, ich bin überzeugt, wenn Sie spielen, wacht noch oben in den Dachkammern die Dienerschaft auf.“ (74, 19–74, 21) So erregt Klara anfangs war, so ernüchtert ist sie nach dem Spiel, allzu stümperhaft waren Karls Bemühungen. Er selbst schämt sich seiner schwachen Leistung und sieht „Klara mit Tränen in den Augen an“. (76, 16–76, 17) In diesem Moment muss er sich eingestehen – so ließe sich aus psychoanalytischer Perspektive sagen –, dass er noch nicht reif genug ist, um „seinen Mann zu stehen“. Er ist noch zu sehr Kind, als dass er die Bedürfnisse einer Frau wirklich befriedigen könnte. Dies ist im ödipalen Dreieck die Aufgabe des Vaters, der hier in Gestalt Macks denn auch sogleich in Erscheinung tritt. Nun erst erfährt Karl – und mit ihm der (vermutlich ebenso erschrockene) Leser –, dass Klaras Bräutigam die ganze Zeit über im Bett nebenan lag und Karls schlechtem Spiel lauschte. Während Klara auf einmal „nur noch Augen für Mack“ (76, 33–76, 34) hat, scheint Karl sprichwörtlich vor Scham im Boden versinken zu wollen: „Wenn ich gewußt hätte, daß Sie zuhören, hätte ich bestimmt nicht gespielt.“ (77, 3–77, 4) Seine eigene Unzulänglichkeit wird ihm nun angesichts des begabten und potenten Mack, der sein Klavierspiel „anfängerhaft“ (77, 9) nennt und ironisch an Karls ebenso fragwürdige „Reitkunst“ (77, 2) erinnert, besonders schmerzlich bewusst. Wenngleich die eigentliche Bestrafung für Karls ödipales Begehren wenig später in Form seiner Verstoßung durch den Onkel erfolgt, erfährt Karl doch schon in dieser Szene seine eigentliche Niederlage, nämlich die Degradierung zum Kind.

Nach der Besprechung der Ergebnisse kann die aufgedeckte ödipale Struktur durch folgendes Tafelbild gesichert werden:

Das ödipale Dreieck im Landhaus bei New York

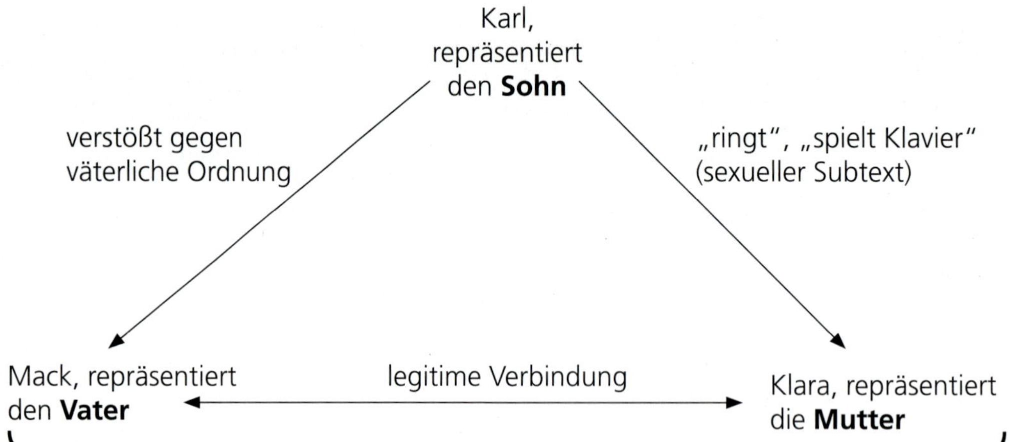

Karl verstößt gegen die patriarchale Ordnung und muss das Dreieck daher verlassen.

Die erarbeitete Grundstruktur wiederholt sich wenig später auch im **Hotel occidental**. Auch hier findet Karl vorübergehend seinen Platz in einer gesellschaftlich geregelten Ordnung, um kurz darauf wegen einer Verfehlung wieder fortgeschickt zu werden. Und erneut ist es eine mächtige Vaterfigur, die ihn grausam bestraft. Da eine Analyse der betreffenden Textpassagen keine entscheidend neuen Ergebnisse hervorbringen würde, ist sie für den weiteren Unterrichtsverlauf aus Zeitgründen nicht zu empfehlen. Zur Ermittlung des Wissens- und Verständnisstandes kann es jedoch sinnvoll sein, die Schülerinnen und Schüler mit dieser Analyse als Hausaufgabe zu beauftragen:

- *Beschreiben Sie, inwiefern eine ähnliche Konstellation, wie wir sie nun schon wiederholt erarbeitet haben, wenig später auch im Hotel occidental auftritt (siehe Kapitel VI „Der Fall Robinson“). Inwiefern lassen sich auch hier ödipale Strukturen entdecken? Stellen Sie Karls Bestrafung auch vor dem Hintergrund des Freud'schen Instanzenmodells dar.*

Die Lernenden sollen erkennen, dass Karl seine Stellung im Hotel occidental verliert, nachdem er gegen die dort geltenden Regeln verstoßen hat. Notgedrungen nimmt er sich des hilfebedürftigen, da betrunkenen Robinson – in seiner egoistischen Gier und Faulheit ein Repräsentant des Es – an und bringt ihn zur Ausnüchterung in den Schlafsaal der Liftjungen. Dieses Vergehen wird vom Oberkellner, der die Instanz des Über-Ichs repräsentiert, durch Karls Entlassung bestraft. Ähnlich wie zuvor gegenüber dem Vater und später gegenüber dem Onkel erhält Karl auch jetzt keine Gelegenheit zur Verteidigung. Seine Schuld scheint von vornherein festzustehen. Wie in den vorangegangenen Fällen deckt der psychoanalytische Blick auch hier noch eine tiefer gelegene, sexuell konnotierte Schuld auf: Auch im Hotel verstößt Karl, wenn auch nur subtil und unbewusst, gegen die ödipale Ordnung. Die Rolle, die in der Heimat Johanna Brummer und im Landhaus Klara eingenommen hat, besetzt nun Therese, die in ihrer engen Beziehung zur Oberköchin als deren Parallelfigur aufgefasst werden kann. Dadurch, dass sich Karl mit dem Mädchen anfreundet, ist sein Begehren aus psychoanalytischer Sicht somit auch auf die Oberköchin gerichtet. Und weil diese wiederum eine Beziehung zum Oberkellner hat, ist es kein Zufall, dass er die Rolle des strafenden Vaters ausübt. Wieder ist es Karl nicht gelungen, seinen erworbenen Platz in der Gesellschaft zu bewahren, wieder wird er in die Fremde geschickt.

Nach der Entlassung aus dem Hotel occidental gelangt Karl in die Wohnung der **Sängerin Brunelda**. Obwohl diese Episode nur als Fragment erhalten ist und es daher im Unklaren bleibt, weshalb er auch diese Stellung wieder verlassen muss, empfiehlt sich doch ein Blick auf einzelne Textpassagen, da hier die ödipalen Beziehungsstrukturen besonders klar zu entdecken sind. Dass Karl erneut in die Position des hilflosen, passiven Kindes zurückgefallen ist, wird bereits in der Szene deutlich, in der er mit Robinson auf dem Balkon sitzt und sich über Delamarche und Brunelda – die hier wie strenge, unerreichbare Eltern erscheinen – unterhält (188, 5–191, 19). Der Kurs wird in Arbeitsgruppen eingeteilt, die folgenden Auftrag erhalten:

- *Lesen Sie die Textpassage von S. 188, 5 bis S. 191, 19 und beschreiben Sie das hier dargestellte Beziehungsgeflecht aus psychoanalytischer Sicht. Welche Rollen würden Karl, Robinson, Delamarche und Brunelda innerhalb einer Familienstruktur einnehmen? Stellen Sie die Rollenaufteilung in Form eines ödipalen Dreiecks dar.*

Nach der Bearbeitungszeit werden die Ergebnisse im Kursrahmen vorgestellt und miteinander besprochen. Vermutlich hatten die Lernenden keine Schwierigkeiten damit, den Figuren ihre jeweilige Position zuzuordnen. An keiner anderen Stelle im Roman wird eine familienähnliche Beziehungsstruktur so deutlich wie hier. So nehmen Delamarche und Brunelda die

Rolle der strengen Eltern ein, Robinson und Karl die Rolle der Kinder. Sie werden aus dem Zimmer geschickt, weil sich Brunelda ausziehen will. Die Söhne, so ließe sich diese Aktion psychoanalytisch deuten, dürfen ihre Mutter nicht nackt sehen, um gar nicht erst in sexuelle Versuchung geführt zu werden. Nur die Vaterfigur Delamarche hat das Recht, bei Brunelda zu bleiben und ihr beim Entkleiden zu helfen. Robinson hingegen verhält sich nicht wie ein erwachsener Mann, sondern tatsächlich wie ein kleiner Junge. So brüstet er sich damit, die Sängerin schon einmal heimlich nackt gesehen zu haben (vgl. 190, 14–190, 15), und erzählt Karl: „Früher habe ich öfters den Vorhang so ein wenig weggezogen und durchgeschaut, aber seitdem einmal Delamarche bei einer solchen Gelegenheit [...] mir mit der Peitsche einige Male ins Gesicht geschlagen hat – siehst Du den Striemen? – wage ich nicht mehr durchzuschauen.“ (190, 33–191, 2) Aus psychoanalytischer Perspektive hat Robinson in der erinnerten Szene seinen rechtmäßigen Platz im ödipalen Dreieck verlassen, indem er begehrliche Blicke auf die nackte Mutter geworfen hat, und wurde dafür vom Vater sogleich streng bestraft. Nachdem er sich nun nicht mehr traut, die Mutter heimlich anzustarren, ist die alte Ordnung wieder hergestellt. Karl selbst hat die herrschenden Verhältnisse noch nicht durchschaut, ist er doch erst seit kurzem in der Wohnung. Doch schon bald wird auch er erfahren müssen, dass er ebenso wie Robinson von den Elternfiguren Delamarche und Brunelda zum kleinen, hilflosen Kind degradiert worden ist.

Die ödipale Beziehungsstruktur, die sich in der analysierten Szene offenbart, kann wiederum in folgender Form an der Tafel festgehalten werden:

Das ödipale Dreieck in Bruneldas Wohnung

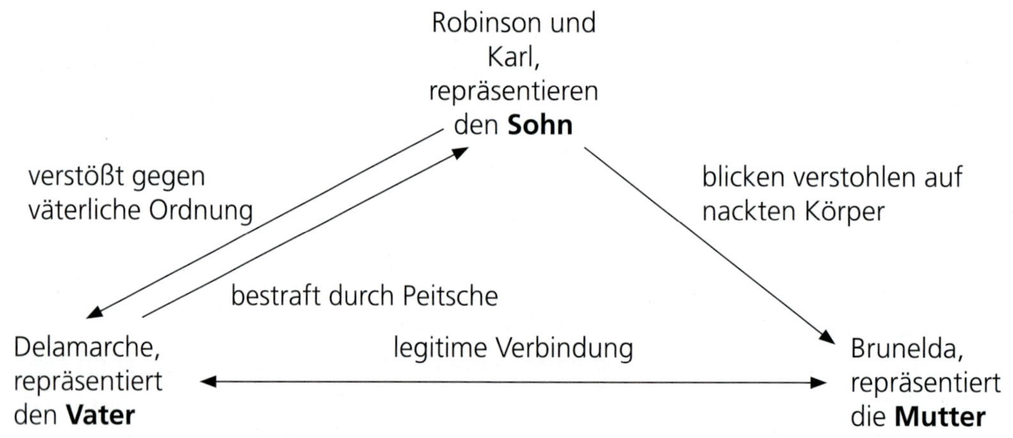

Karl wird wieder zum Kind degradiert.

Karls neue Situation, seine Rolle als ohnmächtiges Kind, wird noch deutlicher, nachdem die Elternfiguren Delamarche und Brunelda auf den Balkon hinzugekommen sind (208, 17–210, 30). Nach der gemeinsamen Lektüre dieser Textpassage kann das Unterrichtsgespräch durch folgende Frage-Impulse eingeleitet und weitergeführt werden:

- *Beschreiben Sie Bruneldas Verhalten gegenüber Karl. Warum reagiert er so gereizt darauf?*
- *Wie interpretieren Sie es, dass Brunelda Karl dazu zwingt, durch ihr Fernglas zu schauen?*
- *In welcher Situation befindet sich Karl nun? Wie beurteilen Sie seine Lage?*

Es ist offensichtlich, dass Brunelda Karl nicht wie einen Jugendlichen, sondern wie ein kleines Kind behandelt. Dabei ist die despektierliche Anrede „Kleiner" (208, 17) noch das geringste Übel. Viel demütigender ist es für Karl, dass sie ihn dazu zwingt, durch ihr Fernglas zu schauen, ohne Rücksicht auf seinen eigenen Willen. Obwohl er immer wieder betont, genug sehen zu können, hält sie ihm den „Gucker" mit Gewalt vor die Augen und nötigt ihm damit gleichsam ihren Blick auf die Welt auf. Kein Wunder also, dass Karl überhaupt nichts erkennen kann. Schon in dieser Szene wird deutlich, dass seine Individualität gegenüber dem alles verschlingenden Egoismus Bruneldas nichts wert ist, förmlich verschwindet. So ist es nur allzu verständlich, dass Karl sich über die Bevormundung der fetten Frau ärgert und sich gegen ihre Übergriffe zu wehren versucht. Doch wie aussichtslos jede Bemühung ist, sich aus der neuen Lage zu befreien, zeigt das Ende der Textpassage: Wie nebenbei erklärt Brunelda, dass Karl schon bei ihnen bleiben werde. „Und sie drückte Karl noch fester ans Geländer, er hätte mit ihr raufen müssen, um sich von ihr zu befreien. Und wenn ihm das auch gelungen wäre, was hätte er damit erreicht. Links von ihm stand Delamarche, rechts hatte sich nun Robinson aufgestellt, er war in einer regelrechten Gefangenschaft." (210, 26–210, 30) Es scheint, als wäre Karl in eine Sackgasse geraten, ohne Aussicht auf Rettung.

Nach dem Unterrichtsgespräch empfiehlt sich zur Verständnisvertiefung folgender Schreibauftrag:

- *Versetzen Sie sich in Karls Perspektive und schreiben Sie einen inneren Monolog, in dem seine Gedanken und Gefühle in dieser Szene zum Ausdruck kommen.*

Nach der Bearbeitungszeit können einige der Schülertexte im Kursrahmen vorgelesen und besprochen werden.

Da die Brunelda-Episode Fragment geblieben ist, weiß man nicht, inwiefern sich Karl auch hier schuldig gemacht hat und weshalb er die neu gefundene Ordnung wieder verlassen musste. Allerdings ist zu vermuten, dass Kafka auch hier eine ähnliche Grundstruktur geplant hat, wie sie den vorangegangenen Episoden zugrunde liegt.[1] Ein entsprechendes Unterrichtsgespräch kann durch folgenden Frage-Impuls in diese Richtung gelenkt werden:

- *Die Brunelda-Episode ist Fragment geblieben, sodass wir über ihren Ausgang nur spekulieren können. Vieles spricht aber dafür, dass Kafka für diese Episode eine ähnliche Handlungsstruktur geplant hat wie für die Episode in New York und im Hotel occidental. Beschreiben Sie diese Handlungsstruktur.*

Mittlerweile haben die Lernenden die wiederkehrende Grundstruktur vermutlich so weit verinnerlicht, dass sie ihren Aufbau problemlos wiedergeben können. Auch für die Brunelda-Episode ist zu vermuten, dass Karl in der neuen Ordnung eine immer stärkere Position einnimmt (dies zeigt sich bereits in der Szene, in der er mit Robinson das Frühstück besorgt und dabei sehr selbstsicher und umsichtig auftritt, vgl. S. 232–236), bis er schließlich von einer strengen Vaterfigur, vielleicht von Delamarche, für einen (vermeintlichen) Regelverstoß bestraft und weggeschickt wird. Das Einzige, was man im letzten Kapitelfragment der Brunelda-Episode („Ausreise Bruneldas") konkret erfährt, bevor es mitten im Satz abbricht, ist, dass Brunelda mittlerweile als Prostituierte („so ein Fräulein ist das Fräulein?", fragt der Polizist vielsagend, 239, 28) in einem Bordell namens „Unternehmen Nr. 25" (241, 11) arbeitet und Karl vermutlich ebenfalls einen Job dort gefunden hat. Was er dort weiter erleben wird, bleibt allerdings der Fantasie des Lesers überlassen. Für viele Schülerinnen und Schüler ist es sicherlich reizvoll, Karls Geschichte im „Unternehmen 25" weiterzuschreiben. Sie erhalten folgenden Auftrag, der sich gut als Hausaufgabe eignet:

[1] Vgl. dazu auch Baustein 3.3.

- *Überlegen Sie sich, wie die Brunelda-Episode ausgehen könnte. Schreiben Sie das Kapitelfragment „Ausreise Bruneldas“ zu Ende.*

Zum Abschluss können die in den vorangegangenen Unterrichtsschritten gewonnenen Ergebnisse im Rahmen eines Kursgesprächs zusammengefasst werden:

- *Wir haben erarbeitet, dass alle Episoden, die Karl bis zu seiner Aufnahme im „Teater von Oklahama“ erlebt, der gleichen Handlungsstruktur folgt. Zählen Sie diese Episoden noch einmal auf und fassen Sie deren Struktur in eigenen Sätzen zusammen.*
- *Wie ließe es sich deuten, dass Karl immer wieder die gleiche Handlung an einem neuen Ort erleben muss?*

Die Ergebnisse können durch folgendes Tafelbild gesichert werden:

Handlungsstruktur jeder Episode im „Verschollenen“

Episode:	Handlungsstruktur:
Vorgeschichte in der Heimat (Karl schwängert Dienstmädchen) **In New York** (Karl handelt gegen den Willen des Onkels) **Im Hotel occidental** (Karl verstößt gegen Regeln der Liftjungen) **Bei Brunelda** (nicht bekannt, da Fragment)	1. Karl findet einen Platz in einer ges. Ordnung, integriert sich immer stärker und gewinnt an Selbstvertrauen. 2. Er wird beschuldigt, gegen die Regeln verstoßen zu haben. 3. Er wird zur Strafe fortgeschickt.

➜ **Immer gleiche Handlungsstruktur, als wäre Karl dazu verdammt, sein „Urtrauma“, die Trennung von den Eltern, immer wieder aufs Neue zu erleben**

4.4 Die Diskussion über den Sinn psychoanalytischer Literaturinterpretationen

In diesem abschließenden Unterrichtsschritt sollen die Lernenden über den Sinn psychoanalytischer Interpretationen reflektieren, wobei es auch um das besondere Verhältnis zwischen Literatur und Psychoanalyse gehen soll. Die Unterrichtsdiskussion kann mit folgendem Frage-Impuls eingeleitet werden:

- *Durch die vorangegangenen Textanalysen haben wir gesehen, dass Kafkas Amerika-Roman durch psychoanalytische Fragestellungen tiefer und detaillierter gedeutet werden kann. Wie erklären Sie sich, dass Freuds Gedanken offenbar auch in Kafkas Werk wiederzuentdecken sind?*

Diese Frage lässt sich sehr unterschiedlich beantworten. So ist es durchaus wahrscheinlich, dass Kafka die Werke Freuds, zumindest aber die Grundgedanken der Psychoanalyse, gekannt hat und von ihnen – ob nun bewusst oder eher unbewusst – inspiriert worden ist. Es ist daher nur allzu verständlich, dass sich psychoanalytische Konzepte in seinen literarischen Werken finden lassen. Ein anderer Erklärungsansatz geht davon aus, dass die Psychoanalyse Grundwahrheiten der menschlichen Psyche und Kultur aufgedeckt hat, die selbstverständlich auch den Dichtern, häufig besonders sensiblen und reflektierenden Menschen, nicht verschlossen bleiben. Dieser Argumentation folgen auch die Textpassagen auf dem **Arbeitsblatt 26**, S. 129, in denen Freud die besondere Bedeutung der Dichter, nicht zuletzt auch für die psychoanalytische Forschung selbst, beschreibt. Die Lernenden erhalten folgenden Auftrag:

- *Lesen Sie Freuds Beschreibungen der Dichter. Was meint Freud hier wohl mit „Bundesgenossen“? Welche Eigenschaften der Dichter stellt er heraus?*

Die Schülerinnen und Schüler werden vermutlich problemlos nachvollziehen können, dass gerade Dichter ein besonderes Gespür für unbewusste Vorgänge haben. Im Gegensatz zu den Psychoanalytikern, die das Unbewusste wissenschaftlich zu fassen versuchen, nähern sie sich den Seelenvorgängen aber meist intuitiv. Außerdem richtet der Psychoanalytiker sein Augenmerk insbesondere auf die Psyche eines anderen Menschen (z. B. des Analysanden), während der Dichter seine eigene Psyche zu erforschen versucht. So verbinden die Psychoanalytiker und die Dichter einerseits ihr besonderes Interesse und ihre große Sensibilität für unbewusste Seelenvorgänge, sie unterscheiden sich allerdings durch ihre Art der Auseinandersetzung mit diesen Vorgängen.

Dieses unterschiedliche Verhältnis zum Unbewussten kann an der Tafel folgendermaßen grafisch zusammengefasst werden:

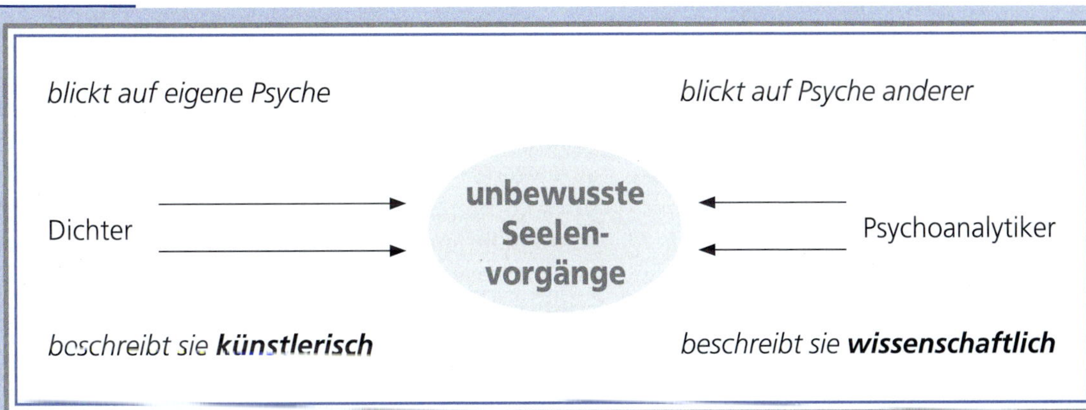

Am Ende dieser Unterrichtseinheit bietet sich eine allgemeine Abschlussdiskussion an:

- *Was halten Sie generell von Freuds Theorie? Glauben Sie, dass literarische Werke aus ihrer Perspektive besser zu verstehen sind? Oder wird man ihnen damit nicht wirklich gerecht? Begründen Sie Ihre Meinung.*

Sigmund Freud (Lexikonartikel)

Freud, Sigmund (1856–1939), Neurologe und Psychiater, Begründer der Psychoanalyse. – F., der von 1859 bis zu seiner erzwungenen Emigration 1938 in Wien lebte, nahm dort 1873 das Medizinstudium auf und spezialisierte sich auf Neuropathologie. 1885 wurde er zum Privatdozenten für Nervenkrankheiten ernannt. Im Rahmen einer Hypnosebehandlung von Anna O., einer Patientin des Arztes J. Breuer, entdeckte F. den für die Psychoanalyse konstitutiven Unterschied zwischen bewussten Prozessen und dem Unbewussten, d. h. demjenigen Teil des Seelenlebens, der sich nicht dem Realitätsprinzip beugt und an dem die Fantasie und damit auch ästhetische Kreativität ihren Ursprung hat. 1895 veröffentlichte F. seine *Studien über Hysterie*. Hier zeigt sich bereits die für die Psychoanalyse charakteristische Emphase[1] auf der prägenden Kraft kindlicher Sexualität bzw. des Lustprinzips. In den 1880er-Jahren entwickelte F. die Grundzüge der Psychoanalyse, die er in seiner *Traumdeutung* (1900) darlegte. In diesem Werk, das für die Übertragung psychoanalytischer Methoden auf literar. Texte grundlegend ist, macht F. die scheinbar chaotischen Traumproduktionen einer Deutung zugänglich, indem er sie als Ausdruck unbewusster Ängste und Wünsche interpretiert. Dieser latente[2], verborgene Trauminhalt erscheint im manifesten[3] Traumtext bruchstückhaft und verschoben in Form einer Bildersprache. Den Nachweis der Wirkungen des Unbewussten im Alltagsleben, etwa in Form von Fehlleistungen wie Vergessen, Versprechern und Druckfehlern, versuchte F. in der Studie *Zur Psychopathologie des Alltagslebens* (1904) zu erbringen. Erst mit *Drei Abhandlungen zur Sexualtheorie* und *Der Witz und seine Beziehung zum Unbewussten* (beide 1905) wurde die Psychoanalyse bekannt und gewann allmählich auch international Anhänger. F.s spätere Schriften demonstrieren die Verbindungen zwischen Psychoanalyse und Kulturtheorie. In *Totem und Tabu* (1913), einer psychologischen Deutung der Urgesellschaft, beschäftigt sich F. mit den Ursprüngen von Religion und Moral, in *Das Unbehagen in der Kultur* (1930) mit der Unterdrückung von Triebstrukturen zugunsten von Zivilisationsprozessen. – F.s Werk hatte großen Einfluss auf die moderne Kunst- und Lit.theorie. F. hat selbst verschiedene psychoanalytische Interpretationen von Kunstwerken, insbes. von literar. Texten, vorgenommen. Das bekannteste Beispiel ist seine Deutung von Sophokles' *Oedipus Rex* und Shakespeares *Hamlet* in der *Traumdeutung*. Hier analysiert er die Art und Schwere der tragischen Katastrophe des Königs Ödipus sowie Hamlets Zögern bei der Rache für den Tod seines Vaters. Diese bis dahin lit. wissenschaftlich nicht erklärbaren Phänomene sowie die kathartische Wirkung (Katharsis) dieser Tragödien begründet er mit der Wirkkraft ödipaler[4] Fantasien. – Aus diesen Thesen leitete die „klassische" psychoanalytische Lit.wissenschaft drei verschiedene Ansätze ab: (a) einen psychobiologischen Ansatz, in dem das Werk als Symptom für die unbewussten Triebfantasien des Autors gesehen wird, (b) einen textbezogenen Ansatz, in dem literar. Figuren einer Charakter(psycho)analyse unterzogen werden, und (c) einen rezipientenbezogenen Ansatz, in dem das ästhetische Vergnügen mit der Freisetzung des universell, also auch beim Rezipienten[5] wirkenden unbewussten Begehrens erklärt wird. In dem lit.theoretischen Aufsatz *Der Dichter und das Fantasieren* (1908) bestimmt F. literar.-kulturelle Kreativität als die sozial akzeptierte Sublimierung[6] unbewusster Energien. Indem er literar. Texte mit Tagträumen gleichsetzt, werden die latenten Gehalte von Lit. mit den Methoden der psychoanalytischen Traumanalyse entschlüsselbar. […]

Aus: Ansgar Nünning (Hrsg.): Metzler Lexikon Literatur- und Kulturtheorie. Ansätze – Personen – Grundbegriffe. 4., aktualisierte und erweiterte Auflage, S. 219f.

- *Welche Entdeckungen Freuds werden im Lexikonartikel genannt? Was ist das Revolutionäre an der Psychoanalyse?*
- *Auf der Grundlage der Theorie Freuds hat sich längst eine psychoanalytische Literaturwissenschaft herausgebildet. Welche drei Ansätze werden im Lexikonartikel genannt?*

1 Emphase: Nachdruck (in Reden)
2 latent: vorhanden, aber noch nicht in Erscheinung tretend
3 manifest: offensichtlich, offenkundig, deutlich
4 ödipale Phase: eine Entwicklungsphase des Kindes
5 Rezipient: Leser, Hörer, Betrachter
6 Sublimierung: Erhöhung, Läuterung, Verfeinerung

Sigmund Freud über die dritte narzisstische Kränkung des Menschen

Mit dieser Hervorhebung des Unbewussten im Seelenleben haben wir aber die bösesten Geister der Kritik gegen die Psychoanalyse aufgerufen. Wundern Sie sich darüber nicht und glauben Sie auch nicht, dass der Widerstand gegen uns nur an der begreiflichen Schwierigkeit des Unbewussten oder an der relativen Unzugänglichkeit der Erfahrungen gelegen ist, die es erweisen. Ich meine, er kommt von tiefer her. Zwei große Kränkungen ihrer naiven Eigenliebe hat die Menschheit im Laufe der Zeiten von der Wissenschaft erdulden müssen. Die erste, als sie erfuhr, dass unsere Erde nicht der Mittelpunkt des Weltalls ist, sondern ein winziges Teilchen eines in seiner Größe kaum vorstellbaren Weltsystems. Sie knüpft sich für uns an den Namen Kopernikus, obwohl schon die alexandrinische[1] Wissenschaft Ähnliches verkündet hatte. Die zweite dann, als die biologische Forschung das angebliche Schöpfungsvorrecht des Menschen zunichte machte, ihn auf die Abstammung aus dem Tierreich und die Unvertilgbarkeit seiner animalischen Natur verwies. Diese Umwertung hat sich in unseren Tagen unter dem Einfluss von Ch. Darwin, Wallace und ihren Vorgängern nicht ohne das heftigste Sträuben der Zeitgenossen vollzogen. Die dritte und empfindlichste Kränkung aber soll die menschliche Größensucht durch die heutige psychologische Forschung erfahren, welche dem Ich nachweisen will, dass es nicht einmal Herr ist im eigenen Hause, sondern auf kärgliche Nachrichten angewiesen bleibt von dem, was unbewusst in seinem Seelenleben vorgeht. Auch diese Mahnung zur Einkehr haben wir Psychoanalytiker nicht zuerst und nicht als die Einzigen vorgetragen, aber es scheint uns beschieden, sie am eindringlichsten zu vertreten und durch Erfahrungsmaterial, das jedem Einzelnen nahegeht, zu erhärten. Daher die allgemeine Auflehnung gegen unsere Wissenschaft, die Versäumnis aller Rücksichten akademischer Urbanität[2] und die Entfesselung der Opposition von allen Zügeln unparteiischer Logik.

Aus: Sigmund Freud: Vorlesungen zur Einführung in die Psychoanalyse. Studienausgabe. Bd. I. Frankfurt a. M.: Fischer 1969, S. 283 f.

[1] Alexandria: Stadt in Ägypten

[2] Urbanität: weltmännische Art, städtische Atmosphäre

- *Welche drei Kränkungen des Menschen nennt Freud?*
- *Was meint er damit, dass der Mensch „nicht einmal Herr ist im eigenen Hause"?*
- *Warum bedeutet diese Einsicht eine narzisstische Kränkung des Menschen?*

Timotheus Schwake: Drei psychische Instanzen

Zentrales Element der Theorie Freuds ist sein Strukturmodell der psychischen Persönlichkeit. Vereinfacht dargestellt geht Freud von drei wesentlichen Instanzen aus, welche die Persönlichkeit prägen. Es handelt sich dabei um Triebe (ES), die bewusste Persönlichkeit (ICH) sowie das Gewissen (ÜBER-ICH).
Das nach dem Lustprinzip funktionierende ES versteht Freud als angeboren, es ist das früheste psychische System. Vereinfacht gesagt ist es das menschliche Unbewusste, welches bei Freud v. a. aus Sexualtrieb sowie aus verdrängten Erlebnissen, Wahrnehmungen und Wünschen besteht. Insbesondere die triebhaften Wünsche werden aufgrund ihres anstößigen Charakters oder der von ihnen ausgehenden Bedrohung verdrängt. Neben dem Sexualtrieb (Eros) wird das ES von Todes- und Gewalttrieben (Thanatos) beherrscht. Wesentlich ist, dass das ES als Sitz des Trieblebens der unbewusste Teil der Seele ist.
Die vom unbewussten ES geäußerten Triebwünsche können in einer Kultur nicht realisiert, sondern müssen unterdrückt werden. Dieser Prozess wird durch das sog. ÜBER-ICH hervorgerufen, welches im Laufe der kindlichen Entwicklung als ein Gegenpart zum ES entsteht. Gesellschaftliche, anerzogene und verinnerlichte (meist elterliche) Normen und Forderungen führen zu einer Zensur der Triebwünsche durch das ÜBER-ICH. Als das Gewissen des Menschen spricht es Verbote, moralische Gesetze und Tabus aus, ohne die eine Kultur niemals dauerhaft existieren könnte, zu zerstörerisch wären die unzensierten Einflüsse des ES.
Mit der Kategorie des ICH meint Freud die bewusste Persönlichkeit, den Führer durch die Realität. Als Kontaktstelle zur Außenwelt, die nach dem Realitätsprinzip funktioniert, ist es Aufgabe des ICH, zwischen ES, ÜBER-ICH und der Außenwelt zu vermitteln. Dabei befindet es sich dauerhaft im Konflikt mit den Ansprüchen des ES, den Befehlen des ÜBER-ICHs als auch den Forderungen der Realität. Infolgedessen muss sich das ICH verändern bzw. anpassen. Anders, als es das Menschenbild der Aufklärung suggeriert, ist für Freud die Autonomie des ICH nur relativ, es gibt kaum eine Willensfreiheit. Denn indem es versucht, die triebhaften Wünsche des ES und die Ge- und Verbote des ÜBER-ICHs an die Außenwelt anzupassen und mit den tatsächlichen Lebensmöglichkeiten in Einklang zu bringen, ist es selbst stetig der Gefahr eines neurotischen Konflikts ausgesetzt. Ob man eine normale oder aber eine neurotisch-gestörte Persönlichkeit ausbildet, ist für Freud von der Art und Weise abhängig, wie erfolgreich das ICH diesen Kampf oder Balanceakt meistert.
Freud führt viele psychische Störungen auf eine sexualitätsfeindliche Erziehung in der frühen Kindheit zurück. Aufgrund der Macht des ÜBER-ICHs drücken sich diese Störungen häufig in Träumen aus. Tagsüber bei vollem Bewusstsein kann das ÜBER-ICH seine Aufsichtsrolle gut erfüllen. In der Nacht jedoch versuchen die triebhaften, aufgestauten Wünsche des ES ins Bewusstsein zu dringen. Dies geschieht über den Traum. Durch ihn erfüllen sich die bisher negierten Triebwünsche, allerdings findet auch hier noch eine Zensur durch das ÜBER-ICH statt. Durch Symbole, Verschiebung oder Entstellung achtet der Traum als „Hüter des Schlafs" darauf, dass der Schläfer nicht zu sehr erschreckt wird. Eine Heilung des neurotischen Menschen kann für Freud nur durch die Bewusstmachung der verdrängten Wünsche erzielt werden. Zugleich muss es durch kulturelle Ersatzleistungen möglich sein, die destruktiven Wünsche in produktives Gestalten umzuwandeln. Für Freud kann das z. B. die Kunst sein.

Aus: Timotheus Schwake: Unterrichtsmodell zu E.T.A. Hoffmann: Der Sandmann. EinFach Deutsch. Hg. von Johannes Diekhans. Paderborn: Schöningh Verlag 2006, S. 62

- *Erarbeiten Sie die Grundbegriffe des psychoanalytischen Persönlichkeitsmodells.*
- *Versuchen Sie, die drei Instanzen Ich, Über-Ich und Es in einer Grafik so anzuordnen, dass ihre gegenseitigen Abhängigkeiten deutlich werden.*

Freuds Beschreibung der drei Instanzen

Ein Sprichwort warnt davor, gleichzeitig zwei Herren zu dienen. Das arme Ich hat es noch schwerer, es dient drei gestrengen Herren, ist bemüht, deren Ansprüche und Forderungen in Einklang miteinander zu bringen. Diese Ansprüche gehen immer auseinander, scheinen oft unvereinbar zu sein: kein Wunder, wenn das Ich so oft an seiner Aufgabe scheitert. Die drei Zwingherren sind die Außenwelt, das Über-Ich und das Es. Wenn man die Anstrengungen des Ichs verfolgt, ihnen gleichzeitig gerecht zu werden, besser gesagt: ihnen gleichzeitig zu gehorchen, kann man nicht bereuen, dieses Ich personifiziert, es als ein besonderes Wesen hingestellt zu haben. Es fühlt sich von drei Seiten hier eingeengt, von dreierlei Gefahren bedroht, auf die es im Falle der Bedrängnis mit Angstentwicklung reagiert. Durch seine Herkunft aus den Erfahrungen des Wahrnehmungssystems ist es dazu bestimmt, die Anforderungen der Außenwelt zu vertreten, aber es will auch der getreue Diener des Es sein, im Einvernehmen mit ihm bleiben, sich ihm als Objekt empfehlen, seine Libido[1] auf sich ziehen. In seinem Vermittlungsbestreben zwischen Es und Realität ist es oft genötigt, die unbewussten Gebote des Es mit seinen vorbewussten Rationalisierungen zu bekleiden, die Konflikte des Es mit der Realität zu vertuschen, mit diplomatischer Unaufrichtigkeit eine Rücksichtnahme auf die Realität vorzuspiegeln, auch wenn das Es starr und unnachgiebig geblieben ist. Anderseits wird es auf Schritt und Tritt von dem gestrengen Über-Ich beobachtet, das ihm bestimmte Normen seines Verhaltens vorhält, ohne Rücksicht auf die Schwierigkeiten von seiten des Es und der Außenwelt zu nehmen, und es im Falle der Nichteinhaltung mit den Spannungsgefühlen der Minderwertigkeit und des Schuldbewusstseins bestraft. So vom Es getrieben, vom Über-Ich eingeengt, von der Realität zurückgestoßen, ringt das Ich um die Bewältigung seiner ökonomischen Aufgabe, die Harmonie unter den Kräften und Einflüssen herzustellen, die in ihm und auf es wirken, und wir verstehen, warum wir so oft den Ausruf nicht unterdrücken können: Das Leben ist nicht leicht! Wenn das Ich seine Schwäche einbekennen muss, bricht es in Angst aus, Realangst vor der Außenwelt, Gewissensangst vor dem Über-Ich, neurotische Angst vor der Stärke der Leidenschaften im Es.

Aus: Sigmund Freud: Neue Folge der Vorlesungen zur Einführung in die Psychoanalyse. Studienausgabe. Bd. 1. Frankfurt a. M.: Fischer 1969, S. 514f.

- *Beschreiben Sie das Dilemma des Ichs, von dem Freud hier spricht, in eigenen Worten.*
- *Welchen drei „Herren" muss das Ich dienen? Ist eine optimale Lösung immer möglich?*
- *Welche drei Ängste des Ichs beschreibt Freud? Überlegen Sie sich Situationen, in denen diese Ängste auftreten können.*

[1] Libido: Geschlechtstrieb

Zusammenfassung: Sexualentwicklung des Kindes nach Freud

orale Phase (1.–2. Lebensjahr)	Primitivste Stufe der psychosexuellen Entwicklung; Mund ist primäre Quelle der Lustbefriedigung (Baby an der Mutterbrust); Entwicklung eines Urvertrauens in die Welt.
anale Phase (ca. 2.–3. Lebensjahr)	Lustbefriedigung durch Ausscheiden und Zurückhalten der Exkremente; Phase der Reinlichkeitserziehung; Kind lernt soziales Miteinander.
phallische/ödipale Phase (ca. 3.–5. Lebensjahr)	Das eigene Geschlechtsteil wird als Quelle der sexuellen Lust entdeckt; die Triebwünsche richten sich nun auf den gegengeschlechtlichen Elternteil (Sohn begehrt Mutter; Tochter begehrt Vater); dieses Begehren bringt das Kind in den Konflikt mit dem anderen Elternteil; der Sohn hat Angst vor der Kastration durch den Vater; sein Begehren der Mutter wird ins Unbewusste verdrängt.
Latenzzeit (ca. 5.–11. Lebensjahr)	Weitgehender Verzicht auf sexuelle Lustbefriedigung; sexuelle Regungen werden verdrängt; Befriedigung der Lust nun durch Erlangen von Fähigkeiten und der Erkundung der Umwelt; Sexualtrieb kann nun umgeleitet und sublimiert werden; Spiel mit Geschlechtsgenossen nimmt an Bedeutung zu.
genitale Phase (ab ca. dem 12. Lebensjahr)	Mit Beginn der Vorpubertät erwacht die Sexualität unter dem Einfluss der Geschlechtshormone zu neuer Macht; das verinnerlichte Inzestverbot zwingt den Heranreifenden, Sexualobjekte außerhalb der eigenen Familie zu suchen; Neurotikern ist die Überwindung des Ödipuskonflikts in der Kindheit nicht gelungen, ihr unbewusstes Begehren ist noch immer auf das einstige Objekt ihrer Wahl, bei Jungen auf die Mutter, gerichtet; sie geraten erneut in einen Ödipuskomplex; da sie sich dieses Konflikts (der mit immensen Kastrationsängsten verbunden ist) nicht bewusst sind, entstehen neurotische Leiden, etwa Persönlichkeitsstörungen und Unsicherheiten über die eigene sexuelle Identität.

Sigmund Freud: Über Sophokles' „König Ödipus"

Nach meinen bereits zahlreichen Erfahrungen spielen die Eltern im Kinderseelenleben aller späteren Psychoneurotiker die Hauptrolle, und Verliebtheit gegen den einen, Hass gegen den andern Teil des Elternpaares gehören zum eisernen Bestand des in jener Zeit gebildeten und für die Symptomatik der späteren Neurose so bedeutsamen Materials an psychischen Regungen. Ich glaube aber nicht, dass die Psychoneurotiker sich hierin von anderen normal verbleibenden Menschenkindern scharf sondern, indem sie absolut Neues und ihnen Eigentümliches zu schaffen vermögen. Es ist bei Weitem wahrscheinlicher und wird durch gelegentliche Beobachtungen an normalen Kindern unterstützt, dass sie auch mit diesen verliebten und feindseligen Wünschen gegen ihre Eltern uns nur durch die Vergrößerung kenntlich machen, was minder deutlich und weniger intensiv in der Seele der meisten Kinder vorgeht. Das Altertum hat uns zur Unterstützung dieser Erkenntnis einen Sagenstoff überliefert, dessen durchgreifende und allgemeingültige Wirksamkeit nur durch eine ähnliche Allgemeingültigkeit der besprochenen Voraussetzung aus der Kinderpsychologie verständlich wird.

Ich meine die Sage vom König Ödipus und das gleichnamige Drama des Sophokles. Ödipus, der Sohn des Laios, Königs von Theben, und der Jokaste, wird als Säugling ausgesetzt, weil ein Orakel dem Vater verkündet hatte, der noch ungeborene Sohn werde sein Mörder sein. Er wird gerettet und wächst als Königssohn an einem fremden Hofe auf, bis er, seiner Herkunft unsicher, selbst das Orakel befragt und von ihm den Rat erhält, die Heimat zu meiden, weil er der Mörder seines Vaters und der Ehegemahl seiner Mutter werden müsste. Auf dem Wege von seiner vermeintlichen Heimat weg trifft er mit König Laios zusammen und erschlägt ihn in rasch entbranntem Streit. Dann kommt er vor Theben, wo er die Rätsel der den Weg sperrenden Sphinx löst und zum Dank dafür von den Thebanern zum König gewählt und mit Jokastes Hand beschenkt wird. Er regiert lange Zeit in Frieden und Würde und zeugt mit der ihm unbekannten Mutter zwei Söhne und zwei Töchter, bis eine Pest ausbricht, welche eine neuerliche Befragung des Orakels vonseiten der Thebaner veranlasst. Hier setzt die Tragödie des Sophokles ein. Die Boten bringen den Bescheid, dass die Pest aufhören werde, wenn der Mörder des Laios aus dem Lande getrieben sei. Wo aber weilt der?

„Wo findet sich die schwer erkennbar dunkle Spur der alten Schuld?"

Die Handlung des Stückes besteht nun in nichts anderem als in der schrittweise gesteigerten und kunstvoll verzögerten Enthüllung – der Arbeit einer Psychoanalyse vergleichbar –, dass Ödipus selbst der Mörder des Laios, aber auch der Sohn des Ermordeten und der Jokaste ist. Durch seine unwissentlich verübten Gräuel erschüttert, blendet sich Ödipus und verlässt die Heimat. Der Orakelspruch ist erfüllt. [...]

Wenn der König Ödipus den modernen Menschen nicht minder zu erschüttern weiß als den zeitgenössischen Griechen, so kann die Lösung wohl nur darin liegen, dass die Wirkung der griechischen Tragödie nicht auf dem Gegensatz zwischen Schicksal und Menschenwillen ruht, sondern in der Besonderheit des Stoffes zu suchen ist, an welchem dieser Gegensatz erwiesen wird. Es muss eine Stimme in unserem Innern geben, welche die zwingende Gewalt des Schicksals im Ödipus anzuerkennen bereit ist, während wir Verfügungen wie in der Ahnfrau (von Grillparzer) oder in anderen Schicksalstragödien als willkürliche zurückzuweisen vermögen. Und ein solches Moment ist in der Tat in der Geschichte des Königs Ödipus enthalten. Sein Schicksal ergreift uns nur darum, weil es auch das unsrige hätte werden können, weil das Orakel vor unserer Geburt denselben Fluch über uns verhängt hat wie über ihn. Uns allen vielleicht war es beschieden, die erste sexuelle Regung auf die Mutter, den ersten Hass und gewalttätigen Wunsch gegen den Vater zu richten; unsere Träume überzeugen uns davon. König Ödipus, der seinen Vater Laios erschlagen und seine Mutter Jokaste geheiratet hat, ist nur die Wunscherfüllung unserer Kindheit. Aber glücklicher als er, ist es uns seitdem, insofern wir nicht Psychoneurotiker geworden sind, gelungen, unsere sexuellen Regungen von unseren Müttern abzulösen, unsere Eifersucht gegen unsere Väter zu vergessen. Vor der Person, an welcher sich jener urzeitliche Kindheitswunsch erfüllt hat, schaudern wir zurück mit dem ganzen Betrag der Verdrängung, welche diese Wünsche in unserem Innern seither erlitten haben. Während der Dichter in jener Untersuchung die Schuld des Ödipus ans Licht bringt, nötigt er uns zur Erkenntnis unseres eigenen Innern, in dem jene Impulse, wenn auch unterdrückt, noch immer vorhanden sind. Die Gegenüberstellung, mir der uns der Chor verlässt,

„... sehet, das ist Ödipus,
der entwirrt die hohen Rätsel und der erste war an Macht,
dessen Glück die Bürger alle priesen und beneideten;
Seht, in welches Missgeschickes grause Wogen er versank!"

diese Mahnung trifft uns selbst und unseren Stolz, die wir seit den Kinderjahren so weise und so mächtig geworden sind in unserer Schätzung. Wie Ödipus leben wir in Unwissenheit der die Moral beleidigenden Wünsche, welche die Natur uns aufgenötigt hat, und nach deren Enthüllung möchten wir wohl alle den Blick abwenden von den Szenen unserer Kindheit.

Aus: Sigmund Freud: Die Traumdeutung. Frankfurt a.M. 1972, S. 265–267

- *Was meinen Sie: Weshalb führt Freud zur Illustration seiner Kernthese des Ödipus-Komplexes ein antikes Drama an?*
- *Warum wird nach Freuds Auffassung der Leser von Sophokles' Drama derart ergriffen?*

Freud über die Dichter

Wertvolle Bundesgenossen sind aber die Dichter, und ihr Zeugnis ist hoch anzuschlagen, denn sie pflegen eine Menge von Dingen zwischen Himmel und Erde zu wissen, von denen sich unsere Schulweisheit noch nichts träumen lässt. In der Seelenkunde gar sind sie uns Alltagsmenschen weit voraus, weil sie da aus Quellen schöpfen, welche wir noch nicht für die Wissenschaft erschlossen haben. (S. 14)

Wir meinen, dass der Dichter von solchen Regeln und Absichten nichts zu wissen brauche, sodass er sie in gutem Glauben verleugnen könne, und dass wir doch in seiner Dichtung nichts gefunden haben, was nicht in ihr enthalten ist. Wir schöpfen wahrscheinlich aus der gleichen Quelle, bearbeiten das nämliche Objekt, ein jeder von uns mit einer anderen Methode, und die Übereinstimmung im Ergebnis scheint dafür zu bürgen, dass beide richtig gearbeitet haben. Unser Verfahren besteht in der bewussten Beobachtung der abnormen seelischen Vorgänge bei anderen, um deren Gesetze erraten und aussprechen zu können. Der Dichter geht wohl anders vor; er richtet seine Aufmerksamkeit auf das Unbewusste in seiner eigenen Seele, lauscht den Entwicklungsmöglichkeiten desselben und gestattet ihnen den künstlerischen Ausdruck, anstatt sie mit bewusster Kritik zu unterdrücken. So erfährt er aus sich, was wir bei anderen erlernen, welchen Gesetzen die Betätigung dieses Unbewussten folgen muss, aber er braucht diese Gesetze nicht auszusprechen, nicht einmal sie klar zu erkennen, sie sind infolge der Duldung seiner Intelligenz in seinen Schöpfungen verkörpert enthalten. Wir entwickeln diese Gesetze durch Analyse aus seinen Dichtungen, wie wir sie aus den Fällen realer Erkrankung herausfinden, aber der Schluss scheint unabweisbar, entweder haben beide, der Dichter wie der Arzt, das Unbewusste in gleicher Weise missverstanden, oder wir haben es beide richtig verstanden. (S. 82)

Aus: Sigmund Freud: Der Wahn und die Träume in W. Jensens Gradiva. In: Ders.: Studienausgabe. Bd. 10. Bildende Kunst und Literatur. Frankfurt a. M.: Fischer 1969, S. 9–85

■ *Lesen Sie Freuds Beschreibungen der Dichter. Was meint er hier wohl mit „Bundesgenossen"? Welche Eigenschaften der Dichter stellt er heraus?*

Baustein 5

Karls Schicksal: Happy End oder Untergang?

In diesem Baustein rückt die Frage nach dem geplanten Ausgang des „Verschollenen" in den Mittelpunkt. Da Kafka seinen Roman nicht beendet hat, kann über Karl Roßmanns Schicksal nur spekuliert werden. Anhand der vorliegenden Schlussfragmente, die detailliert analysiert werden, aber auch anhand überlieferter Selbstaussagen des Autors sollen sich die Lernenden eine eigene Meinung zum möglichen Romanschluss bilden und entsprechend vertreten. Darüber hinaus sollen ihnen anhand unterschiedlicher Deutungen des „Teaters von Oklahama" die Heterogenität und die Möglichkeiten literaturwissenschaftlicher Interpretationen vor Augen geführt werden, die niemals Anspruch auf alleinige Gültigkeit erheben können. Im Einzelnen geht es um:

- die Frage, ob der Roman gut oder schlecht ausgehen wird,
- verschiedene Deutungen des „Teaters von Oklahama",
- die Möglichkeiten und Probleme literaturwissenschaftlicher Interpretationen von Kafkas Werken.

5.1 Das offene Ende

Kafka hat seinen Roman „Der Verschollene" nicht abgeschlossen, er ist Fragment geblieben. Daher ist es nicht erstaunlich, dass unter den Kafka-Interpreten seit jeher eine heftige Diskussion – wenn nicht gar ein Streit – über das geplante Ende herrscht: Welches Schicksal hat Karl Roßmann? Wie geht seine Geschichte aus? Genährt wird dieser Streit durch zwei entgegengesetzte Aussagen von Kafka selbst: Deutet er gegenüber Max Brod einmal an, dass sein Protagonist schließlich gerettet und sogar „wie durch einen paradiesischen Zauber"[1] seine Eltern wiedertreffen würde, so schreibt er in seinem Tagebuch, dass Karl letztlich „strafweise umgebracht"[2] würde. Zwischen diesen beiden Polen von Happy End und Katastrophe bewegt sich auch die Kafka-Forschung, wie insbesondere die höchst unterschiedlichen Deutungen des „Teaters von Oklahama" zeigen.
In diesem Unterrichtsschritt sollen die Schülerinnen und Schüler durch detaillierte Textanalysen selbst Antworten auf die Frage nach dem geplanten Romanausgang finden. Mit folgendem Frageimpuls kann die Unterrichtsdiskussion eingeleitet werden:

- *Kafkas Amerika-Roman ist Fragment geblieben, wir können über das geplante Ende nur mutmaßen. Was meinen Sie: Wie geht Karls Geschichte aus? Wird er ein Happy End erleben oder seinen Untergang? Begründen Sie Ihre Meinung.*

Es ist abzusehen, dass die Antworten durchaus unterschiedlich ausfallen werden. Einige der Lernenden werden angesichts der beiden letzten Romanfragmente voraussichtlich ein positives Handlungsende vermuten, etliche andere aber eher Karls Untergang befürchten. Nachdem alle Standpunkte und ersten Begründungen ausgetauscht und diskutiert wurden,

1 Max Brod: Nachwort zur ersten Ausgabe. In: Franz Kafka: Amerika. Roman. Frankfurt a.M. 1983, S. 206
2 Franz Kafka: Tagebücher 1910–1923, Frankfurt a.M. 1983, S. 351

bietet sich ein Blick auf Kafkas eigene Aussagen über das geplante Romanende (Textausgabe, S. 333f.) an. Nach der gemeinsamen Lektüre kann die Diskussion durch folgende Fragen wieder aufgenommen und weitergeführt werden:

- *Fassen Sie beide Aussagen Kafkas in jeweils einem prägnanten Satz zusammen.*
- *Welche Aussage halten Sie für die glaubwürdigere? Begründen Sie Ihre Meinung.*
- *Widersprechen sich die zwei Aussagen zwangsläufig?*

Auf den ersten Blick erscheint es eindeutig, dass sich die beiden Aussagen widersprechen. Beschreibt Kafka im Gespräch mit Brod ein positives Ende, bei dem der Protagonist zur existenziellen Sicherheit gelangt und sogar seine Eltern wiedersieht, so ist das im Tagebuch angedeutete Schicksal Karls düster und hoffnungslos. Findet er in der ersten Aussage Erlösung, so erwartet ihn in der zweiten die Todesstrafe. Dabei ist naturgemäß ein Tagebucheintrag als glaubwürdiger einzustufen als eine bloße Erinnerung an ein Gespräch, deren Authentizität darüber hinaus nicht beweisbar ist. Allerdings ist es fraglich, ob sich die beiden Aussagen inhaltlich tatsächlich widersprechen müssen. So ließen sich Kafkas Andeutungen, die er „lächelnd" vorbrachte, auch als Karls Eintritt ins Paradies – also ebenfalls als sein Tod – deuten; schließlich wird in Brods Erinnerung ja der „paradiesische Zauber" des Romanendes eigens betont.

Die Ergebnisse des Unterrichtsgesprächs lassen sich durch folgendes Tafelbild sichern:

Kafka über das geplante Ende des „Verschollenen"

Erinnerung von Max Brod	**Tagebuch**
positives Romanende	*negatives Romanende*
Karl gelangt zu existenzieller Sicherheit, trifft sogar seine Eltern wieder	Karl wird aus Strafe umgebracht
lediglich (angebliche) Erinnerung eines anderen	erhaltene Selbstaussage des Autors selbst
indirekt, verschlüsselt, ironisch	direkt, unverschlüsselt, lapidar
„Kafka lächelnd" „durch paradiesischen Zauber"	

Beide Aussagen könnten auf **Karls Tod**, seinen Eintritt ins Paradies, hinweisen.

Auch wenn es durchaus interessant sein mag, was ein Autor über sein eigenes Werk geäußert hat, stellt sich doch die grundsätzliche Frage nach dem (literaturwissenschaftlichen) Wert solcher Äußerungen. Sollen bzw. dürfen sie für die Deutung eines literarischen Textes überhaupt eine Rolle spielen? Diese Frage kann im Anschluss im Kursplenum diskutiert werden:

- *Für wie wichtig halten Sie die Aussagen eines Autors über sein eigenes Werk? Von welchem Text- und Autorenverständnis geht man aus, wenn man diese Selbstaussagen für die Interpretation eines Werkes berücksichtigt oder gar ins Zentrum stellt?*

Auf diese Fragen gibt es je nach literaturwissenschaftlicher Position und Richtung verschiedene Antworten. In der Diskussion sollte es daher weniger darum gehen, die Lernenden zu einer eigenen Festlegung zu motivieren, sondern sie ganz allgemein für das Thema zu sensibilisieren. Generell lässt sich aber sagen, dass die Bedeutung des Autors für die Interpretation eines Werkes innerhalb der Literaturwissenschaft in den letzten Jahrzehnten immer kleiner geworden, seine Rolle zunehmend in den Hintergrund gerückt ist. Der Text emanzipiert sich mit seiner Veröffentlichung quasi von seinem Schöpfer und steht dem Rezipienten, also dem Leser, nun als autonomes Kunstwerk gegenüber. Biografische Informationen und Aussagen des Autors über sein Werk können die literaturwissenschaftliche Deutung daher zwar durchaus bereichern, haben aber keineswegs einen zentralen oder letztgültigen Stellenwert. Dies auch deshalb nicht, weil keineswegs davon ausgegangen werden kann, dass sich der Autor über seine tatsächlichen Beweggründe beim Schreiben eines Textes bewusst ist – verborgene, unbewusste Kräfte mögen häufig die viel wichtigere Rolle spielen.[1]

Um die Frage nach dem möglichen Romanende des „Verschollenen" zu beantworten, sind Kafkas Selbstaussagen also nur von sekundärer Bedeutung. Viel wichtiger ist die detaillierte und genaue Analyse des vorliegenden Textes, insbesondere die Deutung des im letzten Kapitel beschriebenen „Teaters von Oklahama". In den folgenden Unterrichtsschritten soll der Fokus auf Textpassagen gerichtet werden, in denen dieses Theater beschrieben wird. Für eine erfolgreiche Textarbeit ist es wichtig, dass die Lernenden das betreffende Kapitel, nämlich das als zweites Fragment veröffentlichte Kapitel „Karl sah an einer Straßenecke ..." (S. 242–260), gut kennen. Es empfiehlt sich daher, sie zur Vorbereitung auf die folgenden Unterrichtseinheiten mit der nochmaligen Lektüre zu Hause zu beauftragen:

- *Lesen Sie noch einmal das Kapitel „Karl sah an einer Straßenecke ..." (S. 242–260) und achten Sie insbesondere auf die Beschreibungen des „Teaters von Oklahama".*

Für die eigentliche Textarbeit im Unterricht wird der Kurs in Gruppen aufgeteilt, die folgenden Auftrag erhalten:

- *Was ist das Besondere am „Teater von Oklahama"? Durch welche Eigenschaften unterscheidet es sich grundlegend von allen zuvor dargestellten Orten und Situationen? Unterstreichen Sie zentrale Textpassagen aus dem zweiten Fragment („Karl sah an einer Straßenecke ...") und erstellen Sie eine Liste auffälliger Merkmale dieses Theaters.*

Nach der Bearbeitungszeit stellen die Arbeitsgruppen ihre Ergebnisse vor, die an der Tafel mitnotiert werden können. Da sich das Theater in zahlreichen Punkten grundsätzlich von den im Roman zuvor beschriebenen Orten und Unternehmen unterscheidet, fallen die Antworten der Lernenden vermutlich sehr vielfältig aus. Nach der Besprechung der Gruppenergebnisse soll der Fokus der Textanalyse auf fünf Besonderheiten des Theaters gelenkt werden: nämlich 1) darauf, dass jeder willkommen ist, 2) auf die christliche Symbolik des Theaters, 3) auf die wohlwollenden Befragungen der Bewerber, 4) auf das opulente Mahl und 5) auf die im Theater-Kapitel beschriebenen positiven menschlichen Beziehungen.

1. Jeder ist willkommen:
Voraussichtlich haben die Lernenden im Unterrichtsgespräch bereits eine der auffälligsten Besonderheiten des Theaters genannt, nämlich dessen Bereitschaft, jeden der Bewerber aufzunehmen. Bereits im Plakat heißt es: „Jeder ist willkommen! [...] Wir sind das Teater, das

[1] Vgl. dazu auch Baustein 4.4.

jeden brauchen kann, jeden an seinem Ort!" (242, 6–242, 8) Dass dies kein leeres Werbeversprechen ist, erfährt Karl wenig später, als er sich selbst bewirbt. So wird er aufgenommen, obwohl er keine Legitimationspapiere hat (vgl. 251, 8–251, 19), und selbst seine anfängliche Lüge scheint niemanden im Theater zu stören. In einer anderen Firma wäre vermutlich spätestens an dieser Stelle seine Chance zur Einstellung vertan. Darüber hinaus sind im Theater alle Interessenten, ohne Blick auf früheren Beruf oder Ausbildung, willkommen, auch dies ein deutlicher Unterschied zu normalen, auf ökonomische Effizienz ausgerichteten Unternehmen. Selbst Karl, der lediglich auf seine Schulausbildung in Europa verweisen kann und ansonsten nur sehr niedrige Jobs ausgeführt hat, besteht problemlos das Bewerbungsgespräch und wird zum „technischen Arbeiter" im Theater. Besonders auffällig ist auch, dass nicht nur einzelne Personen (wie normalerweise üblich), sondern ganze Familien aufgenommen werden, so auch „Kaufmann Kalla mit Frau und Kind" (252, 33–252, 34). Auf Karls verwunderte Frage, ob sich denn auch Leute mit „Kind im Kinderwagen" (247, 37) melden dürften, antwortet der Personalchef sogar ausdrücklich: „Natürlich. [...] Wir können alle brauchen." (248, 1–248, 2) Und dies gilt auch für arme Menschen, die im Theater offenbar ihre letzte Rettung sehen. So fällt Karl auf dem Weg zum Bahnhof auf, dass niemand der Aufgenommenen Gepäck hat, und er wundert sich: „Was für besitzlose verdächtige Leute waren hier zusammengekommen und wurden doch so gut empfangen und behütet!" (260, 4–260, 6)

Zur Weiterführung und Vertiefung des Unterrichtsgesprächs bieten sich beispielsweise folgende Frage-Impulse an:

- *Führen Sie an konkreten Beispielen auf, dass das Theater, wie im Plakat versprochen, tatsächlich jeden aufnimmt. Achten Sie dabei auf die verschiedenen Figuren und deren Qualifikation. Stellen Sie sich vor, es handelte sich beim Theater um eine normale (amerikanische) Firma. Wäre es klug, die genannten Leute tatsächlich einzustellen? Begründen Sie Ihre Meinung.*
- *Warum ist für Karl der Satz „Jeder ist willkommen" im Plakat besonders wichtig?*
- *Inwiefern handelt es sich bei der Bereitschaft des Theaters, jeden der Interessierten aufzunehmen, um eine Besonderheit? In welchen Situationen hat Karl zuvor die Erfahrung gemacht, nicht willkommen zu sein?*

Die Ergebnisse des Unterrichtsgesprächs können stichpunkartig durch ein Tafelbild gesichert werden, das in den folgenden Schritten durch weitere Ergebnisse peu à peu ergänzt werden soll:

Die positiven Eigenschaften des „Teaters von Oklahama"

...

1. Jeder ist willkommen

- ganze Familien
- jeder Beruf, selbst Menschen ohne Ausbildung
- Menschen ohne Papiere
- arme, besitzlose Menschen

2. Christliche Symbolik:

Ein besonders auffälliger, geradezu grotesker Unterschied des „Teaters von Oklahama" gegenüber anderen, herkömmlichen Unternehmen ist die verwendete Symbolik aus dem christlich-religiösen Bereich. So heißt es bereits im Plakattext: „Verflucht sei wer uns nicht glaubt!" (242, 11–242, 12) Eine Wendung, die man weniger in einem Bewerber-Aufruf einer Firma als vielmehr in einem biblischen, insbesondere apokalyptischen Text erwarten würde. Noch bemerkenswerter sind die trompetenden Engel, die Karl wenig später sieht (vgl. 243, 15–244, 3). Sie (ebenso wie die von Fanny angekündigten Teufel) verleihen dem Theater einen religiösen Anstrich, der ebenfalls kaum zu einem amerikanischen Unternehmen passt. Zu den positiven Eigenschaften des Theaters lässt sich diese christliche Symbolik zählen, da sie den Interessenten gleichsam den lang ersehnten Frieden, die endgültige Erlösung nach allen erlittenen Strapazen des Lebens verspricht. Sie suggeriert den Bewerbern, dass die versprochene Arbeit nicht von weltlichem (an keiner Stelle ist die Rede von einer finanziellen Entlohnung), sondern von himmlischem, transzendentem Wert ist.

Wieder bieten sich verschiedene Frage-Impulse zur Lenkung und Vertiefung des Unterrichtsgesprächs an:

- *Welche Erwartungen wecken die Engel und Teufel im Leser? Inwiefern unterscheidet sich das Theater schon allein durch diese christliche Symbolik von anderen Unternehmen?*
- *Würden Sie die christliche Symbolik des Theaters überhaupt zu seinen positiven Eigenschaften zählen? Begründen Sie Ihre Meinung.*

Das Tafelbild kann nach Textarbeit und Unterrichtsgespräch durch folgende Stichpunkte erweitert werden:

Die positiven Eigenschaften des „Teaters von Oklahama"

...

2. Christliche Symbolik

- Engel und Teufel
- Wert nicht in irdischen, sondern himmlischen Dingen
- Hoffnung auf Erlösung und Frieden

3. Wohlwollende Befragungen:

Eine weitere Besonderheit des „Teaters von Oklahama" sind die Befragungen der Interessenten. Beide Gespräche, die Karl bei seiner Bewerbung im Theater führt, laufen ganz anders ab als die zuvor in der Romanhandlung beschriebenen. Falls die Lernenden diese Besonderheit bei ihrer Vorbereitung nicht bemerkt haben, bietet sich eine genauere Betrachtung der ersten Befragung (251, 8–252, 10) an. Der Kurs wird in Arbeitsgruppen eingeteilt, die folgende Fragen beantworten sollen:

- *Lesen Sie die Textpassage über Karls Aufnahmegespräch (251, 8–252, 10). Welche Atmosphäre herrscht hier? Hätte Karl bei der Befragung etwas falsch machen können, sodass er seinen Posten im Theater nicht bekommen hätte?*
- *Fällt Ihnen sonst noch etwas Ungewöhnliches bei diesem Aufnahmegespräch auf? Achten Sie auf die Machtbeziehung zwischen dem Leiter und dem Schreiber. Inwiefern entspricht sie nicht der Norm?*

Die Lernenden werden vermutlich mehrheitlich der Meinung sein, dass das Aufnahmegespräch in einer überwiegend wohlwollenden Atmosphäre stattfindet. Karl kann jedenfalls kaum etwas falsch machen – seine Aufnahme im Theater scheint von vornherein beschlossene Sache zu sein. Nicht zuletzt fällt bei der Lektüre der Textpassage die auf den Kopf gestellte Hierarchie der zwei Befragenden auf: Im Widerspruch zu ihren offiziellen Bezeichnungen hat hier der Schreiber „die Oberhand" (251, 13) gegenüber dem Leiter, der keine eigene Entscheidungsbefugnis zu haben scheint. So heißt denn auch der Schreiber Karl willkommen, während der Leiter „mit offenem Mund" (251, 16), aber vergeblich dagegen zu protestieren versucht, da Karl keine Legitimationspapiere hat. Die Macht des Schreibers geht so weit, dass er den Leiter, der noch weitere Fragen stellen will, einfach unterbrechen und den Fall für abgeschlossen erklären kann. Und auch als der Leiter den von Karl genannten Namen „Negro" für unglaubwürdig hält, ist es der Schreiber, der über diese Bedenken hinweggeht und kurzerhand Karls Aufnahme verkündet.

Wie wohlwollend und unproblematisch die Befragungen der Interessenten im „Teater von Oklahama" verlaufen, zeigt noch deutlicher das zweite Aufnahmegespräch Karls (253, 23–34), in dem es um seinen geeigneten Posten im Theaterbetrieb geht. Besonders auffällig wird diese Besonderheit durch einen Vergleich dieses Gesprächs mit Karls Verhör im Hotel occidental (141, 16–161, 30). Ein entsprechender Auftrag, der sich aufgrund des zu lesenden Textumfangs als Hausaufgabe anbietet, kann folgendermaßen formuliert werden:

- *Vergleichen Sie Karls zweites Aufnahmegespräch im „Teater von Oklahama" (253, 23–255, 34) mit seiner Befragung durch den Oberkellner und den Oberportier im Hotel occidental (141, 16–161, 30). Notieren Sie stichpunktartig alle Unterschiede zwischen diesen zwei Gesprächen.*

Vermutlich werden die meisten der Lernenden die grundsätzlichen Unterschiede zwischen den beiden Gesprächen erkannt haben. Das Verhör im Hotel occidental gleicht einem Standgericht, bei dem Karls Urteil von vornherein gefällt ist. Er bekommt gar nicht erst die Gelegenheit, sich zu verteidigen, seine Schuld scheint bereits festzustehen. Jedes Wort, das er zu seiner Rechtfertigung vorbringt, wird ihm sprichwörtlich im Mund umgedreht und zu seinen Lasten ausgelegt. Ihm wird schnell klar, „daß er hier zwei Feinden gegenüberstand und daß an jedem Wort, das er aussprechen würde, wenn nicht der eine, so der andere etwas aussetzen und zum Schlechten deuten würde" (146, 28–146, 31). Der Oberportier und der Oberkellner stehen Karl von Beginn an feindselig gegenüber. Es geht ihnen im Verhör nicht darum, die Wahrheit zu ermitteln – ihr Ziel ist es, Karl durch die Entlassung zu bestrafen. Dabei schrecken sie nicht einmal vor falschen Beschuldigungen zurück. So behauptet der Oberportier beispielsweise, dass Karl ihn niemals grüße; wenig später wird ihm auch fälschlich vorgeworfen, dass er sich nachts in der Stadt herumtreibe. Natürlich gibt man ihm auch jetzt keine Chance, diese falschen Beschuldigungen auszuräumen. Im Gegenteil, je mehr Karl zu seiner Verteidigung vorbringt, desto auswegloser erscheint seine Situation. „Er wußte, daß alles was er sagen konnte, hinterher ganz anders aussehen würde als es gemeint gewesen war und daß es nur der Art der Beurteilung überlassen bliebe, Gutes oder Böses vorzufinden." (156, 33–156, 36) So überrascht es nicht, dass er am Ende des Verhörs entlassen wird – und sogar froh darüber sein kann, nicht auch noch als Dieb angezeigt und bestraft zu werden. „Es ist unmöglich sich zu verteidigen, wenn nicht guter Wille da ist" (156, 31–156, 32), so die bittere Erkenntnis aus diesem Verhör.
Ganz anders das Gespräch im „Teater von Oklahama". Schon die Kürze dieser Befragung markiert einen auffälligen Unterschied zu dem schier endlosen Verhör im Hotel. Stand Karls Entlassung dort bereits fest, so scheint nun im Theater „seine Aufnahme schon entschieden zu sein". (254, 1–254, 2) Waren der Oberportier und der Oberkellner gegenüber Karl von vorherein missgünstig eingestellt und gaben ihm keine Chance zur Verteidigung, so verhält

sich sein Befrager nun genau entgegengesetzt. „Es ist ganz zweifellos", konstatiert auch Martin Walser, „dass Kafka hier einen genauen Gegensatz zu seinen sonstigen Verhören [...] konstruiert hat. [...] Wenn Karl einmal glaubt, durch die Erfahrung bei anderen Verhören belehrt, dass er jetzt etwas Falsches gesagt hat, wird seine Angst durch den ‚Herrn' zu guter Letzt durch ein Kopfnicken zerstreut".[1] Hier scheint der Befrager selbst darauf zu achten, dass Karl durch seine Antworten in keine Widersprüche oder unangenehmen Situationen gerät: „Fragen, die er stellt, waren sehr einfach, ganz unverfänglich und die Antworten wurden überdies nicht durch Zwischenfragen nachgeprüft". (253, 23–253, 26) Jede Antwort, die Karl gibt, scheint – trotz seiner eigenen Zweifel – richtig und willkommen zu sein. Der Befrager nickt Karl immer wieder gutmütig zu, nimmt ihn und seine Aussagen ernst, scheint ihm ganz allgemein wohlgesinnt zu sein. So ist es nur konsequent, dass Karl nach der kurzen Befragung im Theater aufgenommen wird und einen geeigneten Posten erhält.

Nach der Besprechung der Antworten kann das Tafelbild durch die neu gewonnenen Ergebnisse erweitert werden:

Die positiven Eigenschaften des „Teaters von Oklahama"

...

3. Wohlwollende Befragungen

- kein wirkliches Verhör, eher gutwilliges Gespräch
- nur kurzes Gespräch, keine Hürden oder Fallstricke
- Bewerber kann offenbar nichts falsch machen, wird auf jeden Fall genommen
- Befragende treten Karl wohlwollend gegenüber
- Hierarchie der Befragenden auf den Kopf gestellt

4. Opulentes Essen:

Vermutlich wird den meisten Schülern und Schülerinnen auch das opulente Mahl, das den neu Aufgenommenen zur Begrüßung kredenzt wird, als wichtiges Merkmal des Theaters aufgefallen sein. (Vgl. v.a. 256, 37–257, 28) Gerade in seiner Festlichkeit und Üppigkeit markiert es einen wichtigen Gegenpol zur übrigen Romanhandlung, in der es immer wieder auch um das Problem der schwierigen, mitunter unmöglichen Nahrungsbeschaffung im amerikanischen Lebensalltag geht. Im Theater aber scheint alles anders zu sein. Die Angeworbenen sitzen „fröhlich und aufgeregt" (257, 4) an einer langen, „mit einem weißen Tuch gedeckt[en]" (257, 1–257, 2), zur Festtafel umfunktionierten Bank und werden „bewirtet" (257, 3).
Nach der gemeinsamen Lektüre der betreffenden Textpassage (256, 37–257, 28) kann das Unterrichtsgespräch durch folgende Frage-Impulse eingeleitet werden:

- *Inwiefern stellt auch das opulente Essen, das den Aufgenommenen serviert wird, eine Besonderheit in der Romanhandlung dar?*
- *Welche Ereignisse und Situationen im Roman fallen Ihnen ein, die sich grundsätzlich von dieser Mahlzeit für die neu Angeworbenen unterscheiden? Erläutern Sie diese Unterschiede.*

---

[1] Martin Walser: Beschreibung einer Form. Versuch über Kafka. Frankfurt a.M.: Suhrkamp 1992, S. 92

Es gibt etliche Romansequenzen, in denen das Problem der Nahrungsbeschaffung thematisiert ist. Drei Textpassagen, die einen besonders auffälligen Kontrast zur Essens-Szene im Theater-Kapitel bilden, sollen hier kurz vorgestellt werden. Es ist empfehlenswert, zumindest eine dieser Textpassagen ausführlicher mit der Beschreibung des Theater-Mahls zu vergleichen.

- Das Problem der Nahrungsbeschaffung tritt in der Romanhandlung bezeichnenderweise erst auf, nachdem Karl aus dem reichen Haus seines Onkels verstoßen worden ist. Zunächst zeigt sich dieses Problem noch recht harmlos, nämlich in der Frage nach der Bezahlung. Auf der Wanderung mit Delamarche und Robinson wird Karl dazu genötigt, die Zeche für alle drei zu begleichen (vgl. 94, 15–96, 12): „Das Natürliche wäre gewesen, daß jeder seinen Teil gezahlt hätte, aber Delamarche wie auch Robinson hatten gelegentlich bemerkt, daß für das letzte Nachtlager ihr letztes Geld aufgegangen war." (94, 17–94, 20) Zu diesem Zeitpunkt hat Karl noch genügend Geld, um zu zahlen, sodass keine Probleme mit der Wirtin entstehen. Ein Unterschied zum Willkommensessen im Theater wird aber bereits hier deutlich, sind Speis und Trank doch für alle Angeworbenen gratis.
- Wesentlich dramatischer ist kurz darauf Thereses Erzählung im Hotel occidental (vgl. 125, 22–129, 13): Sie berichtet Karl von ihrer traumatischen Kindheitserinnerung, in der sich ihre Mutter aus schierer Verzweiflung über Armut und Hunger in den Tod gestürzt hat: „Die Mutter war damals schon zwei Tage ohne Arbeit gewesen, nicht das kleinste Geldstück war mehr vorhanden, der Tag war ohne einen Bissen im Freien verbracht worden und in ihren Bündeln schleppten sie nur unbrauchbare Fetzen mit sich herum, die sie vielleicht aus Aberglauben sich nicht wegzuwerfen getrauten." (126, 6–126, 11) All die Sorgen und Probleme, die Thereses Mutter in den Freitod getrieben haben, wären – so suggeriert es zumindest die Außendarstellung des „Teaters von Oklahama", insbesondere dessen Willkommensmahlzeit – mit einem Mal verschwunden, hätte auch sie sich wie Karl dort beworben. (Vgl. zu Thereses Erzählung auch Baustein 2.3)
- Ebenfalls eine Art Kontrast zur opulenten Mahlzeit des Theaters bildet die Szene, in der Karl mit Robinson das Frühstück für Brunelda beschafft. (Vgl. 233, 19–235, 6) Im Gegensatz zum Willkommensessen, in dem die leckersten Dinge wie gebratenes Geflügel und Rotwein serviert werden, muss Karl das Frühstück im Mietshaus aus den Essensresten der anderen Bewohner notdürftig zusammenstellen. „Ringsherum auf Sesseln und Fußbänkchen, auf und unter den Tischen, ja selbst auf der Erde in einen Winkel zusammengedrängt stand noch das ungewaschene Frühstücksgeschirr der Mieter. Da waren Kännchen in denen sich noch ein wenig Kaffee oder Milch vorfinden würde, auf manchen Tellerchen gab es noch Überbleibsel von Butter, aus einer umgefallenen großen Blechbüchse war Cakes weit herausgerollt." (233, 19–233, 25) Während das Essen im Theater-Kapitel größten kulinarischen Genuss verspricht und auch Anlass fröhlicher Geselligkeit ist, wirkt es im Brunelda-Kapitel schäbig, geradezu ekelerregend und dient einzig und allein der Nahrungsaufnahme.

Außerdem kann im Unterrichtsgespräch auch thematisiert werden, dass in der Beschreibung des Willkommensessens des Theaters sehr deutlich auf den fiktiven Ort des Schlaraffenlands angespielt wird. Vielleicht haben die Lernenden bereits selbst diese Assoziation geäußert, ansonsten kann auch direkt danach gefragt werden:

- *An welchen in Märchen und alten Legenden häufig dargestellten Ort erinnert Sie das im „Verschollenen" beschriebene Essen? Denken Sie auch an eine feste Redewendung.*
- *An welchem Ort fliegen im wörtlichen Sinn gebratene Tauben in den Mund des Essenden?*

Zur Vertiefung kann das **Arbeitsblatt 27**, S. 164, herangezogen werden, auf dem die literarische Herkunft und die wichtigsten Merkmale des Schlaraffenlands zusammengefasst sind. Die Lernenden erhalten folgenden Auftrag:

- *Lesen Sie die Informationen über das Schlaraffenland. Welche Merkmale dieses fiktiven Ortes finden sich auch in Kafkas Beschreibungen der Willkommensmahlzeit des „Teaters von Oklahama"?*
- *Welche Gründe könnte Kafka gehabt haben, im Theater-Kapitel auf das Schlaraffenland anzuspielen?*

Kafkas Anspielungen auf das Schlaraffenland-Motiv sind kaum zu übersehen. Ähnlich üppig wie an diesem fiktiven Ort geht es auch bei der Mahlzeit des Theaters zu, auch hier scheinen alle Lebensmittel im Überfluss vorhanden zu sein. Alle Angeworbenen widmen sich „dem reichlichen Essen", und wenn die gebratenen Tiere auch nicht durch die Luft fliegen, so wird doch „großes Geflügel, wie es Karl noch nie gesehen hatte, mit vielen Gabeln in dem knusprig gebratenen Fleisch", herumgetragen. „Wein wurde immer wieder von den Dienern eingeschenkt – man merkte es kaum, man war über seinen Teller gebückt und in den Becher fiel der Strahl des roten Weines". (257, 20–257, 28) Mit dieser Schlaraffenland-Szene hat Kafka ganz offensichtlich eine utopische Gegenwelt zur grausamen amerikanischen Wirklichkeit geschaffen. Haben die Bewerber bislang Hunger gelitten und vergeblich nach einem Job gesucht, so sind ihre Sorgen und Probleme mit der Aufnahme im „Teater von Oklahama" mit einem Mal (anscheinend oder auch nur scheinbar) gelöst.

Wieder können die neu gewonnenen Ergebnisse im Tafelbild ergänzt werden:

Die positiven Eigenschaften des „Teaters von Oklahama"

...

4. Opulentes Essen

- Aufgenommene werden reichlich beköstigt
- Essen und Trinken im Überfluss
- ausgelassene, festliche Stimmung
- wie im Schlaraffenland

5. Positive zwischenmenschliche Beziehungen:

Eine weitere Auffälligkeit des „Teaters von Oklahama" ist, dass alle Begegnungen, die Karl während und im Umfeld seiner Bewerbung mit anderen Menschen hat, von Freundlichkeit und Wohlwollen geprägt sind; außerdem trifft er alte Bekannte überraschend wieder. Schon kurz nachdem Karl das Plakat des Theaters gelesen hat, klopft ihm ein Mann auf die Schulter und wünscht ihm „Viel Glück zur Fahrt nach Clayton". (243, 11–243, 12) Wenig später sieht er die als Engel verkleidete Fanny wieder (245, 5–247, 19), offenbar eine alte Freundin, die aber in der vorangegangenen Romanhandlung an keiner Stelle erwähnt wird (vermutlich hat Kafka für sie eine Rolle in den noch zu schreibenden Kapiteln vorgesehen). Es fällt auf, mit welcher Freude sich Karl und Fanny bei ihrem Wiedersehen unterhalten. Zu dieser positiven Stimmung passt auch, dass Fanny das „Teater von Oklahama" in den höchsten Tönen lobt. Kurz darauf wird Karl vom Personalchef der Werbetruppe freundlich begrüßt – „[e]r war ständig wie aus Höflichkeit ein wenig vorgebeugt" (247, 21–247, 22) – und willkommen geheißen. Auch dies keine Selbstverständlichkeit, denkt man an vergleichbare Situationen in der vorangegangenen

Romanhandlung, etwa an das raue, unfreundliche Arbeitsklima im Hotel occidental. Und auch nach seiner Aufnahme bleiben die zwischenmenschlichen Beziehungen positiv. So trifft Karl beim Willkommensessen erneut einen alten Bekannten: Diesmal ist es Giacomo, der Liftjunge aus dem Hotel. (Vgl. 258, 17–259, 4) Damit die Lernenden auf diese Details aufmerksam werden, bieten sich verschiedene Frage-Impulse für die Motivierung des Unterrichtsgesprächs an:

- *Karl trifft im Theater-Kapitel auf verschiedene Menschen. In welcher Stimmung laufen diese Begegnungen ab? Erkennen Sie auch hier einen Unterschied zur übrigen Romanhandlung?*
- *Lesen Sie Karls Gespräch mit Fanny (245, 5–247, 19). Wer ist Fanny? Ist sie im vorangegangenen Romangeschehen bereits aufgetreten? Wie ist die Atmosphäre zwischen den beiden? Wie beschreibt Fanny das Theater?*
- *Wie wird Karl vom Personalchef der Theatergruppe aufgenommen? Inwiefern unterscheidet sich das Theater auch hier von vielen anderen Unternehmen?*
- *Karl trifft nicht nur Fanny wieder, sondern noch einen anderen alten Bekannten. Wen und bei welcher Gelegenheit?*

Nachdem auch diese Ergebnisse gesichert wurden, kann das gesamte Folien- bzw. Tafelbild folgendermaßen ausfallen:

Die positiven Eigenschaften des „Teaters von Oklahama"

1. Jeder ist willkommen

- ganze Familien
- jeder Beruf, selbst Menschen ohne Ausbildung
- Menschen ohne Papiere
- arme, besitzlose Menschen

2. Christliche Symbolik

- Engel und Teufel
- Wert nicht in irdischen, sondern himmlischen Dingen
- Hoffnung auf Erlösung und Frieden

3. Wohlwollende Befragungen

- kein wirkliches Verhör, eher gutwilliges Gespräch
- nur kurzes Gespräch, keine Hürden oder Fallstricke
- Bewerber kann offenbar nichts falsch machen, wird auf jeden Fall genommen
- Befragende treten Karl wohlwollend gegenüber
- Hierarchie der Befragenden auf den Kopf gestellt

4. Opulentes Essen

- Aufgenommene werden reichlich beköstigt
- Essen und Trinken im Überfluss
- ausgelassene, festliche Stimmung
- wie im Schlaraffenland

5. Positive zwischenmenschliche Beziehungen:

- Mann klopft Karl auf die Schulter und wünscht ihm Glück
- herzliches Wiedersehen mit Fanny voller Freude und Zuversicht
- Karl wird von Theaterpersonal freundlich willkommen geheißen
- herzliches Wiedersehen mit Giacomo

Nachdem die Schülerinnen und Schüler anhand detaillierter Textanalysen und -vergleiche die positiven Eigenschaften des „Teaters von Oklahama" erarbeitet haben, kann ihr Augenmerk auf dessen allgemeine Symbolik gelenkt werden. Das Unterrichtsgespräch lässt sich beispielsweise durch folgenden Frage-Impuls einleiten:

- *Wie wir gesehen haben, unterscheidet sich das „Teater von Oklahama" in wesentlichen Dingen von allen anderen Orten und Situationen der übrigen Romanhandlung. Wofür könnte dieses Theater ganz allgemein stehen, wenn man nur seine positiven Eigenschaften betrachtet?*

Wie bereits in den vorangegangenen Unterrichtsschritten angeklungen, repräsentiert das Theater in seinen positiven Eigenschaften einen utopischen Gegenentwurf zur Realität. Wurden in der vorangegangenen Romanhandlung die grausamen Verhältnisse der amerikanischen Alltagswirklichkeit geschildert, die geprägt ist von Hunger, Egoismus, Ausbeutung und Ungerechtigkeiten aller Art, so stellt Kafka im Theater-Kapitel eine paradiesähnliche Welt dar, die jeden willkommen heißt, in der man freundlich miteinander umgeht, es Essen im Überfluss gibt – kurz: in der die Menschen von allen Sorgen und Problemen befreit sind. Um den Lernenden diesen utopischen Charakter des Theaters noch deutlicher vor Augen zu führen, empfiehlt sich im Folgenden der Vergleich mit den Beschreibungen der Auswahl der USA-Einwanderer, bei der die Schattenseiten der amerikanischen Wirklichkeit besonders plastisch zum Vorschein kommen. Dabei kann Ellis Island, die Insel, die bis in die Mitte des 20. Jahrhunderts die zentrale Sammelstelle für Immigranten war, als diametral entgegengesetzter Ort zum „Teater von Oklahama" aufgefasst werden. František Soukup, dessen Amerika-Vortrag auch Kafka gehört hat, hat die Immigranten-Aufnahme und die auf Ellis Island herrschenden Verhältnisse eindrucksvoll beschrieben (siehe Textausgabe, S. 316f.) Der Kurs wird in Arbeitsgruppen eingeteilt, die folgenden Auftrag erhalten:

- *Lesen Sie František Soukups Bericht über die Auswahl der Einwanderer in Amerika (Textausgabe, S. 316f.). Inwiefern unterscheidet sich diese Auswahl grundsätzlich von der Bewerber-Auswahl des „Teaters von Oklahama"? Erstellen Sie eine Gegenüberstellung der wichtigsten Unterschiede.*

Die Lernenden werden vermutlich problemlos die wesentlichen Unterschiede zwischen der US-Einwanderer- und der Theater-Bewerber-Auswahl erkennen. Während die Bewerbungsgespräche des „Teaters von Oklahama" freundlich, schnell und problemlos vonstatten gehen, sind die Kontrollen auf dem Schiff, die die Immigranten über sich ergehen lassen müssen, streng und dauern dementsprechend lange, häufig „einige Stunden". Soukups lapidarer Kommentar: „Amerika sucht sich heutzutage schon aus, wen es haben will, und es entscheidet unwiderruflich darüber, wen es verstoßen will." Im Gegensatz zum Theater, das auch Leute ohne Papiere und Geld willkommen heißt, legt die US-Einwanderungsbehörde Wert darauf, dass die Aufnahmewilligen eine „genaue Adresse" angeben und auch über einen Mindestbetrag an Geld („mindestens 50 $") verfügen. „Das Durchsieben ist sehr oft unerhört brutal." Die Leute werden „so lange festgehalten, bis die Richtigkeit ihrer Angaben [...] überprüft" ist. Noch unmenschlicher geht es danach auf Ellis Island zu. „Hier werden die Einwanderer in besondere Verschläge hineingepresst und einer regelrechten Inquisition unterzogen." Die Verpflegung ist schlecht. Familien werden auseinandergerissen, „kranke, alte und verkrüppelte Menschen, schwangere Frauen und andere werden unbarmherzig verstoßen". (Alle Zitate: Textausgabe, S. 316) Der Unterschied zum „Teater von Oklahama", das selbst Familien mit kleinen Kindern aufnimmt und die Bewerber mit einem opulenten Willkommensmahl empfängt, könnte auch hier kaum größer sein. So lässt sich zusammenfassend sagen, dass die von František Soukup beschriebene US-Aufnahmepraxis der Immigranten, insbesondere Ellis Island – „eine Insel des Schreckens und der Unmenschlichkeit" –, die häufig grausame Realität der amerikanischen Lebenswelt besonders krass widerspiegelt, während das „Teater von Oklahama" als utopische Gegenwelt zu dieser Realität aufgefasst werden kann.

Weitere, noch detailliertere Informationen zur Selektion von Einwanderern finden die Lernenden in Arthur Holitschers Text über Ellis Island (Textausgabe, S. 302–306), der zur Vertiefung ebenfalls gelesen und besprochen werden kann.

Die Ergebnisse des Unterrichtsgesprächs können durch folgende Gegenüberstellung an der Tafel gesichert werden:

Der Umgang mit Einwanderern/Bewerbern

Ellis Island	**„Teater von Oklahama"**
• Aufnahmegespräche streng, lang andauernd, voller Tücken	• Aufnahmegespräche freundlich, schnell, problemlos
• nur bestimmte Menschen werden genommen, keine Armen, keine Menschen ohne Papiere, keine Kranken	• alle Menschen werden genommen, auch Arme, Menschen ohne Papiere, Kranke
• schlechte Verpflegung	• opulentes Willkommensmahl
• Familien werden auseinandergerissen	• ganze Familien werden aufgenommen
• grausam, brutal, unmenschlich	• freundlich, fröhlich, menschlich
• Ziel: möglichst wenige und nur geeignete Menschen aufnehmen	• Ziel: alle Menschen aufnehmen
= grausame amerikanische Realität	**= utopische Gegenwelt**

Um eine Brücke zur Gegenwart zu schlagen, ist im Anschluss ein Schülerreferat über die heutige Einwanderungspolitik der USA denkbar. Informationen dazu können beispielsweise im Internet recherchiert werden.

Die Schülerinnen und Schüler haben während der bisherigen Textanalysen wahrscheinlich schon bemerkt, dass die Beschreibungen des „Teaters von Oklahama" keineswegs nur hell und positiv sind: Hinter der glänzenden Oberfläche scheinen immer wieder Vorboten, böse Omen eines drohenden Verhängnisses aufzublitzen. Vermutlich haben manche Lernenden auf diese mögliche dunkle Kehrseite des Theaters bereits in den vorangegangenen Unterrichtsdiskussionen hingewiesen. Diese Schattenseiten sollen im Folgenden näher betrachtet werden. Die zuvor gebildeten Arbeitsgruppen erhalten folgenden Auftrag:

- *Denken Sie noch mal an die Beschreibungen des „Teaters von Oklahama". Fallen Ihnen auch negative Anzeichen dieses Teaters ein? „Überfliegen" Sie noch einmal das Kapitel und prüfen Sie, welche genannten Einzelheiten als böse Omen aufgefasst werden könnten. Besprechen Sie Ihre Ergebnisse innerhalb Ihrer Arbeitsgruppe.*

Nach der Gruppenarbeit werden die Ergebnisse im Kursplenum vorgestellt und miteinander besprochen. Vermutlich haben die Lernenden etliche Details im Theater-Kapitel gefunden, die auf eine unheilvolle Wendung der Handlung schließen lassen. Immer wieder passen einzelne Details nicht zur freundlichen, positiven Oberfläche des Theaterbetriebs, scheinen auf eine hinter der glitzernden Fassade lauernde dunkle Wahrheit hinzuweisen. So könnte man bereits bei der Begrüßung der Bewerber im Händereiben des Personalchefs hinter seiner Maske der Freundlichkeit einen übertriebenen und egoistischen Geschäftssinn sehen: Er „kam ihnen schon entgegen, war sehr zufrieden, daß soviele kamen, rieb sich die Hände, grüßte jeden einzelnen durch eine kleine Verbeugung und stellte sie alle in eine Reihe". (248, 20–248, 22) Durch die Geste mit den Händen scheint er unbewusst zu signalisieren, dass sein Plan aufgegangen ist und er ein sehr gelungenes, lohnendes Geschäft, eben die Anwerbung so vieler Freiwilliger, abgeschlossen hat. Wie anders erschiene sein Auftreten, würde er sich nicht die Hände reiben, sondern sie den Bewerbern zum Willkommensgruß freundlich reichen.

Etliche andere negative Vorzeichen des Theaters lassen sich insbesondere in drei Textpassagen entdecken, die mit den Lernenden separat besprochen werden können, falls die Gruppenarbeit nicht zu den gewünschten Ergebnissen geführt hat.

Die **erste Textpassage:** Bereits in der Szene unmittelbar nach Karls Aufnahme (256, 11–256, 35) scheint eine gewisse Melancholie mitzuschwingen, die auf eine verheimlichte, aber subtil spürbare Seite des Theaters hinweisen könnte. Wieder bietet sich die Textarbeit in Schülergruppen an:

- *Lesen Sie die Textpassage von S. 256, 11 bis S. 256, 35 und achten Sie auf alle Details, die als böse Vorboten des Bevorstehenden gewertet werden könnten. Versetzen Sie sich bei der Lektüre auch in Karls Perspektive und überlegen Sie sich, was er wohl in der Szene fühlt und denkt.*

Karl erlebt in dieser Szene „die erste Enttäuschung" (256, 17) in Bezug aufs Theater. So groß seine Freude über das Wiedersehen mit Fanny kurz zuvor gewesen ist, so traurig ist er nun, dass sie nicht mehr am Ort ist, „jetzt waren dort nur noch die leeren Postamente" (256, 22). Es wirkt geradezu unheimlich, dass sich beide so plötzlich und ohne jeden Abschied wieder aus den Augen verloren haben – fast so, als wäre Fanny eine bloße Halluzination gewesen. Zur bedrückenden Stimmung tragen auch die Kinder bei, die sich nun auf dem Platz um eine Feder aus einem der Engelskostüme streiten. „Ein Junge hielt sie in die Höhe, während die andern Kinder mit einer Hand seinen Kopf niederdrücken wollten und mit der andern nach der Feder langten." (256, 27–256, 29) Auch im Umkreis des „Teaters von Oklahama", so zeigt dieser Streit, gibt es wie überall Egoismus und Konkurrenz; die altruistisch-humanistische Fassade, in der sich der Theaterbetrieb präsentiert, ist womöglich mehr Schein als Sein. Gut möglich, dass Karl bereits beim Anblick dieser Szene Bedenken über seine baldige Zukunft hat. Und seine Skepsis wird durch die Frage des Dieners, ob man bei seiner Aufnahme aufgrund der ungewöhnlichen Dauer „wohl Zweifel" (256, 32) gehabt habe, sicherlich noch bestärkt. Auch hier im Theaterbetrieb bleibt er von Enttäuschungen also nicht verschont: „Immer, selbst bei den klarsten Verhältnissen fand sich doch irgendjemand der seinem Mitmenschen Sorgen machen wollte." (256, 33–256, 35)

Beim **zweiten Textabschnitt** handelt es sich um Beschreibungen der Willkommensmahlzeit (257, 3–259, 35), die bei aller scheinbaren Fröhlichkeit des Anlasses doch auch auf eine verheimlichte, dunkle Seite des Theaters hinzuweisen scheinen. Die Arbeitsgruppen erhalten folgenden Auftrag:

- *Lesen Sie die Beschreibung der Willkommensmahlzeit (257, 3–259, 35) noch einmal aufmerksam durch. Welche geschilderten Details widersprechen dem guten, humanistischen Anschein des Theaters? Achten Sie beispielsweise auf das Verhalten der Führungspersonen.*

Schon ganz zu Anfang der Szene irritiert das Verhalten des Führers der Werbetruppe. Nachdem ihn die neu Aufgenommenen entdeckt haben, heben sie ihre Gläser in seine Richtung und verleihen ihrer Freude und Dankbarkeit lautstark Ausdruck, „aber so laut man auch rief und so sehr man sich bemerkbar zu machen suchte, auf der Schiedsrichtertribüne deutete nichts darauf hin, daß man die Ovation bemerkte oder wenigstens bemerken wolle" (257, 12–257, 15). Es hat den Anschein, als hätte der „Vater der Stellungssuchenden" (257, 7) das Interesse für die neu Aufgenommenen – nun, nachdem das Theater nicht mehr um sie werben muss – gänzlich verloren. Sie scheinen für ihn zu bloßen Nummern geworden zu sein, die man nicht mehr beachten, geschweige denn wertschätzen muss. Eine seltsame Kühle, die so gar nicht zum anfänglichen freundlichen Anschein des Theaters passen möchte, wird auch am Schluss spürbar: So beendet der Personalchef das Essen plötzlich und mahnt zur Eile, „denn der Zug, der Sie nach Oklahama bringen soll, fährt in fünf Minuten" (259, 15–159, 16). Generell wird der Ton immer rauer, der Umgang gegenüber den Angeworbenen immer unhöflicher: So heißt es, dass die neu Aufgenommenen dem Transportführer „Gehorsam schulden" (259, 19), und dieser „nahm sich kaum Zeit eine flüchtige Verbeugung zu machen, sondern begann sofort mit ausgestreckten nervösen Händen zu zeigen, wie sich alle sammeln, ordnen und in Bewegung setzen sollten" (259, 21–259, 24). Den Verantwortlichen des Theaters scheint es mit einem Mal nicht mehr um das Wohl der Bewerber zu gehen, sondern lediglich darum, ihre strikten Zeit- und Dienstpläne einzuhalten. So überrascht es auch nicht, dass sie schließlich als Einzige beim Scherz des Dankredners nicht lachen, scheinen sie doch zu wissen, dass es kein Scherz, sondern die nackte Wahrheit ist, wie man Bewerber für sich gewinnen kann. (Vgl. 259, 34)

Als **dritte Textpassage** kann schließlich auch das letzte Kapitelfragment gelesen werden, das von der Zugfahrt nach „Oklahama" handelt (261, 1–261, 26). Der entsprechende Auftrag für die Arbeitsgruppen kann folgendermaßen lauten:

- *Lesen Sie das letzte Kapitelfragment (261, 1–261, 26). Welche Gefühle und Assoziationen steigen in Ihnen während der Lektüre auf? Welche Atmosphäre herrscht in der Szene? Welche Details könnten als böse Omen für Karls weitere Zukunft gedeutet werden?*

Schon die scheinbar harmlosen Neckereien der Jungen im Zugabteil weisen darauf hin, dass die Streitigkeiten und Konkurrenzkämpfe, die Karl schon so oft zuvor, insbesondere im Hotel occidental sowie im Zusammenleben mit Delamarche und Robinson, erleben musste, auch im Theater nicht aufhören werden. Scheint das Ins-Bein-Zwicken der Kameraden anfangs noch ein Zeichen der gegenseitigen Annäherung, der „Freundlichkeit" (261, 9), zu sein, so versteckt sich dahinter doch auch pure Lust zur Provokation. Daher ist es kein Wunder, dass Karl immer wieder versucht, „mit einem Fußtritt zu antworten". (261, 13) Gut vorstellbar, dass sich aus diesen anfänglichen Reibereien im Laufe der Zugfahrt ein handfester Streit entwickeln wird. Noch viel bedrohlicher wirkt jedoch die in diesem Kapitel beschriebene Natur. Das Gebirge, durch das der Zug fährt, ist so hoch, dass seine Gipfel nicht mehr zu erkennen sind. „Bläulichschwarze Steinmassen giengen in spitzen Keilen bis an den Zug heran, man beugte sich aus dem Fenster und suchte vergebens ihre Gipfel, dunkle schmale zerrissene Täler öffneten sich, man beschrieb mit dem Finger die Richtung, in der sie sich verloren". (261, 17–261, 21) Die Betrachter im Zug werden angesichts der überwältigenden Welt draußen klein und unbedeutend. Es scheint fast, als würden sie vor der gewaltigen Naturkulisse gänzlich ausgelöscht werden. Vielleicht schon ein Hinweis auf ihr tragisches Schicksal? Wenig Anlass zur Hoffnung jedenfalls geben auch die letzten Worte des Romans, wenn es von den herabkommenden Bergströmen heißt, „daß der Hauch ihrer Kühle das Gesicht erschauern machte". (261, 25–261, 26)

Ziel der vorangegangenen Textanalysen ist es, den Lernenden vor Augen zu führen, dass das „Teater von Oklahama" durchaus nicht nur gut und heilsversprechend beschrieben wird. Hinter seiner hell schillernden Oberfläche blitzen immer wieder dunkle Seiten auf, die darauf hindeuten könnten, dass Karl keineswegs seiner Erlösung entgegengeht – sondern im Gegenteil seinem Untergang. Die gewonnenen Ergebnisse können stichpunktartig an der Tafel gesichert werden:

Anzeichen der „anderen", verheimlichten Seite des „Teaters von Oklahama"

- Der Personalchef reibt sich die Hände, als habe er gerade ein gutes Geschäft abgeschlossen
- Fanny ist verschwunden
- Kinder streiten sich um Engelsfeder
- Diener nährt Zweifel
- der Führer der Werbetruppe ignoriert die neu Aufgenommenen beim Willkommensessen
- Willkommensessen wird plötzlich beendet und es wird zur Eile ermahnt
- Ton wird rauer
- Theaterleute lachen nicht beim Scherz in der Dankesrede
- Provokationen der Jungen im Zugabteil
- überwältigende Natur, Erschauern

} **Hinter dem schönen Glanz des Theaters scheint sich etwas Bedrohliches zu verbergen.**

Zur Bestätigung des Eindrucks, dass sich hinter dem „Teater von Oklahama" etwas Bedrohliches verbirgt, kann zusätzlich noch Norbert Oellers' Text herangezogen werden (**Arbeitsblatt 28**, S. 165). Die Schüler und Schülerinnen erhalten folgenden Auftrag:

■ *Lesen Sie den Text und fassen Sie seine Aussagen in eigenen Worten zusammen. Wie lautet Nobert Oellers' Hauptthese und durch welche Detailinformationen wird sie zu begründen versucht?*

Oellers geht davon aus, dass die geplante Romanhandlung mit dem Untergang des Protagonisten enden sollte. Um die Plausibilität dieser These zu unterstreichen, führt er ein überaus aufschlussreiches Detail an: Der Schreibfehler „Oklahama" (anstatt: „Oklahoma") lässt sich auf Kafkas Lektüre von Arthur Holitschers Buch „Amerika heute und morgen" zurückführen, in dessen erster Auflage sich dieser Fehler ebenfalls findet. Als Bildunterschrift unter einer Fotografie, auf der ein gelynchter Schwarzer zu sehen ist (siehe Textausgabe, S. 346), heißt es bei Holitscher zynisch: „Idyll aus Oklahama". Ein ähnliches Schicksal wie diesen Erhängten, so Oellers, erwartet auch Karl, der sich nicht zufällig im Bewerbungsgespräch als „Negro" vorstellt. Folgt man Oellers' Argumentation, so steht Karl mit der Aufnahme im Theater kurz vor seiner Todesstrafe für die in der vorangegangenen Romanhandlung – angeblich – aufgeladenen Schuld: „Negro, einst Karl Roßmann, kann seine Unschuld nicht sonnenklar herausstellen, also ist sonnenklar, was mit ihm geschieht." Dementsprechend düster und pessimistisch fällt Oellers' Resümee aus: „Karl lebte in einer Welt, die ihm ganz und gar zum Nachteil gereichte; er war für diese Welt ungenügend eingerichtet und wäre, um überleben zu können, auf Mitgefühl, auf Hilfe, auf Mitleid angewiesen."

Zum Schluss dieser Unterrichtseinheit ist es unbedingt zu empfehlen, nochmals die Ausgangsfrage zu stellen: Welches Schicksal erwartet Karl – endet der Roman tragisch oder als Happy End? Das Unterrichtsgespräch lässt sich mit folgenden Frage-Impulsen einleiten und weiterführen:

- *Kehren wir noch einmal zu unserer Ausgangsfrage zurück: Wie beurteilen Sie jetzt Karls voraussichtliches Schicksal? Glauben Sie, dass er im „Teater von Oklahama" die lang ersehnte gesellschaftliche Integration findet? Oder steuert er auf seinen Untergang zu? Was ist wahrscheinlicher: ein Happy End oder ein tragischer Ausgang?*
- *Hat sich Ihre Meinung im Lauf der vorangegangenen Textanalysen geändert? Wenn ja, was sind die ausschlaggebenden Gründe hierfür?*

Als abschließende Hausaufgabe bietet sich ein Schreibauftrag an, in dem die Kreativität der Schülerinnen und Schüler gefragt ist:

- *Stellen Sie sich vor, Karl Roßmann hat „Oklahama" erreicht und wurde endgültig im Theater aufgenommen. Versetzen Sie sich in seine Perspektive und schreiben Sie einen Brief an die Eltern in Prag oder an den Onkel in New York, in dem Sie von der neuen Heimat, dem neuen Beruf usw. berichten.*

Ein noch anspruchsvollerer, für viele Lernenden womöglich aber auch reizvollerer Schreibauftrag kann so lauten:

- *Stellen Sie sich vor, der Zug, in dem Karl und die anderen sitzen, erreicht endlich das „Teater von Oklahama". Was erwartet Karl? Wie geht seine Geschichte weiter? Schreiben Sie dieses Kapitel.*

5.2 Verschiedene Deutungen des „Teaters von Oklahama"

Der vorangegangene Unterrichtsschritt hat bereits gezeigt, wie unterschiedlich das „Teater von Oklahama" gedeutet werden kann. Diese Perspektivenvielfalt spiegelt sich auch in der Kafka-Forschung wider. In der Textausgabe finden sich sieben verschiedene Interpretationen dieses Theaters (siehe S. 335–354) – etliche weitere ließen sich problemlos anfügen. Um den Schülerinnen und Schülern zu verdeutlichen, dass literaturwissenschaftliches Argumentieren je nach Perspektive und eingeschlagener Richtung zu unterschiedlichen, aber durchaus gleichwertigen Ergebnissen führen kann, sollen sie zwei dieser Deutungen ausführlich analysieren und miteinander vergleichen (die anderen fünf Deutungen können im Anschluss daran kurz vorgestellt und besprochen werden).

Als Einstieg in diese Unterrichtseinheit bietet es sich an, die Lernenden zunächst nach ihrer eigenen Deutung des Theaters zu fragen:

■ *Wir haben die Besonderheiten des „Teaters von Oklahama" herausgearbeitet. Wie deuten Sie dieses Theater, was könnte es symbolisieren? Begründen Sie Ihre Interpretation anhand passender Textbelege.*

Vor dem Hintergrund der Ergebnisse der vorangegangenen Textanalysen ist zu erwarten, dass die Lernenden etliche, durchaus plausible Deutungen vorstellen werden. Eine interessante und evtl. auch im Unterrichtsgespräch zu thematisierende Fragestellung kann es sein, ob die Mehrheit der Lernenden das Theater eher positiv (z. B. als erlösendes Paradies oder als heilsversprechende Sozialutopie) oder negativ (z. B. als Tod oder als grausame Bestrafung) interpretiert.

Die Antworten der Schülerinnen und Schüler können an der Tafel mitnotiert werden:

Das „Teater von Oklahama" als

Paradiesvorstellung

Tod, der jeden nimmt

grausames Gericht

Sozialutopie

freies Künstlertum

satirische Darstellung der christl. Kirche

Nach der Besprechung der Schüler-Deutungen kann der Blick nun auf die Sekundärliteratur gerichtet werden. Vermutlich werden die Lernenden überrascht sein, dass sie zu ganz ähnlichen Interpretationen des „Teaters von Oklahama" gelangt sind wie die Literaturwissenschaftler. Zunächst soll der Text von **Wolfgang Jahn** (Textausgabe, S. 341 – 345) gelesen und bearbeitet werden, der das Theater als neutestamentliche Heilsversprechung deutet. Die Schülerinnen und Schüler erhalten folgenden Auftrag:

■ *Lesen Sie Wolfgang Jahns Text (Textausgabe, S. 341 – 345), unterstreichen Sie die zentralen Gedanken und fassen Sie danach seine Deutung des „Teaters von Oklahama" in eigenen Worten zusammen.*

Nach der Bearbeitungszeit werden die Ergebnisse vorgestellt und miteinander besprochen. Die Lernenden sollten erkennen, dass Wolfgang Jahn das „Teater von Oklahama" als Parodie einer neutestamentlichen Heilsversprechung interpretiert. Zunächst begründet er seine These durch zahlreiche Textbelege: So erinnerten beispielsweise manche im Plakat gebrauchte Redewendungen an die Offenbarung des Johannes und an das Gleichnis der zehn Jungfrauen, die trompetenden Engel verwiesen ebenfalls unverkennbar auf die Bibel, und auch das im Theater-Kapitel beschriebene Essen rufe Assoziationen an eine neutestamentliche Armenspeisung wach. Nach Aufzählung dieser und verschiedener anderer biblischer Anspielungen betont Jahn allerdings, dass ein transzendenter Bezug im Romanfragment niemals ausdrücklich hergestellt wird, die biblischen Bilder vielmehr in verwandelter und verhüllter Form erschienen. So sei die Armenspeisung beispielsweise nur travestiert und daher in satirischer Weise beschrieben. „Diese Unterscheidung ist sehr folgenreich: Sie bedeutet, dass die in Clayton ausgesprochene Verheißung, ja, dass das ganze große Theater überhaupt als eine Travestie biblischer Jenseitsvorstellungen anzusehen ist." Nach Jahn greift Kafka biblische Bilder und Motive mit ironischer Absicht auf. Den Effekt des Satirisch-Lächerlichen erziele er nicht zuletzt auch dadurch, dass diese christlichen Motive (z. B. Bote, Richter, Mahlzeit etc.) buchstäblich übernommen und beschrieben, dabei aber ihrer eigentlichen symbolischen, also metaphysischen Bedeutung beraubt werden. So wende sich Kafka

durch die Übernahme und Travestie biblischer Bilder generell gegen jede christliche Jenseitshoffnung, indem er dem Leser die Kluft zwischen deren Idee (Erlösung) und der Realität (Verdammnis) vor Augen führe.
Folgende Aufgaben und Frage-Impulse bieten sich zur Weiterführung und Vertiefung des Unterrichtsgesprächs an:

- *In welche einzelnen Schritte baut Wolfgang Jahn seine Argumentation auf?*
- *Womit belegt er seine These, Kafka spiele mit der Darstellung des „Teaters von Oklahama" auf das Neue Testament an?*
- *Was bezweckt Kafka laut Jahn mit der literarischen Gestaltung und Travestie biblischer Bilder und Motive?*

Die Ergebnisse dieses Unterrichtsschritts können stichpunktartig an der Tafel gesichert werden:

Wolfgang Jahn: Das „Teater von Oklahama" als Parodie einer neutestamentlichen Heilsversprechung

Aufdeckung zahlreicher bibl. Bilder und Anspielungen auf NT im Theater-Fragment: z. B.

- Redewendungen im Plakat (etwa: „Verflucht sei, wer uns nicht glaubt!")
- trompetende Engel
- Armenspeisung
- Karl als Letzter („Die Letzten werden die Ersten sein.")
- der Präsident als letzte und höchste Instanz (Anspielung auf Gott)

Einschränkung:
- metaphysischer, transzendenter Bezug niemals ausdrücklich; biblische Bilder erscheinen in verwandelter, verhüllter Form (z. B. Armenspeisung nur in travestierter Form nachgeahmt)
- biblische Bilder buchstäblich übernommen, ohne symbolischen Bedeutungsinhalt (z. B. Bote, Richter, Mahlzeit etc.)

Das gesamte Theater erscheint als Travestie biblischer Jenseitsvorstellungen.

➡ **Kafka zieht christl. Erlösungskult als Ganzes ins Lächerliche, verweist auf Unterschied zwischen dessen Idee (Erlösung) und der eigentlichen Realität (Verdammnis).**

Dass Jahns Interpretation überaus plausibel ist, unterstreicht auch ein Blick auf andere Werke Kafkas. Obwohl er Jude war, finden sich in seinem Œuvre doch immer wieder auch sehr deutliche Anspielungen auf christliche Themen, nicht zuletzt auf Stoffe und Motive des Neuen Testaments. So lässt sich beispielsweise Kafkas Parabel „Heimkehr" als moderne, in ihr Gegenteil gewendete Variante der „Parabel vom verlorenen Sohn" aus dem Lukas-Evangelium auffassen. Um den Schülerinnen und Schülern vor Augen zu führen, dass Kafka wiederholt biblische Motive in seinem Werk aufgriff und neu gestaltete, bietet sich die Analyse dieser literarischen Bearbeitung an. Eine Besprechung dieses Textes ist aber auch aufgrund der inhaltlichen Parallelen zu Kafkas Amerika-Roman sinnvoll, handelt es sich doch auch beim „Verschollenen" Karl Roßmann um einen verlorenen Sohn. Die neutestamentliche und Kafkas Parabel sind auf dem **Arbeitsblatt 29**, S. 166, abgedruckt. Der Kurs wird in Gruppen aufgeteilt, die folgenden Schreibauftrag erhalten:

- *Lesen Sie die „Parabel vom verlorenen Sohn“ und Kafkas „Heimkehr“. Erstellen Sie danach eine Gegenüberstellung der inhaltlichen Gemeinsamkeiten und Unterschiede der beiden Texte. Fassen Sie die Aussage der biblischen Parabel und der Parabel Kafkas anschließend jeweils in einem Satz zusammen.*

Nach der Bearbeitungszeit werden die Gruppenergebnisse vorgestellt und im Kursplenum besprochen. Zur Vertiefung und Weiterführung des Unterrichtsgesprächs bieten sich beispielsweise folgende Frage-Impulse an:

- *Welche Stimmung erzeugt die Lektüre der biblischen Parabel und der Parabel Kafkas in Ihnen?*
- *Wie wird jeweils der Vater im biblischen und in Kafkas Text beschrieben?*
- *Versetzen Sie sich in die Perspektive der beiden dargestellten Söhne. Wessen Perspektive ist Ihnen vertrauter?*

Die Lernenden werden voraussichtlich schnell erkennen, dass beide Texte von der Rückkehr eines Sohnes, der für längere Zeit die Heimat verlassen hat, zu seinem Vater handeln. So ähnlich die Ausgangssituation ist, so sehr unterscheidet sich jedoch die konkrete Gestaltung dieser Rückkehr. Während es in der biblischen Parabel zu einem glücklichen Wiedersehen kommt, bleibt der Sohn bei Kafka zögernd vor der Tür stehen, traut sich offenbar nicht, unter die Augen des Vaters zu treten. Während die verlorene und wiedergewonnene Heimat im Neuen Testament reich und schillernd, der Vater voller Gnade und Güte beschrieben wird, so erscheinen Haus und Vater in der Kafka'schen Parabel alt und armselig. Dementsprechend unterscheidet sich auch die in den beiden Texten vermittelte Stimmung: Strahlt die „Parabel vom verlorenen Sohn“ Zuversicht und Freude aus, so wirkt Kafkas „Heimkehr“ auf die meisten Leser wohl düster und hoffnungslos.

Die Ergebnisse des Unterrichtsgesprächs können durch folgendes Tafelbild stichpunktartig gesichert werden:

Kafkas Variation einer biblischen Parabel

Bibel: „Parabel vom verlorenen Sohn“	**Kafka: „Heimkehr“**
Gemeinsamkeit:	
• Sohn kehrt zu seinem Vater zurück	
Unterschiede:	
• Reue des Sohnes	• Zweifel und Angst des Sohnes
• Sohn erkennt Wert des Vaters an	• Sohn steht Vater skeptisch gegenüber
• Heimat wirkt verheißungsvoll	• Heimat wirkt alt und armselig
• glückliches Wiedersehen	• Verharren vor der Tür
• Sohn hat Heimat wiedererlangt	• Sohn bleibt in der Fremde
• Zuversicht und Freude	• Hoffnungslosigkeit
• Versöhnung	• anhaltende Distanz
Zusammenfassender Satz:	
Der Vater (Gott) nimmt den Sohn (Mensch) stets wieder auf, reicht ihm immer die Hand zur Versöhnung.	Die Trennung zwischen Vater (Gott) und Sohn (Mensch) ist unüberwindlich, es gibt keine Hoffnung.

Auch im Blick auf die Deutung des „Teaters von Oklahama" sollten die Lernenden im Anschluss über Kafkas mögliche Motive und Intentionen zu solchen literarischen Bearbeitungen reflektieren. Das Unterrichtsgespräch kann durch folgenden Frage-Impuls eingeleitet werden:

- *Welchen Grund könnte Kafka dafür gehabt haben, Motive aus dem Neuen Testament aufzugreifen und deren Aussage in ihr Gegenteil zu verkehren? Denken Sie bei Ihrer Antwort an das Weltbild, das beispielsweise in biblischen Gleichnissen und Parabeln vermittelt wird, und vergleichen Sie es mit dem von Kafka vermittelten Weltbild.*

Vor dem Hintergrund der Analyse des Textes von Wolfgang Jahn und der Informationen über die literarische Moderne (Baustein 3) werden die Lernenden vermutlich ohne weitere Hilfe erkennen, dass Kafka biblische Motive aufgegriffen und in ihr Gegenteil gewendet, häufig auch travestiert hat, um sich explizit gegen das dort vermittelte Weltbild zu wenden. Als typischer Vertreter der Moderne teilte er nicht mehr die alte biblische Vorstellung einer gottgewollten und harmonischen Wirklichkeit – seine literarisch beschworene Wirklichkeit erscheint um einiges dunkler und trostloser. Die Figuren in seinen Werken können nicht mehr auf göttliche Gnade hoffen, sie sind in eine sinnlose Welt geworfen, ohne Aussicht auf erlösende Rettung. Besonders eindrucksvoll konnte Kafka diese existenzielle Aussichtslosigkeit des modernen Menschen im Kontrast zu biblischen, allgemein bekannten Bildern gestalten.

Die Ergebnisse des Unterrichtsgesprächs können durch folgendes Schaubild an der Tafel gesichert werden:

Kafkas literarische Bearbeitung biblischer Motive

Neutestamentlicher Text		Kafka'scher Text
Hoffnung		Hoffnungslosigkeit
Sinn	lit. Bearbeitung	Sinnlosigkeit
Erlösung	→	Verdammnis
Gott als gnädige Vaterfigur		Gott ist tot
Licht		Dunkelheit
Gnade		Strafe
…		…

→ Das Weltbild der Bibel ist grundsätzlich anders als das Weltbild der Moderne (repräsentiert durch Kafka).

Zum Abschluss dieses Unterrichtsschritts ist ein Schreibauftrag denkbar, in dem sich die Schülerinnen und Schüler selbst kreativ beweisen können:

- *Wählen Sie eine Parabel aus dem Neuen Testament und schreiben Sie auf deren Grundlage eine kurze Geschichte mit veränderter Aussage.*

Als zweites Beispiel einer literaturwissenschaftlichen Interpretation kann der Text von **Thomas Anz** (Textausgabe, S. 347–351) besprochen werden. Die Lernenden erhalten den Auftrag:

- *Lesen Sie Thomas Anz' Text und fassen Sie seine Deutung des „Teaters von Oklahama" in eigenen Worten zusammen.*

Thomas Anz deutet die Anwerbung von Mitarbeitern des „Teaters von Oklahama" als verschlüsselte Darstellung der Mobilmachung im Ersten Weltkrieg. Im Theater-Fragment habe Kafka so deutlich wie in keinem anderen Text seinen damaligen Wunsch dargestellt, selbst als tauglich für den Militärdienst gemustert und als Soldat eingezogen zu werden. Zur Begründung dieser These führt Anz neben zahlreichen Textbelegen aus dem Roman auch biografische und zeitgeschichtliche Informationen an. So habe Kafka seinen Wunsch wiederholt in Briefen an Felice Bauer und in Tagebuchaufzeichnungen formuliert. Er verband mit einem möglichen Militärdienst die Hoffnung, von den Lasten des ungeliebten Berufs befreit zu werden. Daher ist es für Anz auch kein Zufall, dass im Romanfragment zahlreiche Begriffe (z. B. „Truppe", „aufnehmen", „melden") und Wendungen (z. B. „Ehre machen") aus dem militärischen Bereich auftauchen. Auch die häufige Verwendung des Adjektivs „groß", der Einsatz von Musik (Trompeten und Trommeln), die sakrale Stilisierung des Theaters (religiöse und apokalyptische Symbolik, z. B. durch Engel und Teufel) und die strikten Terminsetzungen (im Plakat und nach der Mahlzeit) sprächen für diese Deutung. Andererseits weist Anz auch auf etliche Entsprechungen zwischen den im Theater-Fragment dargestellten Details und dem zeitgeschichtlichen Hintergrund seiner Entstehung hin. So herrschte 1914 auch in Prag eine starke, die gesamte Gesellschaft durchdringende Mobilmachung. An den Straßenecken und in den Zeitungen wurden die Menschen in kaiserlichen Manifesten und Apellen aufgerufen, sich zum Militärdienst zu melden, wobei – ganz ähnlich wie im Plakat, das Karl Roßmann liest – unablässig betont wurde, dass jeder willkommen sei und seine Verwendung finde. Darüber hinaus war es damals in der Propaganda, aber auch im allgemeinen Feuilleton üblich, den gerade beginnenden Weltkrieg mit einem Theater (z. B. „Welttheater", „Kriegstheater") zu vergleichen.

Die Schülerinnen und Schüler stellen ihre Arbeitsergebnisse vor. Folgende Aufgaben und Frage-Impulse bieten sich während des darauf folgenden Unterrichtsgesprächs zur Weiterführung und Vertiefung an:

- *Neben zahlreichen Textbelegen aus dem Roman führt Anz zur Plausibilisierung seiner Grundthese auch andere Informationen an. In welche zwei Gruppen können diese Informationen eingeteilt werden?*
- *Wie beurteilten Sie die Deutung von Anz? Überzeugt sie Sie? Begründen Sie Ihre Meinung.*

Die Ergebnisse des Unterrichtsgesprächs können durch folgendes Tafelbild gesichert werden:

Thomas Anz: Eine Mobilmachung

Grundthese: Reklame des „Teaters von Oklahama" stellt verschlüsselt Mobilmachung im Ersten Weltkrieg dar

Argumentation:

1. Textbelege aus dem Roman:
- häufiger Gebrauch des Wortes „Truppe"
- militärische Floskeln nach der Aufnahme („Ehre machen")
- Begriffe wie „aufnehmen" und „melden"
- häufiger Gebrauch des Adjektivs „groß"
- Einsatz von Musik
- strikte Terminsetzungen
- sakrale Stilisierung

2. Biografische Informationen:
- Kafka wollte selbst an die Front
- Hinweis auf Bedeutung von Felice Bauer für Kafka (im Roman evtl. Fanny)

3. Zeitgeschichtliche Informationen:
- zur Zeit der Niederschrift Mobilmachung, auch in Prag
- Manifeste, Apelle zur Mobilmachung an den Straßenecken
- Aufrufe, sich zum Militärdienst zu melden, auch in den Tageszeitungen
- Krieg wird als „Welt-Theater" und „Kriegstheater" bezeichnet

→ **Grundthese wird durch die Kombination von Textbelegen, biografischen und zeitgeschichtlichen Informationen begründet und wirkt überzeugend.**

Um den Lernenden den nebulösen, geradezu hinterhältigen Charakter des „Teaters von Oklahama" vor Augen zu führen, bietet sich zur Vertiefung ein Vergleich mit der Geschichte „Die Truppenaushebung" (**Arbeitsblatt 30**, S. 167) an, in der Kafka ganz unverschlüsselt und direkt die – alles andere als friedliche und verheißungsvolle – Rekrutierung von Soldaten beschreibt. Nach der gemeinsamen Lektüre kann das Unterrichtsgespräch mit folgendem Frage-Impuls eingeleitet werden:

- *Angenommen, bei der Anwerbung von Arbeitskräften für das „Teater von Oklahama" handelt es sich, wie Thomas Anz ausführt, tatsächlich um eine Soldatenrekrutierung. Inwiefern unterscheidet sich deren Darstellung grundsätzlich von jener in Kafkas Geschichte „Die Truppenaushebung"?*

Den Schülerinnen und Schülern wird es voraussichtlich nicht schwerfallen, den grundsätzlichen Unterschied der Darstellung der Menschenrekrutierung im Romanfragment und in der Geschichte „Die Truppenaushebung" zu erkennen. Bemüht sich das Theater, sein eigentliches Ziel, nämlich möglichst viel Menschenmaterial für die Front zu gewinnen, zu kaschieren, und zeigt den Interessierten daher eine schillernde, verlockende Fassade, um sie zum Eintritt zu bewegen, so gibt es in der Geschichte keinen „doppelten Boden", keinen Unterschied zwischen Wirklichkeit und Oberfläche, zwischen Sein und Schein. Für alle Anwesenden – ebenso wie für den Leser – ist es von vornherein klar, worum es in der „Truppenaushebung" geht: Die Soldaten treten in ihren Uniformen auf, der verantwortliche Offizier trägt sogar eine Peitsche bei sich, von der er auch regen Gebrauch macht. So ist die Atmosphäre hier – im Gegensatz zur fröhlichen und ausgelassenen Stimmung bei der Rekrutierung des Theaters – rau und brutal, geprägt von Gewalt, Leid und Schmerz. Während die im Romanfragment geschilderten Bewerber lachen und voller freudiger Hoffnung sind, herrscht bei den in der „Truppenaushebung" zu Musternden Angst und Bedrückung.

Die Ergebnisse des Unterrichtsgesprächs lassen sich durch folgende Gegenüberstellung an der Tafel sichern:

Soldatenrekrutierungen bei Kafka

„Die Truppenaushebung"		**„Teater von Oklahama"**
Ziel der Aushebung völlig klar		Ziel der Theaterreklame im Unklaren
raue, brutale Atmosphäre	⇔	fröhliche, ausgelassene Atmosphäre
Gewalt, Schmerz, Angst, Bedrückung		Lachen, Hoffnung, Freude
Sein = Schein		**Sein ≠ Schein**

Damit die Schülerinnen und Schüler erkennen, wie vielschichtig und heterogen literaturwissenschaftliche Deutungen sein können, bietet sich abschließend noch die Beschäftigung mit den anderen Deutungen des „Teaters von Oklahama" (Textausgabe, S. 335–354) an. Der Kurs wird hierfür in kleinere Gruppen aufgeteilt, die jeweils eine der fünf Deutungen lesen und analysieren sollen:

- *Fassen Sie die Ihrer Gruppe zugeteilte Deutung des „Teaters von Oklahama" zusammen. Achten Sie insbesondere darauf, wofür das Theater im jeweiligen Text steht und wie der Autor seine Interpretation begründet. Nehmen Sie im anschließenden Schritt kritisch Stellung zum Gelesenen.*

Die Arbeitsgruppen stellen ihre Ergebnisse vor. Im Anschluss an die Präsentation jeder Deutung erfolgt ein Unterrichtsgespräch, in dem die Lernenden Fragen stellen und ergänzende Gedanken äußern können, die Lehrkraft außerdem das Textverständnis durch ergänzende Kommentare und Erklärungen vertiefen kann. Zur ersten Orientierung sollen im Folgenden die fünf weiteren Deutungen des „Teaters von Oklahama" (Textausgabe, S. 335–354) zusammengefasst werden:

1. Jürgen Pütz: Eine Schlussutopie (Textausgabe, S. 335–337)
Pütz betont den utopischen Charakter des ‚Teaters von Oklahama'. Nachdem Karl Roßmann in der bisherigen Romanhandlung mit seinem Wunsch, sich in der amerikanischen Gesellschaft einzugliedern und einen Beruf zu ergreifen, immer wieder gescheitert sei, finde er letztlich im Theater die lang ersehnte Aufnahme. Explizit verweist Pütz auf das Schlaraffenland-Motiv, das im Begrüßungsessen der Werbetruppe anklingt. Ein besonders utopischer Charakterzug des Theaters sei die Möglichkeit der Aufgenommenen, über ihre weitere berufliche Verwendung selbst zu entscheiden. Nur in diesem Schlusskapitel sei somit die humanistische Forderung des Bildungsromans nach Selbstverwirklichung des Einzelnen erfüllt – bezeichnenderweise sei dieses Ideal im Zeitalter der Moderne nur noch im Rahmen

einer Utopie denkbar. Da aber im Theater-Fragment auch die in den vorangegangenen Kapiteln geschilderten negativen Mechanismen der amerikanischen Arbeitswelt – sogar überzeichnet – dargestellt seien, fänden sich nach Pütz in der gestalteten Schlussutopie auch satirische Elemente, die den positiven, erlösenden Charakter des Romanendes stark relativierten.

2. Wilhelm Emrich: Eine irrationale Parallelwelt (Textausgabe, S. 337–339)
Ähnlich wie für Pütz stellt das „Teater von Oklahama" auch für Emrich eine Parallelwelt zur rationalen, bürokratischen Arbeitswelt Amerikas dar. In dieser irrationalen Welt werde der Einzelne nicht aufgrund eines bestimmten Zwecks oder einer bestimmten Verwendung aufgenommen, sondern als ganzer Mensch. Hier im Theater könne er seine eigene, von Natur aus gegebene Lebensrolle finden und ausfüllen. Für Emrich ist es nur folgerichtig, dass lediglich die Ausgestoßenen, Armen und Hoffnungslosen Eintritt ins Theater verlangten, hätten die gesellschaftlich Integrierten und Erfolgreichen doch überhaupt kein Gespür für ihre eigentliche innere Natur. Problematisch an Emrichs Deutung ist allerdings die Gewichtung, die er bei seiner Argumentation auf den Begriff „Naturtheater" legt, da dieser Begriff kein einziges Mal in Kafkas Manuskript auftaucht, sondern von Max Brod als Titelergänzung eines Kapitelfragments für die posthume Veröffentlichung des Romans gewählt wurde.

3. Norbert Fürst: Der Tod (Textausgabe, S. 339–341)
Ausgehend von den überlieferten Selbstaussagen Kafkas über das Romanende, die beide nach Fürsts Meinung Karls Untergang nahelegen, führt der Autor aus, dass mit dem „Teater von Oklahama" der Tod in parodistischer Form dargestellt sei. Konkreter: Karl gelange letztlich in ein christliches Totenparadies, in dem er auch seine Eltern wiedertreffen werde. Zur Plausibilisierung seiner Argumentation dienen Fürst zahlreiche Textbelege: So weist er u. a. auf die Bedeutung der Namen „Oklahoma" (= „das schöne Land") und „Clayton" (= „Lehmstadt", „Stätte im Erdboden") hin, auf die auffälligen Zeitangaben („zwölf Uhr") und die Drohung („Verflucht sei, wer uns nicht glaubt") im Text des Reklameplakats. Eine Parodie der Paradiesvorstellung erkennt der Autor insbesondere in der grotesken Darstellung der Trompete spielenden Engel und Teufel sowie in dem Posten, den Karl im riesigen „Hinterwelttheater" letztlich erhält.

4. Oliver Jahraus: Ein Gerichtsurteil (Textausgabe, S. 345–347)
Auch Jahraus stellt eine Selbstaussage Kafkas über den „Verschollenen" an den Anfang seiner Deutung des „Teaters von Oklahama": Bereits der Tagebucheintrag, in dem Kafka das Schicksal Karl Roßmanns mit jenem K.s aus dem „Process" in Beziehung setzt, weise auf den juristischen Kontext des Theaters, genauer: auf das gegen Karl letztlich ausgesprochene Todesurteil. Ein solches Urteil lege auch die falsche Schreibweise „Oklahama" nahe, die Kafka offensichtlich aus Arthur Holitschers Amerika-Buch übernommen habe, in dem an entsprechender Stelle die Fotografie einer Lynchjustizszene zu sehen ist. Auch die Beschreibungen des Theaters, etwa seine bürokratische Struktur oder bestimmte Begriffe wie „Aufnahmskanzleien", sprächen dafür, es als Metapher für ein (Straf-)Gericht zu deuten.

5. Horst Seferens: Die Auslöschung (Textausgabe, S. 351–354)
Seferens deutet das „Teater von Oklahama" als Institution der Gesellschaft, die sich um alle nicht integrierbaren Individuen „kümmert", indem sie sie als unerwünschten Ballast auslöscht. Das Theater wird in dieser Lesart also zu einer riesigen Vernichtungsmaschine. Die Aufgenommenen finden nur scheinbar die lang ersehnte soziale Integration – in Wirklichkeit erwartet sie die Ausmerzung. Dabei betont der Autor vor allem den betrügerischen Charakter des Theaters, zeigt es den Bewerbern doch nicht sein wahres Gesicht, damit sie nicht abgeschreckt, sondern im Gegenteil zum Eintritt bewogen werden. Alle Verlockungen und Vorzüge des Theaters entpuppten sich als ihr Gegenteil, so entspreche das Empfangsessen

beispielsweise in Wahrheit einer Henkersmahlzeit. Vor diesem düsteren Hintergrund ist es nur konsequent, dass Seferens am Ende seiner Interpretation an die nationalsozialistischen Konzentrationslager erinnert, in denen ja ebenfalls Menschen wie Ungeziefer vernichtet worden sind.

Nachdem alle Deutungen des „Teaters von Oklahama" vorgestellt und besprochen worden sind, bietet sich als Überleitung zum nächsten Unterrichtsschritt eine allgemeine Abschlussdiskussion an, die durch folgenden Frage-Impuls eingeleitet werden kann:

- *Wir haben nun verschiedene Deutungen des „Teaters von Oklahama" kennengelernt. Welche ist die richtige?*

Die Frage ist absichtlich zugespitzt-provokant formuliert, um die Lernenden „aus der Reserve zu locken". Natürlich gibt es nicht „die richtige" Deutung, sondern zahlreiche verschiedene, die gleichberechtigt nebeneinanderstehen. Das Verständnis eines literarischen Textes – der ja letztlich aus nichts mehr besteht als aus der immer wieder neuen Kombination einzelner Buchstaben – ist stets vom jeweiligen Leser abhängig. Dieser selbst erzeugt als Beobachter den Sinn des Werkes. Jede Interpretation ist also von der eingenommenen Perspektive, vom Standort des Beobachters, abhängig. Ändert sich dieser Standort, so ändert sich auch die Deutung des literarischen Werkes. Dieses Problem der Offenheit und Perspektivenvielfalt literaturwissenschaftlicher Interpretationen – ein Problem, das auch und vor allem für Kafkas Werke gilt – soll im folgenden Unterkapitel ins Zentrum rücken.

5.3 Die unendliche Interpretation

Im vorangegangenen Unterrichtsschritt haben die Schülerinnen und Schüler anhand der verschiedenen Interpretationen des „Teaters von Oklahama" bereits einen Eindruck darüber gewonnen, wie unterschiedlich literaturwissenschaftliche Deutungen sein können. Da diese Problematik – wie bei kaum einem anderen Autor der Moderne – auf Kafkas gesamtes Werk zutrifft, soll sie als Abschluss der gesamten Unterrichtseinheit anhand dreier Parabeln Kafkas veranschaulicht und vertieft werden. Einleitend kann die Lehrkraft ein sog. Rorschachbild wie in der folgenden Abbildung (beispielsweise auf dem Overhead-Projektor) zeigen:

Solche „Tintenkleckse" setzte der Schweizer Psychiater Hermann Rorschach (1884–1922) in dem von ihm entwickelten, auch heute noch bekannten Persönlichkeitstest ein. Dabei müssen die Probanden möglichst spontan sagen, was sie in der Abbildung erkennen. Aufgrund der Antworten werden Rückschlüsse auf den Charakter des Menschen gezogen. Dieser Test lässt sich auch in der Klasse durchführen:

- *Was ist hier abgebildet? Was erkennen Sie?*

Während die Schülerinnen und Schüler der Reihe nach zu Wort kommen, werden die vermutlich sehr unterschiedlichen Antworten (beispielsweise „Maske“, „Fledermaus“, „Engel“, „Teufel“, „Hasenkopf“, „Drei Figuren“ etc.) neben den „Tintenklecks“ auf der Overhead-Folie geschrieben. Danach kann das Unterrichtsgespräch mit folgendem Frage-Impuls eingeleitet werden:

- *Was haben Sie durch den Rorschach-Test gelernt? Warum wohl habe ich diesen Test mit Ihnen durchgeführt, obwohl wir doch zuvor die verschiedenen Interpretationen des „Teaters von Oklahama“ gelesen und besprochen haben?*

Die Lernenden sollen anhand des Tests erkennen, dass Deutungen und Interpretationen niemals „objektiv richtig“, sondern immer subjektiv und relativ sind, also vom jeweiligen Beobachter abhängen. Dies gilt nicht nur für „Tintenkleckse“, sondern beispielsweise auch für literarische Werke. Insbesondere die Texte Kafkas scheinen geradezu darauf angelegt, sich einem eindeutigen Verständnis zu entziehen und bewusst mehrdeutig zu bleiben.[1] So kann es bei der Analyse des letzten Kapitels von Kafkas „Verschollenem“ auch nicht um die Frage gehen, was sich hinter dem „Teater von Oklahama“ „in Wirklichkeit“ verbirgt. Jede Interpretation ist, sofern ihre Argumentation plausibel und nachvollziehbar bleibt, gleichwertig und kann keinen Anspruch auf alleinige Gültigkeit erheben.

Dass vor allem in der Kafka-Forschung ein riesiges und lautes Stimmgewirr der unterschiedlichsten Interpretationen herrscht, beschreibt Thomas Anz in seiner – durchaus kritischen – Betrachtung über „Kafka und seine Interpreten“ (Textausgabe, S. 355f.). Um den Schülerinnen und Schülern einen Eindruck vom asymmetrischen Verhältnis zwischen Kafkas vergleichsweise schmalem Werk und dessen literaturwissenschaftlichen Deutungen zu vermitteln, bietet sich die gemeinsame Lektüre dieses Textes an. Danach kann das Unterrichtsgespräch durch folgende Frage-Impulse eröffnet und weitergeführt werden:

- *Fassen Sie die Grundaussagen des Textes von Thomas Anz zusammen.*
- *Was meint Susan Sontag mit der Aussage, Kafka sei „zum Opfer einer Massenvergewaltigung“ geworden?*
- *Worin sieht Thomas Anz das Problem der heute kaum noch überschaubaren Sekundärliteratur zu Kafka, worin die Vorzüge?*

Die Ergebnisse des Unterrichtsgesprächs können in folgendem Tafelbild gesichert werden:

[1] Mit Rorschachbildern vergleicht auch Heinz Politzer die Parabeln Kafkas: „Die Offenheit ihrer Form erlaubt dem Leser eine totale Projektion seines eigenen Dilemmas auf die Seiten Franz Kafkas. Diese Parabeln sind ‚Rorschach-Tests‘ der Literatur und ihre Deutung sagt mehr über den Charakter ihrer Deuter als über das Wesen ihres Schöpfers.“ (Heinz Politzer: Franz Kafka, der Künstler. Frankfurt a.M. 1965, S. 43)

Kafka und seine Interpreten (von Thomas Anz)

- Asymmetrisches Verhältnis zwischen Kafkas schmalem Gesamtwerk und der kaum noch überschaubaren Sekundärliteratur
- zahllose verschiedene Deutungen aufgrund der Vielschichtigkeit und Vieldeutigkeit der Texte Kafkas
- Deutungsperspektiven auf Kafkas Texte wandeln sich mit der Zeit, je nach intellektuellem Klima
- viele Deutungen nehmen die Perspektive eines bestimmten philosophischen Diskurses ein (z. B. Kierkegaard, Marx, Nietzsche, Heidegger etc.)
- die zahllosen Interpretationen drohen den Blick auf die Primärtexte zu verstellen, haben aber auch viel zu deren Verständnis beigetragen

Nicht nur das letzte Kapitel seines Amerika-Romans, auch alle anderen Werke Kafkas eröffnen dem Leser zahllose Interpretationsmöglichkeiten. Insbesondere seine Parabeln bieten aufgrund ihres hermetischen Charakters schier unzählige Möglichkeiten der Texterschließung, scheinen es geradezu darauf abzusehen, sich einem endgültigen Verständnis immer wieder zu entziehen. Wie schwierig – und vielfältig – diese Parabeln teilweise zu deuten sind, können die Lernenden im Folgenden anhand dreier Beispiele selbst nachvollziehen.

Für die erste Interpretation bietet sich Kafkas wohl bekannteste Parabel „Vor dem Gesetz" an, nicht zuletzt deshalb, weil sie das Problem der (unendlichen) Deutung selbst thematisiert. In ihrer Rätselhaftigkeit und dargestellten Ausweglosigkeit gehört „K.s Türhüter-Parabel", wie Aage A. Hansen-Löve betont, „gewiss zu den meistinterpretierten unseres [des 20.] Jahrhunderts, vielleicht ist sie die Parabel, das Gleichnis dieses Jahrhunderts".[1]
Nachdem die Schülerinnen und Schüler die Parabel (**Arbeitsblatt 31**, S. 169) gelesen haben, kann ein Unterrichtsgespräch mit einer allgemeinen Frage nach den Lektüreeindrücken eingeleitet werden:

- *Welchen Eindruck haben Sie vom Text? Haben Sie Kafkas Parabel gerne gelesen? Beschreiben Sie Ihre Gefühle unmittelbar nach der Lektüre. Haben Sie eine Idee, worum es in der Parabel geht?*

Vermutlich werden etliche Lernende ihr Unverständnis, womöglich auch Aversionen gegenüber Kafkas Parabel zum Ausdruck bringen. Zu dunkel und hermetisch mag der Text auf viele zunächst wirken, als dass ihnen die Lektüre Spaß machen könnte. Wichtig ist es, den Schülerinnen und Schülern Zeit und Raum auch für Kritik und Skepsis zu lassen. Außerdem kann man ihnen mit dem Hinweis auf die höchst heterogenen, einander teils widersprechenden, jedenfalls kaum noch überschaubaren Interpretationsversuche der Parabel signalisieren, dass sie mit ihrem Unverständnis nicht allein stehen, sondern dieses mit zahllosen Literaturwissenschaftlern teilen. Im folgenden Interpretationsversuch kann es denn auch nicht um eine „richtige" Deutung der Parabel gehen, sondern lediglich um eine mögliche Annäherung.
Nachdem die ersten Lektüreeindrücke ausgetauscht und miteinander besprochen worden sind, kann ein erster Interpretationsversuch vor dem Hintergrund der zentralen personellen Dichotomie in der Parabel – also des Gegensatzes zwischen dem Mann vom Lande und dem Türhüter – unternommen werden:

1 Aage A. Hansen-Löve: Vor dem Gesetz. In: Michael Müller (Hg.): Franz Kafka. Romane und Erzählungen. Durchgesehene und erweiterte Auflage. Stuttgart: Reclam 2003, S. 146-157; hier: S. 146.

- *Lesen Sie die Parabel noch einmal und achten Sie dabei insbesondere auf den Gegensatz zwischen dem Mann vom Lande und dem Türhüter. Wie werden die beiden Figuren jeweils geschildert?*

Die Parabel wird dominiert vom Gegensatz zwischen dem Mann vom Lande und dem Türhüter. Erscheint Ersterer als naiv und fremd gegenüber dem Gesetz, so strahlt der Türhüter eine gewisse Souveränität und Macht aus, obwohl – oder gerade weil – er zugibt, dass die anderen, nachfolgenden Türhüter viel mächtiger seien als er. Seine Macht ist so groß, dass es keiner Gewalt bedarf, um den Mann am Weiterkommen zu hindern. Im Gegenteil, der Türhüter fordert ihn sogar dazu auf, durch die Tür zu gehen. Doch bei aller Sehnsucht, in das Gesetz einzutreten, verharrt der Suchende doch ängstlich vor der Tür und hofft darauf, eines Tages hineingelassen zu werden. Er macht sich dadurch vom Türhüter abhängig, verliert seine eigene Souveränität und Identität. Am Ende muss der Mann vom Lande erkennen, dass er zeit seines Lebens vergeblich auf den Eintritt ins Gesetz gewartet hat, selbst im Augenblick des Todes bleibt ihm die Tür verschlossen.

Zur zielgerichteten Motivation des Unterrichtsgesprächs bieten sich weitere Frageimpulse an, so beispielsweise:

- *Welchen mächtigeren Figuren steht der Türhüter selbst gegenüber?*
- *Kennt der Mann vom Lande den Inhalt des Gesetzes? Was geschieht während seines Todes?*

Die erarbeiteten Ergebnisse lassen sich in Form eines Tafelbildes zusammenfassen:

„Vor dem Gesetz"

Mann vom Lande	-------------> will Eintritt ins Gesetz	**Türhüter an der 1. Tür**	unendlich viele .... weitere Türhüter	X Gesetz
naiv	wissend		einer mächtiger als der andere	unerreichbar anonym rätselhaft
fremd		kennt seine Position		
schwach		stark		
ohnmächtig		mächtig gegenüber Mann vom Lande, aber ohnmächtig gegenüber anderen Türhütern		

→ **Zeit seines Lebens bleibt der Mann vom Lande in Unwissenheit. Auch im Tod bleibt ihm der Zugang zum Gesetz verschlossen.**

In einem nächsten Schritt kann der Fokus auf das ominöse Gesetz gerichtet werden, in das der Mann vom Lande Eintritt erbittet. Folgender Frage-Impuls ist denkbar:

- *Der Mann vom Lande gelangt zeit seines Lebens und auch im Augenblick seines Todes nicht in das Gesetz. Er selbst scheint nur eine vage Kenntnis von ihm zu haben. Was verbirgt sich wohl hinter diesem Gesetz? Wofür könnte es stehen?*

Erneut soll den Schülerinnen und Schülern genug Zeit für ihre Antworten eingeräumt werden. Gerade im Austausch verschiedener Erklärungsansätze sollen sie erkennen, dass es nicht die „eine richtige" Antwort gibt. Wie bei der Deutung des Rorschach-Bildes ist auch die Interpretation eines literarischen Textes immer von der eingenommenen Perspektive des Beobachters, d. h. des Lesers, abhängig. Nach der Vorstellung der verschiedenen Antworten der Lernenden kann der Fokus auf fünf Perspektiven gerichtet werden. Auf diese Perspektiven kann die Lehrkraft durch gezielte Fragen und Informationen hinführen:

1. Psychologische Perspektive:
Aus psychologischer Perspektive ließe sich die Sehnsucht des Mannes vom Lande, ins Gesetz einzutreten, als Sehnsucht des Menschen auffassen, seinen Mitmenschen zu erreichen und von diesem aufgenommen und verstanden zu werden. Doch immer wieder muss man die schmerzliche Erfahrung machen, dass der Andere nicht wirklich erreichbar ist, dass man letztlich immer in seinen eigenen „monadischen" Grenzen bleibt.

2. Soziologische Perspektive:
Aus dieser Perspektive geht es in Kafkas Parabel um die Ohnmacht des Einzelnen in der modernen Gesellschaft. Die sozialen Strukturen sind derart anonym geworden, dass sich das Individuum in der selbst geschaffenen Welt/Kultur nicht mehr heimisch fühlt, sondern wie fremdgesteuert. Der Mensch der Moderne hat vielleicht die Ahnung, hinter allen Vorgängen seines Lebens walte ein mächtiges Gesetz – so sehr er sich aber auch bemüht, den Inhalt dieses Gesetzes kann er nie ganz aufdecken. Die Gesellschaft wird ihm zeit seines Lebens rätselhaft und fremd bleiben.

3. Theologische Perspektive:
Aus theologischer Sicht könnte man den Wunsch des Mannes vom Lande, in das Gesetz einzutreten, als Hoffnung auf transzendente Erlösung deuten. Das Gesetz, auf das sich sein ganzes Streben richtet, wäre aus dieser Perspektive das göttliche Gesetz, die Richtschnur für das wahre und richtige Leben. Doch die Existenz Gottes wird in der Moderne mehr und mehr hinterfragt, der moderne Mensch verliert alle religiösen Gewissheiten. So sind auch Gott und dessen Gesetz nicht mehr erreichbar. Selbst im Augenblick des Todes kann der Mensch nicht mehr auf Erlösung hoffen.

4. Philosophische Perspektive:
Ähnlich wie aus theologischer Perspektive handelt Kafkas Parabel „Vor dem Gesetz" auch aus philosophischer Perspektive vom Verlust aller endgültigen Wahrheiten und Gewissheiten. Der Mann vom Lande steht hier für den Menschen der Moderne, der vergeblich nach Antworten auf philosophische und existenzielle Fragen sucht. Im Gegensatz zu früheren Zeiten – etwa zur Epoche der Aufklärung, die die menschliche Vernunft ins Zentrum der Welt(-Erkenntnis) gestellt hat – ist der moderne Mensch in ein fremdes, unbegreifliches Universum geworfen, ohne Hoffnung auf Orientierung. All sein philosophisches Streben nach Wahrheit bleibt bis zum Ende vergeblich.

5. Selbstreflexive Perspektive:
Aus einer selbstreflexiven Perspektive thematisiert Kafkas Parabel die Unmöglichkeit ihrer eigenen Deutbarkeit. So betrachtet, handelt es sich beim Mann vom Lande um den Leser des Textes, der dessen „Gesetz" verstehen, also Eintritt in den Text finden will. Seine Vergeblichkeit, in das Gesetz einzutreten, spiegelt die Vergeblichkeit des Lesers wider, Kafkas Text zu verstehen. Der „Sinn" der Parabel wird sich dem Leser stets entziehen, ähnlich wie sich das Gesetz stets dem Mann vom Lande entziehen wird.

Die vier vorgestellten Deutungsmöglichkeiten können stichpunktartig an der Tafel zusammengefasst werden:

Verschiedene Deutungsmöglichkeiten der Parabel

Psychologisch: Mitmensch letztlich nicht erreichbar; Mensch bleibt immer Monade

Soziologisch: Der Einzelne ausgeliefert in der modernen, anonymen Gesellschaft; ein dahinter stehendes Gesetz ist nicht konkret erkennbar

Theologisch: Eintritt ins Gesetz wäre Erlösung; Gottes Gesetz aber nicht erkennbar, auch im Tod nicht; der Mensch bleibt getrennt von der transzendenten Welt

Philosophisch: Philosophisches Streben vergeblich; Welt fremd und unbegreiflich; Mensch der Moderne muss mit dieser Unsicherheit leben

Selbstreflexiv: Parabel thematisiert Vergeblichkeit ihrer Deutbarkeit; Leser findet keinen Eintritt in den Text; Sinn der Parabel entzieht sich

→ **Je nach eingenommener Deutungsperspektive andere Aussage.**
Alle Perspektiven gleichberechtigt nebeneinander.

Zum Abschluss kann mit den Lernenden noch genauer auf das Ende der Parabel eingegangen werden:

- *Beschreiben Sie in eigenen Worten das Ende der Parabel. Haben Sie mit dieser Wendung gerechnet? Wenn nicht, welchen Ausgang haben Sie erwartet? Wie ließe sich das Ende interpretieren? Was sagt es etwa aus über die Möglichkeit einer universell richtigen Lebensführung?*

Das Überraschende des Endes besteht in der Information des Türhüters, dass die Tür zum Gesetz, vor welcher der Mann vom Lande gewartet hat, ausschließlich für diesen bestimmt war. Dies widerspricht unserer alltäglichen Überzeugung, dass ein Gesetz für alle bestimmt ist, also universelle Gültigkeit hat. Erst durch die Erläuterung des Türhüters wird deutlich, dass jeder Mensch im Lauf seines Lebens durch die eigene, für ihn allein bestimmte Tür gehen muss (und auch seinen jeweils eigenen Türhüter hat). Das Schicksal jedes Einzelnen – so ließe sich die Wendung der Parabel deuten – unterscheidet sich von jedem anderen Schicksal. Allgemeine Regeln zur richtigen Lebensführung sind daher nicht möglich. Jeder Mensch muss das ganz individuelle Gesetz seines Lebens entdecken und versuchen, nach diesem zu leben. Ob dies überhaupt möglich ist, bleibt dabei allerdings fraglich.

Als zweites Beispiel eines kürzeren Textes Kafkas, der aufgrund seines hermetischen Charakters verschiedenen Deutungen offensteht, kann Kafkas Parabel „Eine kaiserliche Botschaft“ (**Arbeitsblatt 31**, S. 169) gelesen werden, die in ihren Grundmotiven der Parabel „Vor dem Gesetz“ gleicht, aber auch eigene Akzente setzt. Folgende Frage bietet sich für eine Gruppenarbeit (zwei bis drei Lernende) an:

- *Lesen Sie Kafkas Parabel „Eine kaiserliche Botschaft“ und schreiben Sie die Motive heraus, die wir bereits in der Parabel „Vor dem Gesetz“ entdeckt haben.*

Im Anschluss können die Ergebnisse gesammelt und im Klassengespräch diskutiert und erweitert werden. Es ist zu erwarten, dass den Lernenden etliche Parallelen auffallen. So geht es in beiden Parabeln um Hierarchiegefälle: Steht in dem ersten Text ein einfacher Mann vom Lande vor einem mächtigen Türhüter und vor dem noch mächtigeren Gesetz, so ist im zweiten Text ein „Einzelner", ein „jämmerlicher Untertan" mit dem mächtigen Kaiser und dessen unvorstellbar großem Reich konfrontiert. Das geschilderte Machtgefälle ist so groß, dass das persönliche Scheitern am Ende abzusehen ist: Weder der Mann vom Lande noch der Untertan kann seine Sehnsucht erfüllen. Der Eintritt in das Gesetz bleibt ebenso verschlossen, wie die Botschaft des Kaisers den Wartenden niemals erreicht. In beiden Texten stellen Raum und Zeit unüberwindliche Hindernisse dar: Sie sind unendlich groß, sodass der Mensch niemals zur letzten Erkenntnis, zur endgültigen Wahrheit und Antwort gelangen kann. Auch ist er letztlich immer allein, der andere Mensch bleibt für ihn unerreichbar.

In einem Tafelbild können die Ergebnisse des Unterrichtsgesprächs gesichert werden:

Gleiche Motive und Themen in den Parabeln „Vor dem Gesetz" und „Eine kaiserliche Botschaft"

- anonyme Machtverhältnisse/Hierarchien
- Macht/Ohnmacht
- unerfüllte Sehnsucht nach Wahrheit, Erkenntnis, nach dem anderen Menschen etc.
- unüberwindliche Hindernisse, Räume, Türen
- unendlicher Raum, unendliche Zeit
- Aussichtslosigkeit, Hoffnungslosigkeit

Eine weitere Annäherung an ein mögliches Verständnis der Parabel kann durch folgenden Frage-Impuls initiiert werden:

- *Was ist Ihrer Meinung nach das Thema der Parabel? Wofür könnte der Kaiser, wofür der Untertan stehen? Denken Sie etwa an ein Vater-Sohn-Verhältnis oder an theologische Bezüge. Inwiefern könnte man den Untertan, der auf die Botschaft des Kaisers wartet, auch als Leser der Parabel deuten?*

Die Spannung der Parabel entsteht durch das riesige Machtgefälle zwischen dem Kaiser auf der einen und dem Untertan auf der anderen Seite. Steht der Kaiser dominant und unübersehbar im Zentrum, so der Untertan, einem „winzig vor der kaiserlichen Sonne in die fernste Ferne geflüchteten Schatten" gleich, ganz am Rande des Reiches. Die Kluft zwischen diesen beiden Gegensätzen scheint aufgrund der zahlreichen zwischen ihnen stehenden räumlichen und zeitlichen Hindernisse unüberwindbar. Und doch sendet der Kaiser von seinem Sterbebett aus gerade diesem Untertan, diesem einzelnen und unbedeutenden Menschen, eine Botschaft. Es ist bezeichnend für Kafka, dass dem Leser ebenso wie dem Untertan der Inhalt dieser Botschaft nicht bekannt wird. Die Frage, was der Kaiser seinem Adressaten kurz vor dem Tod noch mitzuteilen hat, bleibt offen. Der Untertan, ein Repräsentant des Menschen in der Moderne, bleibt allein in einer unsicheren, fremd gewordenen Welt zurück, wartet vergeblich auf letzte Antworten und Gewissheiten.
Auf die Frage, wofür Kaiser und Untertan stehen, haben die Schülerinnen und Schüler vermutlich ganz unterschiedliche Antworten gefunden. Wichtig ist es, ihnen genügend Raum und Zeit zu lassen, ihre jeweilige Lesart vorzustellen und zu begründen. Gerade durch die Heterogenität der verschiedenen Antworten soll ihnen erneut bewusst werden, dass es bei der Interpretation literarischer Texte, insbesondere der hermetischen Texte Kafkas, nicht „die richtige" Interpretation gibt, sondern – je nach eingenommener Leserperspektive – fast unbegrenzt viele. So verstehen sich auch die folgenden drei Lesarten lediglich als Vorschläge, denen andere gleichberechtigt an die Seite gestellt werden können:

1. Angesichts des sterbenden Kaisers, der noch eine letzte Botschaft für seinen Untertan hat, drängt sich die Assoziation an ein Vater-Sohn-Verhältnis auf. Der Vater, so ließe sich aus dieser Perspektive sagen, wendet sich auf dem Sterbebett noch einmal seinem Sohn zu, um ihm seinen letzten Willen mitzuteilen und noch letzte Ratschläge für das weitere Leben zu geben. Das Verhältnis zwischen den beiden ist allerdings derart gestört, die Kluft zwischen den Generationen so groß, dass die letzten Worte den Adressaten nie erreichen. Auch im Augenblick des Todes kommt es zu keiner Annäherung (Versöhnung?) zwischen Vater und Sohn. Diese Lesart erscheint insbesondere vor dem Hintergrund des ein Leben lang andauernden Konflikts Kafkas mit seinem Vater überaus naheliegend.

2. Auf einer theologischen Ebene lässt sich das Verhältnis zwischen Kaiser und Untertan auch als Verhältnis zwischen Gott und Mensch auffassen. Für diese Lesart spricht nicht zuletzt auch die Beschreibung des Kaisers, der sonnengleich im Zentrum seines Reiches thront – sogar „das Zeichen der Sonne" hat – und dessen Macht grenzenlos scheint. Aus dieser Perspektive gelesen, handelt Kafkas Parabel von der allmählichen Säkularisierung in der Moderne, also vom „Tod Gottes", den Friedrich Nietzsche in der zweiten Hälfte des 19. Jahrhunderts verkündet hat. Die „frohe Botschaft" Gottes, in früheren Zeiten noch die Verbindung des Gläubigen mit einer transzendenten Welt, erreicht den Menschen der Moderne nicht mehr, er steht nun allein in einem fremden Universum, ohne Hoffnung auf Heil und Erlösung.

3. Gerade bei Kafkas Texten, die meist reflexiv konzipiert sind, also sich selbst (ihre Entstehung und ihre anschließende Deutung) mehr oder weniger explizit zum Thema machen, bietet sich auch eine selbstbezogene Lesart an. Auf einer solchen selbstreflexiven Ebene ließe sich das Verhältnis zwischen Kaiser und Untertan als Verhältnis zwischen Autor und Leser deuten. Die „Botschaft" des Autors, seine „intendierte Aussage", kann den Leser niemals erreichen. Autor und Leser bleiben stets voneinander getrennt, zwei abgeschlossene Monaden. So wird es dem Leser auch niemals möglich sein, das literarische Werk „endgültig" und „richtig" zu verstehen, alle seine Deutungsversuche bleiben subjektiv und austauschbar.

Die Ergebnisse des Unterrichtsgesprächs lassen sich durch folgendes Tafelbild zusammenfassen:

„Eine kaiserliche Botschaft"

Kaiser im Zentrum	⟶ Bote mit Botschaft, beschwerlicher, eigtl. unüberwindlicher Weg	jämmerlicher Untertan am äußersten Rand

verschiedene Lesarten:

Vater	⟶ letzter Wille, letzte Worte, Lebensrat	Sohn
Gott	⟶ „frohe Botschaft", Offenbarung	Mensch
Autor	⟶ literarischer Text	Leser
…	…	…
	Inhalt der Botschaft kommt niemals an, bleibt daher unbekannt	

➜ **Es gibt keine eindeutigen Antworten und Gewissheiten mehr, alles ist fremd, unsicher.**

Abschließend kann das Unterrichtsgespräch noch auf den letzten – durch einen Gedankenstrich vom vorausgegangenen Text abgetrennten – Satz gelenkt werden: „Du aber sitzt an deinem Fenster und erträumst sie [die Botschaft] dir, wenn der Abend kommt." Es bietet sich zunächst folgende Aufgabe an:

- *Formulieren Sie eine „Grundaussage" der Parabel in einem Satz.*

Angesichts der bislang gewonnenen Ergebnisse ist zu vermuten, dass die Mehrheit der Schülerinnen und Schüler eher negative Grundaussagen formuliert, die etwa die Vergeblichkeit allen Suchens, die Orientierungslosigkeit in der modernen Welt, die Unerreichbarkeit des anderen Menschen o.Ä. beinhalten. Obgleich der Parabel ihre negative Grundtendenz sicherlich nicht abzusprechen ist, sollte allerdings doch genauer der letzte Satz beachtet werden. Sollten die Lernenden diesen Satz nicht von allein ansprechen, kann gezielt danach gefragt werden:

- *Lesen Sie noch einmal den letzten Satz der Parabel. Stellen Sie sich den Text ohne diesen Satz vor. Inwiefern würde sich die Aussage der Parabel verändern?*

Voraussichtlich werden die Schülerinnen und Schüler nach kurzer Zeit erkennen, dass die Grundaussage der Parabel ohne den letzten Satz noch wesentlich negativer und pessimistischer wäre. Im letzten Satz wird die Fantasie des Menschen ins Zentrum gerückt. Wenn die erwartete Botschaft des Kaisers in der Realität auch nie ankommen wird, so bleibt doch immer noch die Imaginationskraft des Wartenden. Bei aller „eigentlichen" Sinnlosigkeit und Hoffnungslosigkeit der Welt ist es ihm doch möglich, sich durch die Kraft seiner Träume eine andere Welt vorzustellen und sein Leben dadurch um einiges erträglicher zu machen.

Zum Abschluss der gesamten Unterrichtseinheit bietet sich ein Schreibauftrag (gut geeignet auch als Hausaufgabe) an, in dem die Lernenden Kafkas kurze Parabel „Gibs auf!" (**Arbeitsblatt 31**, S. 170) analysieren sollen:

- *Interpretieren Sie Kafkas Parabel „Gibs auf!". Beziehen Sie bei Ihrer Deutung die Ergebnisse der vergangenen Unterrichtsstunden mit ein. Inwiefern ist der Text eine typische Parabel Kafkas – zum Beispiel in Bezug auf das Verhältnis zwischen Text und Interpretation?*

Eine mögliche Interpretation in aller Kürze: Bei der Lektüre des Textes drängt sich fast unweigerlich die Assoziation an einen Traum auf. Wie viele Träume changiert auch die Parabel zwischen alltäglicher Realität und surrealem Geschehen. Der geschilderte Vorgang erscheint zunächst ganz normal, ja banal: Der Ich-Erzähler findet sich in einer fremden Stadt nicht zurecht und fragt einen Schutzmann, hier die Personifikation der gesellschaftlichen Ordnung[1], nach dem richtigen Weg. Die Antwort ist unerwartet und öffnet die Tür zu einer anderen, surrealen Ebene. Auf dieser Ebene gewinnt die Frage des Ich-Erzählers eine existenzielle Dimension. Nun geht es nicht mehr um eine profane Wegbeschreibung in einer fremden Stadt, sondern ganz allgemein um die Frage nach dem richtigen Weg im Leben, nach Orientierung und Ziel. Wie viele von Kafkas Texten führt auch diese Parabel dem Leser vor Augen, dass es eine solche Orientierung für den Menschen in der Moderne nicht mehr geben kann. Die Wirklichkeit ist undurchschaubar, fremd geworden. Selbst der „Schutzmann", in früheren Zeiten noch eine Sicherheit gebende Instanz, kann nicht weiterhelfen,

[1] Oliver Jahraus betont, dass „im Kontext der k. u. k. Monarchie [...] dieser Schutzmann wesentlich stärker als heute einen Garant für die öffentliche Ordnung dar[stellt]." (Oliver Jahraus: Kafka. Leben, Schreiben, Machtapparate. Stuttgart: Reclam 2006, S. 180)

empfiehlt sogar die Kapitulation und wird so „zum Propheten der Vergeblichkeit alles Suchens überhaupt“[1]. Aus einer selbstbezüglichen Perspektive kann man die Parabel denn auch als Aussage über alle Interpretationsbemühungen des Lesers dieses Textes auffassen. Ganz so wie der Ich-Erzähler vergeblich nach Orientierung und Antwort sucht, findet auch der Leser dieser Parabel (wie im Falle vieler anderer Texte Kafkas) in seinem Bemühen um „ein richtiges Verständnis“ zu keiner endgültigen Antwort, alle seine Versuche bleiben vergeblich – und der Autor scheint ihm lachend zuzurufen: „Gib's auf, gib's auf!“

Notizen

1 Helmut Richter: Franz Kafka. Werk und Entwurf. Berlin: Rütten & Loening 1962, S. 219

Das Schlaraffenland

Das Schlaraffenland (von mhd. *sluraff* = Faulenzer; „Das Land der faulen Affen"; auch *Schlarraffenland* oder bei Hans Sachs *Schlaweraffen Landt* bzw. *Schlauraffenlandt*) ist ein fiktiver Ort aus diversen Märchen, in dem alles im Überfluss vorhanden ist.

In den Flussbetten des Schlaraffenlands fließen Milch, Honig oder Wein statt Wasser (in Anspielung z.B. an Deuteronomium 6,3 und viele andere Stellen der Bibel). Alle Tiere hüpfen und fliegen bereits vorgegart und mundfertig durch die Luft. Die Häuser bestehen aus Kuchen. Statt Steinen liegt Käse herum. Genießen ist die größte Tugend der Bewohner des Schlaraffenlands, harte Arbeit und Fleiß werden als Sünde betrachtet. Dem Alter wird mit dem Jungbrunnen abgeholfen, etwa: *Welcher ein altes Weib hat / der schick sie auch mit in das Bad / sie baden kaum drey Tage / so wird ein junges Dirnige darauß / vngefehr bey achtzehen Jahren.*

Schlaraffenland wird deshalb heute meist im übertragenen Sinn verwendet, um ein Paradies des Nichtstuns, des trägen Müßiggangs und des Überflusses zu bezeichnen.

Das Schlaraffenland. Gemälde Pieter Bruegels des Älteren (ca. 1567)

Bildbeschreibung:

Um eine Art „Tischlein-deck-dich-Baum" liegen ein Ritter, ein Bauer und ein Gelehrter. Der Ritter mit Lanze und Eisenhandschuh ruht auf einem Kissen, der Bauer schläft auf seinem Dreschflegel und der Gelehrte liegt auf seinem Pelz, neben ihm Buch und Papier. Seine Augen sind geöffnet und er wartet, dass ein Tropfen aus dem umgekippten Weinkrug von der runden Plattform über ihm in seinen Mund fällt. Entsprechend dazu wartet links oben der Knappe des Ritters, dass ein Pfannkuchen vom Dach fällt. Dahinter sind ein aus Würsten geflochtener Zaun zu erkennen und ein Milchsee, auf dem Schiffe fahren. Eine gebratene Gans liegt auf einem Zinnteller und ein essfertiges Schwein mit beigegebenem Messer läuft umher. Selbst der scheinbare Kaktus am rechten Bildrand ist aus Broten zusammengesetzt. Dahinter hat sich soeben ein Neuankömmling durch einen Teigberg gefressen.

Nach: Wikipedia, Stichwort „Schlaraffenland"

- *Welche Merkmale des Schlaraffenlandes finden sich auch in Kafkas Beschreibungen der Willkommensmahlzeit des „Teaters von Oklahama"?*
- *Welche Gründe könnte Kafka dafür gehabt haben, im Theater-Kapitel auf das Schlaraffenland anzuspielen?*

Norbert Oellers: Karl Roßmanns Untergang

[...] Hätte Kafka das Idyllen-Konzept je ernsthaft erwogen und seine Realisierungsmöglichkeiten bedacht, dann müssten sich deutliche Spuren dieses Plans in dem überlieferten Roman-Material finden lassen. Brod hat schnellen Erfolg bei seiner Suche, denn er sieht Karl Roßmann ausgezeichnet durch „kindliche Unschuld" und „rührend naive Reinheit"; „dieser gute Junge" gewinne „schnell unsere ganze Liebe", heißt es; der Weg, den Kafka eingeschlagen habe – der Weg zum Paradies – sei der „der schlichten, mitfühlenden Menschlichkeit". Das Gegenteil, so vermute ich, ist zutreffender. Der eingeschlagene Weg führt – fast schnurstracks – in den Abgrund, an jeder Menschlichkeit vorbei. Im Abgrund verschwindet Karl Roßmann, europäischer Mittelschüler, Alter: 16 Jahre, Gelegenheitsarbeiter, der sich zuletzt „Negro" nannte; als Abgrund dient ein Theater, das diesen Namen in mehrfacher Hinsicht verdient, das nicht nur als seine eigene Kulisse dominiert, sondern das auch als Parodie seiner selbst, als entfremdete Kunstanstalt monströsen Ausmaßes fungiert: das „Naturtheater von Oklahoma" (oder, wie es Kafka, nicht ohne Grund, nannte: „... von Oklahama"; es kann verständlich sein, dass Max Brod es besser machen wollte und „Oklahoma" schrieb; nicht verständlich ist, dass spätere Editoren ihm folgten), – Karl Roßmann, als Negro im Abgrund der Scheinkunst verschollen, untergegangen, nach genauem Plan, auf nachzuzeichnender Bahn.

Es ist bekannt, dass Kafka zahlreiche Details seiner Amerika-Darstellung dem zuerst 1912 erschienenen Buch von Arthur Holitscher: „Amerika. Heute und morgen. Reiseerlebnisse" entnommen hat. Der Name Negro, der Name Oklahama, der Untergang Negros sind in diesem Buch aufzufinden; eine photographische Abbildung gegen Ende des Buches zeigt einen jungen Neger, der in einem Baum aufgeknüpft ist, umstellt von neun Weißen, offenbar seinen Mördern, mit steifen Hüten. Im Hintergrund, auf der anderen Seite des mächtigen Baumes, lässt sich ein weiterer Gehenkter, ebenfalls schwarzer Hautfarbe, erkennen. Wohlgemerkt: Festgehalten ist dieses auf einer Photographie. Holitscher, in kaum zu überbietendem Sarkasmus, hat diesem Bild den Titel gegeben: „Idyll aus Oklahama". Dazu ließe sich viel erklärender Text zitieren, es sei mit dem Wenigen genug: „[...] der weiße Amerikaner, der vor einem Richter erscheint, gilt so lange als unschuldig, bis seine Schuld erwiesen ist. Ein Schwarzer aber gilt so lang als schuldig, bis sich seine Unschuld sonnenklar herausgestellt hat. Ohne viel Federlesens wird ein Farbiger in den Süd- und Mittelstaaten an den nächsten Ast geknüpft, niedergeknallt oder verbrannt, auf bloßen Verdacht hin, oder aber nur, weil das Volk wieder einmal Blut sehen oder verbranntes Menschenfleisch riechen möchte. – Man sollte es bei Gott mit der Einführung von Stiergefechten versuchen, in Georgia oder Oklahama oder Tennessee!"

Negro, einst Karl Roßmann, kann seine Unschuld nicht sonnenklar herausstellen, also ist sonnenklar, was mit ihm geschieht. Auch erscheint klar, warum er Negro werden musste: als Weißem war ihm keine Schuld nachzuweisen, aber er konnte nicht als unschuldig gelten, schließlich war die ganze amerikanische Entreprise eine Kette von Strafen, und wenn nicht Strafen für Verfehlungen – für was sonst? [...]

Karl lebte in einer Welt, die ihm ganz und gar zum Nachteil gereichte; er war für diese Welt ungenügend eingerichtet und wäre, um überleben zu können, auf Mitgefühlt, auf Hilfe, auf Mitleid angewiesen gewesen. [...]

Aus: Norbert Oellers: Karl Roßmanns Untergang. Zu Kafkas Roman „Der Verschollene". In: Budapester Beiträge zur Germanistik. Band 10: Welt und Roman. Herausgegeben von Antal Mádl und Miklos Salyamosy. Budapest (Lorand Eötvös Universität) 1983. S. 189–205; hier: S.189–191

■ *Lesen Sie den Text und fassen Sie seine Aussagen in eigenen Worten zusammen. Wie lautet Norbert Oellers' Hauptthese und durch welche Detailinformationen wird sie zu begründen versucht?*

Kafkas Variation einer biblischen Parabel

Die Parabel vom verlorenen Sohn

[11]Weiter sagte Jesus: Ein Mann hatte zwei Söhne. [12]Der jüngere von ihnen sagte zu seinem Vater: Vater, gib mir das Erbteil, das mir zusteht. Da teilte der Vater das Vermögen auf. [13]Nach wenigen Tagen packte der jüngere Sohn alles zusammen und zog in ein fernes Land. Dort führte er ein zügelloses Leben und verschleuderte sein Vermögen. [14]Als er alles durchgebracht hatte, kam eine große Hungersnot über das Land und es ging ihm sehr schlecht. [15]Da ging er zu einem Bürger des Landes und drängte sich ihm auf; der schickte ihn aufs Feld zum Schweinehüten. [16]Er hätte gern seinen Hunger mit den Futterschoten gestillt, die die Schweine fraßen; aber niemand gab ihm davon. [17]Da ging er in sich und sagte: Wie viele Tagelöhner meines Vaters haben mehr als genug zu essen und ich komme hier vor Hunger um. [18]Ich will aufbrechen und zu meinem Vater gehen und zu ihm sagen: Vater, ich habe mich gegen den Himmel und gegen dich versündigt. [19]Ich bin nicht mehr wert, dein Sohn zu sein; mach mich zu einem deiner Tagelöhner. [20]Dann brach er auf und ging zu seinem Vater. Der Vater sah ihn schon von weitem kommen und er hatte Mitleid mit ihm. Er lief dem Sohn entgegen, fiel ihm um den Hals und küsste ihn. [21]Da sagte der Sohn: Vater, ich habe mich gegen den Himmel und gegen dich versündigt; ich bin nicht mehr wert, dein Sohn zu sein. [22]Der Vater aber sagte zu seinen Knechten: Holt schnell das beste Gewand und zieht es ihm an, steckt ihm einen Ring an die Hand und zieht ihm Schuhe an. [23]Bringt das Mastkalb her und schlachtet es; wir wollen essen und fröhlich sein. [24]Denn mein Sohn war tot und lebt wieder; er war verloren und ist wiedergefunden worden. Und sie begannen, ein fröhliches Fest zu feiern. [...]

Lukas-Evangelium 15,11–24. Die Bibel. Altes und Neues Testament. Einheitsübersetzung der Heiligen Schrift, 1980 , Katholische Bibelanstalt GmbH Stuttgart

Gemälde von Rembrandt (um 1663)

Franz Kafka: Heimkehr

Ich bin zurückgekehrt, ich habe den Flur durchschritten und blicke mich um. Es ist meines Vaters alter Hof. Die Pfütze in der Mitte. Altes, unbrauchbares Gerät, ineinanderverfahren, verstellt den Weg zur Bodentreppe. Die Katze lauert auf dem Geländer. Ein zerrissenes Tuch, einmal im Spiel um eine Stange gewunden, hebt sich im Wind. Ich bin angekommen. Wer wird mich empfangen? Wer wartet hinter der Tür der Küche? Rauch kommt aus dem Schornstein, der Kaffee zum Abendessen wird gekocht. Ist dir heimlich, fühlst du dich zu Hause? Ich weiß es nicht, ich bin sehr unsicher. Meines Vaters Haus ist es, aber kalt steht Stück neben Stück, als wäre jedes mit seinen eigenen Angelegenheiten beschäftigt, die ich teils vergessen habe, teils niemals kannte. Was kann ich ihnen nützen, was bin ich ihnen und sei ich auch des Vaters, des alten Landwirts Sohn. Und ich wage nicht, an der Küchentür zu klopfen, nur von der Ferne horche ich, nur von der Ferne horche ich stehend, nicht so, dass ich als Horcher überrascht werden könnte. Und weil ich von der Ferne horche, erhorche ich nichts, nur einen leichten Uhrenschlag höre ich oder glaube ihn vielleicht nur zu hören, herüber aus den Kindertagen. Was sonst in der Küche geschieht, ist das Geheimnis der dort Sitzenden, das sie vor mir wahren. Je länger man vor der Tür zögert, desto fremder wird man. Wie wäre es, wenn jetzt jemand die Tür öffnete und mich etwas fragte. Wäre ich dann nicht selbst wie einer, der sein Geheimnis wahren will.

Aus: Franz Kafka: Beschreibung eines Kampfes. Novellen, Skizzen, Aphorismen aus dem Nachlaß. Hrsg. von Max Brod. Frankfurt: Fischer Taschenbuch Verlag 1989, S. 107

- *Lesen Sie die neutestamentliche „Parabel vom verlorenen Sohn" und Kafkas „Heimkehr". Erstellen Sie danach eine Gegenüberstellung der inhaltlichen Gemeinsamkeiten und der Unterschiede zwischen den beiden Texten. Fassen Sie die Aussage der biblischen Parabel und der Parabel Kafkas anschließend jeweils in einem Satz zusammen.*

BS 5

Franz Kafka: Die Truppenaushebung

Die Truppenaushebungen, die oft nötig sind, denn die Grenzkämpfe hören niemals auf, finden auf folgende Weise statt:

Es ergeht der Auftrag, dass an einem bestimmten Tag in einem bestimmten Stadtteil alle Einwohner, Männer, Frauen, Kinder ohne Unterschied, in ihren Wohnungen bleiben müssen. Meist erst gegen Mittag erscheint am Eingang des Stadtteils, wo eine Soldatenabteilung, Fußsoldaten und Berittene, schon seit der Morgendämmerung wartet, der junge Adelige, der die Aushebung vornehmen soll. Es ist ein junger Mann, schmal, nicht groß, schwach, nachlässig angezogen, mit müden Augen. Unruhe überläuft ihn immerfort, wie einen Kranken das Frösteln. Ohne jemanden anzuschaun, macht er mit einer Peitsche, die seine ganze Ausrüstung bildet, ein Zeichen, einige Soldaten schließen sich ihm an und er betritt das erste Haus. Ein Soldat, der alle Einwohner dieses Stadtteils persönlich kennt, verliest das Verzeichnis der Hausgenossen. Gewöhnlich sind alle da, stehn schon in einer Reihe in der Stube, hängen mit den Augen an dem Adeligen, als seien sie schon Soldaten. Es kann aber auch geschehn, dass hie und da einer, immer sind das nur Männer, fehlt. Dann wird niemand eine Ausrede oder gar eine Lüge vorzubringen wagen, man schweigt, man senkt die Augen, man erträgt kaum den Druck des Befehles, gegen den man sich in diesem Haus vergangen hat, aber die stumme Gegenwart des Adeligen hält doch alle auf ihren Plätzen. Der Adelige gibt ein Zeichen, es ist nicht einmal ein Kopfnicken, es ist nur von den Augen abzulesen und zwei Soldaten fangen den Fehlenden zu suchen an. Das gibt gar keine Mühe. Niemals ist er außerhalb des Hauses, niemals beabsichtigt er, sich wirklich dem Truppendienst zu entziehn, nur aus Angst ist er nicht gekommen, aber es ist auch nicht Angst vor dem Dienst, die ihn abhält, es ist überhaupt Scheu davor, sich zu zeigen, der Befehl ist für ihn förmlich zu groß, anstrengend groß, er kann nicht aus eigener Kraft kommen. Aber deshalb flüchtet er nicht, er versteckt sich bloß, und wenn er hört, dass der Adelige im Haus ist, schleicht er sich wohl auch noch aus dem Versteck, schleicht zur Tür der Stube und wird sofort von den heraustretenden Soldaten gepackt. Er wird vor den Adeligen geführt, der die Peitsche mit beiden Händen fasst – er ist so schwach, mit einer Hand würde er gar nichts ausrichten – und den Mann prügelt. Große Schmerzen verursacht das kaum, dann lässt er halb aus Erschöpfung, halb in Widerwillen die Peitsche fallen, der Geprügelte hat sie aufzuheben und ihm zu reichen. Dann erst darf er in die Reihe der Übrigen treten; es ist übrigens fast sicher, dass er nicht assentiert[1] werden wird. Es geschieht aber auch, und dieses ist häufiger, dass mehr Leute da sind, als in dem Verzeichnis stehn. Ein fremdes Mädchen ist zum Beispiel da und blickt den Adeligen an, sie ist von auswärts, vielleicht aus der Provinz, die Truppenaushebung hat sie hergelockt, es gibt viele Frauen, die der Verlockung einer solchen fremden Aushebung – die häusliche hat eine ganz andere Bedeutung – nicht widerstehn können. Und es ist merkwürdig, es wird nichts Schimpfliches darin gesehn, wenn eine Frau dieser Verlockung nachgibt, im Gegenteil, es ist irgendetwas, das nach der Meinung mancher die Frauen durchmachen müssen, es ist eine Schuld, die sie ihrem Geschlecht abzahlen. Es verläuft auch immer gleichartig. Das Mädchen oder die Frau hört, dass irgendwo, vielleicht sehr weit, bei Verwandten oder Freunden Aushebung ist, sie bittet ihre Angehörigen um die Bewilligung der Reise, man willigt ein, das kann man nicht verweigern, sie zieht das Beste an, was sie hat, ist fröhlicher als sonst, dabei ruhig und freundlich, gleichgültig wie sie auch sonst sein mag, und hinter aller Ruhe und Freundlichkeit unzugänglich wie etwa eine völlig Fremde, die in ihre Heimat fährt und nun an nichts anderes mehr denkt. In der Familie, wo die Aushebung stattfinden soll, wird sie ganz anders empfangen als ein gewöhnlicher Gast, alles umschmeichelt sie, alle Räume des Hauses muss sie durchgehn, aus allen Fenstern sich beugen, und legt sie jemandem die Hand auf den Kopf, ist es mehr als der Segen des Vaters. Wenn sich die Familie zur Aushebung bereit macht, bekommt sie den besten Platz, das ist der in der Nähe der Tür, wo sie vom Adeligen am besten gesehn wird und am besten ihn sehen wird. So geehrt ist sie aber nur bis zum Eintritt des Adeligen, von da an verblüht sie förmlich. Er sieht sie ebenso wenig an wie die andern, und selbst wenn er die Augen auf jemanden richtet, fühlt sich dieser nicht angesehn. Das hat sie nicht erwartet oder vielmehr, sie hat es bestimmt erwartet, denn es kann nicht anders sein, aber es war auch nicht die Erwartung des Gegenteils, die sie hergetrieben hat, es war bloß etwas, das jetzt allerdings zu Ende ist. Scham fühlt sie in einem Maße, wie sie vielleicht unsere Frauen niemals sonst fühlen, erst jetzt merkt sie eigentlich, dass sie sich zu einer fremden Aushebung gedrängt hat, und wenn der Soldat das Verzeichnis vorgelesen hat, ihr Name nicht vorkam und einen Augenblick Stille ist, flüchtet sie zitternd und gebückt aus der

[1] (österr. veraltet) auf Militärdiensttauglichkeit hin untersuchen

Tür und bekommt noch einen Faustschlag des Soldaten in den Rücken.

Ist es ein Mann, der überzählig ist, so will er nichts anderes als eben, obwohl er nicht in dieses Haus gehört, doch mit ausgehoben werden. Auch das ist ja völlig aussichtslos, niemals ist ein solcher Überzähliger ausgehoben worden und niemals wird etwas Derartiges geschehn.

Aus: Franz Kafka: Beschreibung eines Kampfes. Novellen, Skizzen, Aphorismen aus dem Nachlaß. Hrsg. von Max Brod. Frankfurt: Fischer Taschenbuch Verlag 1989, S. 245–247

- *Angenommen, bei der Anwerbung von Arbeitskräften des „Teaters von Oklahama" handelt es sich, wie Thomas Anz ausführt, tatsächlich um eine Soldatenrekrutierung. Inwiefern unterscheidet sie sich grundsätzlich von der hier geschilderten Soldatenrekrutierung?*

Drei Parabeln von Franz Kafka

Vor dem Gesetz

Vor dem Gesetz steht ein Türhüter. Zu diesem Türhüter kommt ein Mann vom Lande und bittet um Eintritt in das Gesetz. Aber der Türhüter sagt, dass er ihm jetzt den Eintritt nicht gewähren könne. Der Mann überlegt und fragt dann, ob er also später werde eintreten dürfen. „Es ist möglich“, sagt der Türhüter, „jetzt aber nicht.“ Da das Tor zum Gesetz offensteht wie immer und der Türhüter beiseitetritt, bückt sich der Mann, um durch das Tor in das Innere zu sehn. Als der Türhüter das merkt, lacht er und sagt: „Wenn es dich so lockt, versuche es doch, trotz meines Verbotes hineinzugehen. Merke aber: Ich bin mächtig. Und ich bin nur der unterste Türhüter. Von Saal zu Saal stehn aber Türhüter, einer mächtiger als der andere. Schon den Anblick des Dritten kann nicht einmal ich mehr ertragen.“ Solche Schwierigkeiten hat der Mann vom Lande nicht erwartet; das Gesetz soll doch jedem und immer zugänglich sein, denkt er, aber als er jetzt den Türhüter in seinem Pelzmantel genauer ansieht, seine große Spitznase, den langen, dünnen, schwarzen tatarischen[1] Bart, entschließt er sich, doch lieber zu warten, bis er die Erlaubnis zum Eintritt bekommt. Der Türhüter gibt ihm einen Schemel und lässt ihn seitwärts von der Tür sich niedersetzen. Dort sitzt er Tage und Jahre. Er macht viele Versuche, eingelassen zu werden, und ermüdet den Türhüter durch seine Bitten. Der Türhüter stellt öfter kleine Verhöre mit ihm an, fragt ihn über seine Heimat aus und nach vielem andern, es sind aber teilnahmslose Fragen, wie sie große Herren stellen, und zum Schlusse sagt er ihm immer wieder, dass er ihn noch nicht einlassen könne. Der Mann, der sich für seine Reise mit vielem ausgerüstet hat, verwendet alles, und sei es noch so wertvoll, um den Türhüter zu bestechen. Dieser nimmt zwar alles an, aber sagt dabei: „Ich nehme es nur an, damit du nicht glaubst, etwas versäumt zu haben.“ Während der vielen Jahre beobachtet der Mann den Türhüter fast ununterbrochen. Er vergisst die andern Türhüter, und dieser erste scheint ihm das einzige Hindernis für den Eintritt in das Gesetz. Er verflucht den unglücklichen Zufall, in den ersten Jahren rücksichtslos und laut, später, als er alt wird, brummt er nur noch vor sich hin. Er wird kindisch, und da er in dem jahrelangen Studium des Türhüters auch die Flöhe in seinem Pelzkragen erkannt hat, bittet er auch die Flöhe, ihm zu helfen und den Türhüter umzustimmen. Schließlich wird sein Augenlicht schwach und er weiß nicht, ob es um ihn wirklich dunkler wird oder ob ihn nur seine Augen täuschen. Wohl aber erkennt er jetzt im Dunkel einen Glanz, der unverlöschlich aus der Türe des Gesetzes bricht. Nun lebt er nicht mehr lange. Vor seinem Tode sammeln sich in seinem Kopfe alle Erfahrungen der ganzen Zeit zu einer Frage, die er bisher an den Türhüter noch nicht gestellt hat. Er winkt ihm zu, da er seinen erstarrenden Körper nicht mehr aufrichten kann. Der Türhüter muss sich tief zu ihm hinunterneigen, denn der Größenunterschied hat sich sehr zu Ungunsten des Mannes verändert. „Was willst du denn jetzt noch wissen?“, fragt der Türhüter, „du bist unersättlich.“ „Alle streben doch nach dem Gesetz“, sagt der Mann, „wieso kommt es, dass in den vielen Jahren niemand außer mir Einlass verlangt hat?“ Der Türhüter erkennt, dass der Mann schon an seinem Ende ist, und, um sein vergehendes Gehör noch zu erreichen, brüllt er ihn an: „Hier konnte niemand sonst Einlass erhalten, denn dieser Eingang war nur für dich bestimmt. Ich gehe jetzt und schließe ihn.“

Aus: Franz Kafka: Erzählungen. Hrsg. von Max Brod. Frankfurt: Fischer Taschenbuch Verlag 1989, S. 120f.

[1] Tataren: Bezeichnung für verschiedene Völker und Bevölkerungsgruppen auf dem Gebiet Russlands; auch die in Europa brandschatzenden Horden des Dschingis Khan wurden als Tataren („die aus der Hölle kommen“ [von griech. Tartaros]) bezeichnet

- *Lesen Sie die Parabel und achten Sie dabei insbeosondere auf den Gegensatz zwischen dem Mann vom Lande und dem Türhüter. Wie werden die beiden Figuren jeweils geschildert?*
- *Welchen mächtigeren Figuren steht der Türhüter selbst gegenüber?*
- *Kennt der Mann vom Lande den Inhalt des Gesetzes? Was geschieht während seines Todes?*

Eine kaiserliche Botschaft

Der Kaiser – so heißt es – hat dir, dem Einzelnen, dem jämmerlichen Untertanen, dem winzig vor der kaiserlichen Sonne in die fernste Ferne geflüchteten Schatten, gerade dir hat der Kaiser von seinem Sterbebett aus eine Botschaft gesendet. Den Boten hat er beim Bett niederknien lassen und ihm die Botschaft ins Ohr geflüstert; so sehr war ihm an ihr gelegen, dass er sich sie noch ins Ohr wiedersagen ließ. Durch Kopfnicken hat er die Richtigkeit des Gesagten bestätigt. Und vor der ganzen Zuschauerschaft seines Todes – alle hindernden Wände werden niedergebrochen und auf den weit und hoch sich schwingenden Freitreppen stehen im Ring die Großen des Reichs – vor allen diesen hat er den Boten abgefertigt. Der Bote hat sich gleich auf den Weg gemacht; ein kräftiger, ein unermüdlicher Mann; einmal diesen, einmal den andern Arm vorstreckend schafft er sich Bahn durch die Menge; findet er Widerstand, zeigt er auf die Brust, wo das Zeichen der Sonne ist; er kommt auch leicht vorwärts, wie kein anderer. Aber die Menge ist so groß; ihre Wohnstätten nehmen kein Ende. Öffnete sich freies Feld, wie würde er fliegen und bald wohl hörtest du das herrliche Schlagen seiner Fäuste an deiner Tür. Aber stattdessen, wie nutzlos müht er sich ab; immer noch zwängt er sich durch die Gemächer des innersten Palastes; niemals wird er sie überwinden; und gelänge ihm dies, nichts wäre gewonnen; die Treppen hinab müsste er sich kämpfen; und gelänge ihm dies, nichts wäre gewonnen; die Höfe wären zu durchmessen; und nach den Höfen der zweite umschließende Palast; und wieder Treppen und Höfe; und wieder ein Palast; und so weiter durch Jahrtausende; und stürzte er endlich aus dem äußersten Tor – aber niemals, niemals kann es geschehen –, liegt erst die Residenzstadt vor ihm, die Mitte der Welt, hochgeschüttet voll ihres Bodensatzes. Niemand dringt hier durch und gar mit der Botschaft eines Toten. – Du aber sitzt an deinem Fenster und erträumst sie dir, wenn der Abend kommt.

Aus: Franz Kafka: Erzählungen. Hrsg. von Max Brod. Frankfurt: Fischer Taschenbuch Verlag 1989, S. 128f.

■ *Was ist Ihrer Meinung nach das Thema der Parabel? Wofür könnte der Kaiser, wofür der Untertan stehen? Denken Sie etwa an ein Vater-Sohn-Verhältnis oder an theologische Bezüge. Inwiefern könnte man den Untertan, der auf die Botschaft des Kaisers wartet, auch als Leser der Parabel deuten?*

Gibs auf!

Es war sehr früh am Morgen, die Straßen rein und leer, ich ging zum Bahnhof. Als ich eine Turmuhr mit meiner Uhr verglich, sah ich, dass es schon viel später war, als ich geglaubt hatte, ich musste mich sehr beeilen, der Schrecken über diese Entdeckung ließ mich im Weg unsicher werden, ich kannte mich in dieser Stadt noch nicht sehr gut aus, glücklicherweise war ein Schutzmann in der Nähe, ich lief zu ihm und fragte ihn atemlos nach dem Weg. Er lächelte und sagte: „Von mir willst du den Weg erfahren?" „Ja", sagte ich, „da ich ihn selbst nicht finden kann." „Gibs auf, gibs auf", sagte er und wandte sich mit einem großen Schwunge ab, so wie Leute, die mit ihrem Lachen allein sein wollen.

Aus: Franz Kafka: Beschreibung eines Kampfes. Novellen, Skizzen, Aphorismen aus dem Nachlaß. Hrsg. von Max Brod. Frankfurt: Fischer Taschenbuch Verlag 1989, S. 87

■ *Interpretieren Sie Kafkas Parabel „Gibs auf!". Beziehen Sie bei Ihrer Deutung die Ergebnisse der vergangenen Unterrichtsstunden mit ein. Inwiefern ist der Text eine typische Parabel Kafkas – zum Beispiel in Bezug auf das Verhältnis zwischen Text und Interpretation?*

Klaus Hermsdorf über die kafkaschen Helden

Dabei bewirkt die weitgehend undifferenzierte Gestaltung des Helden einerseits, dass sein Schicksalsweg nicht als der eines bestimmten, gesellschaftlich-klassenmäßig fixierten Typs erscheint, sondern als die Erfahrung „d e s" Menschen schlechthin, als die Erfahrungen eines exemplarischen Menschen, der für alle steht. Andererseits wird durch die Momente relativer individuell-sozialer Charakterisierung die kafkasche Aussage über das menschliche Sein in bestimmtem Maße konkretisiert: Sie wird zu einer Aussage über die Situation und Perspektive des gutwilligen „kleinen Mannes", des kleinbürgerlichen Menschen in der modernen Zeit. Kafka beschreibt die Situation dieses Menschen als die vollständiger Entfremdung und gänzlicher Beziehungslosigkeit zur Gesellschaft. Er ist mehr in die Welt verstoßen als ihr lebendiges Glied: Er steht außerhalb jeder nationalen, politischen oder auch nur privat-geselligen Gemeinschaft. Der kafkasche Mensch ist ohne Bindungen – „frei" ist er in einer trostlosen Bedeutung des Wortes. frei von jeder natürlichen Kontaktfähigkeit: Einsamkeit ist für Kafka ein wesentliches Kennzeichen der menschlichen Existenz. Dieser extremen Bindungslosigkeit entspricht jedoch ein ebenso extremes Streben nach Bindung, ein Streben, das schließlich konformistisch jegliche Art von Gemeinschaft unterschiedslos akzeptiert. Nie führt es freilich zum Ziel. Dem steht schon entgegen, dass für Kafka individuelle Beziehungen auf das Niveau von Sachbeziehungen reduziert sind; sie sind nur als sachliche und durch ihren sachlichen Nutzen tragfähige Beziehungen denkbar. Differenziert, tiefgehende, gefühlsbeschwerte Kontakte sind Kafkas Helden deshalb fast gänzlich verschlossen. Er ist in einem umfassenden Sinne liebelos, und dort, wo er liebt, ist es eine widersinnige und unerwiderte Liebe. Ein eigentümliches Merkmal des kafkaschen Menschenbildes ist es dabei, dass solche Eingeschränktheit auf das eigene Sein keineswegs eine besondere Verinnerlichung hervorbringt. Kafka verzichtet auf solche verklärende Gefühlsheroisierung. Sein Held ist vielmehr immer von zäher Robustheit, die mit einem eigentümlichen Mangel an Empfindungsfähigkeit und geistiger Betrachtsamkeit einhergeht. Seine kulturellen Bedürfnisse sind gering, sein Verhältnis zur Kunst zwar betont, aber nicht entfaltet. Dem kafkaschen Menschen fehlt jede Art geistig-weltanschaulicher Orientierung.

Nicht nur in dieser Hinsicht ist er von äußerster Einseitigkeit. Von der Vielfalt im Menschen angelegter Begabungen und Entfaltungsmöglichkeiten hat er nur das Wenigste verwirklicht: Sein Wesen ist parzelliert. Diese Einseitigkeit ergibt sich in der Hauptsache aus seinem vorherrschenden Bestreben nach Sicherheit. Denn die Existenz des kafkaschen Menschen ist ständig, ob sichtbar oder nicht, bedroht, und im Leben sich irgendwo festzuhalten, darauf ist sein ganzes Bemühen gerichtet. Dieses Streben nach Sicherheit verdeutlicht nur noch das Gefühl der Unsicherheit und der Bedrohung, das den kafkaschen Menschen nie verlässt. Einerseits beweist ihm seine ganze (im Roman als seine Erlebnisse gestaltete) Lebenserfahrung, dass sein Dasein auf tönernen Füßen steht: Beständig wird seine Hoffnung, endlich einen sicheren Platz gefunden zu haben, jäh zerstört, und immer mehr zeigt sich, dass es ihm niemals gelingen wird, einen festen Grund zu erreichen. Andererseits scheint der kafkasche Mensch von vornherein des schlimmen Ausgangs gegenwärtig zu sein und ihn wie eine Selbstverständlichkeit zu erwarten. So ist auch seine Angst permanent: Es ist „Angst ausgedehnt auf alles, Angst vor dem Größten wie Kleinsten, Angst, krampfhafte Angst vor dem Aussprechen eines Wortes", wie Kafka selbst es gesagt hat. Es ist ein permanentes Gefühl der Lebensunsicherheit und der Unglückserwartung, die ihren Charakter als bloßes Gefühl dadurch erhält, dass dem kafkaschen Menschen die Ursachen seines Unglücks nie klar werden. Trotzdem versucht er mit fast unerschöpflicher Tatkraft, sein Ziel dennoch zu erreichen; seiner aus geheimem und unerklärlichem Schuldbewusstsein genährten Gefasstheit in den unglücklichen Ausgang zum Trotz, ist er rastlos beschäftigt, ist er gutwillig und unentwegt „sterbend bemüht", das Leben zu meistern.

Aus: Klaus Hermsdorf: Kafka. Weltbild und Roman. Berlin. Rütten & Loening 1961, S. 55–87

Klausurvorschläge und Facharbeiten

Klausuren

Thema 1:
Beschreiben und deuten Sie die Kampfszene zwischen Karl und Klara (57, 31–59, 28) im Kontext der Gesamthandlung.
Erläutern Sie, inwiefern sich in diesem Abschnitt die Verführungsszene symbolisch wiederholt, wegen der Karl seine elterliche Heimat verlassen musste (27, 9–28, 12).
Beschreiben Sie in einem dritten Erarbeitungsschritt Karls Charakterzüge, die sich in diesen beiden Szenen zeigen.

Thema 2:
Vergleichen Sie die Verhörszene im Hotel occidental (155, 3–156, 33) mit dem Vorstellungsgespräch in Clayton für das „Teater von Oklahama" (251, 8–252, 10).
Beschreiben Sie die grundsätzlichen Gemeinsamkeiten und Unterschiede und stellen Sie beide Szenen in den Kontext der Gesamthandlung.

Thema 3:
Beschreiben und deuten Sie Karls Begegnung mit dem betrunkenen Robinson (134, 1–136, 7).
Charakterisieren Sie anschließend anhand dieser Szene Karl und Robinson und erarbeiten Sie deren grundsätzliche Charakterunterschiede, insbesondere auch deren unterschiedliche Einstellung gegenüber Pflicht und Anstand.
Verfassen Sie in einem dritten Erarbeitungsschritt zwei kurze innere Monologe, die die Gedanken der beiden Figuren nach der analysierten Szene widerspiegeln. Achten Sie darauf, dass in diesen Monologen die herausgearbeiteten Charakterzüge deutlich werden.

Thema 4:
Analysieren Sie die Parabel „Auf der Galerie" von Franz Kafka.
Erläutern Sie anschließend, inwiefern diese Parabel die Frage nach „Schein und Wirklichkeit" behandelt, die auch in Kafkas „Verschollenem" thematisiert ist. Beschreiben Sie hierbei insbesondere, inwiefern der Zirkus in der Parabel dem „Teater von Oklahama" im Roman gleicht.

Franz Kafka (1883–1924)
Auf der Galerie

Wenn irgendeine hinfällige, lungensüchtige Kunstreiterin in der Manege auf schwankendem Pferd vor einem unermüdlichen Publikum vom peitschenschwingenden erbarmungslosen Chef monatelang ohne Unterbrechung im Kreise rundum getrieben würde, auf dem Pferde schwirrend, Küsse werfend, in der Taille sich wiegend, und wenn dieses Spiel unter dem nicht aussetzenden Brausen des Orchesters und der Ventilatoren in die immerfort weiter sich öffnende graue Zukunft sich fortsetzte, begleitet vom vergehenden und neu anschwellenden Beifallsklatschen der Hände, die eigentlich Dampfhämmer sind – vielleicht eilte dann ein junger Galeriebesucher die lange Treppe durch alle Ränge hinab, stürzte in die Manege, rief das: Halt! durch die Fanfaren des immer sich anpassenden Orchesters.

Da es aber nicht so ist; eine schöne Dame, weiß und rot, hereinfliegt, zwischen den Vorhängen, welche die stolzen Livrierten vor ihr öffnen; der Direktor, hingebungsvoll ihre Augen suchend, in Tierhaltung ihr entgegenatmet; vorsorglich sie auf den Apfelschimmel hebt, als wäre sie seine über alles geliebte Enkelin, die sich auf gefährliche Fahrt begibt; sich nicht entschließen kann, das Peitschenzeichen zu geben; schließlich in Selbstüberwindung es knallend gibt; neben dem Pferde mit offenem Munde einherläuft; die Sprünge der Reiterin scharfen Blickes verfolgt; ihre Kunstfertigkeit kaum begreifen kann; mit englischen Ausrufen zu warnen versucht; die reifenhaltenden Reitknechte wütend zu peinlichster Achtsamkeit ermahnt; vor dem großen Salto mortale das

Orchester mit aufgehobenen Händen beschwört, es möge schweigen; schließlich die Kleine vom zitternden Pferde hebt, auf beide Backen küsst und keine Huldigung des Publikums für genügend erachtet; während sie selbst, von ihm gestützt, hoch auf den Fußspitzen, vom Staub umweht, mit ausgebreiteten Armen, zurückgelehntem Köpfchen ihr Glück mit dem ganzen Zirkus teilen will – da dies so ist, legt der Galeriebesucher das Gesicht auf die Brüstung und, im Schlussmarsch wie in einem schweren Traum versinkend, weint er, ohne es zu wissen.

Aus: Franz Kafka: Erzählungen. Hrsg. von Max Brod. Frankfurt a.M.: Fischer Taschenbuch 1989, S. 117f.

Thema 5:
Beschreiben Sie den Aufbau der ersten sechs beendeten Kapitel von Kafkas „Verschollenem“ und erläutern Sie das darin wiederkehrende dreistufige Handlungsmuster.
Stellen Sie in einem zweiten Erarbeitungsschritt – auch unter Beachtung der übrigen, fragmentarischen Kapitel – dar, inwiefern die Hauptfigur Karl Roßmann während der Romanhandlung kontinuierlich sozial absteigt.

Thema 6:
Geben Sie die Grundgedanken des Textes von Klaus Hermsdorf (Zusatzmaterial 1) wieder.
Erläutern Sie in einem zweiten Erarbeitungsschritt, inwiefern die im Text beschriebenen Eigenschaften von Kafkas Helden auch auf Karl Roßmann zutreffen.
Stellen Sie abschließend dar, inwiefern diese Eigenschaften typisch sind für Figuren der literarischen Moderne.

Facharbeiten

Thema 1:
Schritt für Schritt in den Abgrund. Franz Kafkas Roman „Der Verschollene“ als Werk der literarischen Moderne

Thema 2:
Reifezeugnisse. Ein Vergleich zwischen Goethes „Wilhelm Meisters Lehrjahre“ und Kafkas „Verschollenem“

Thema 3:
„Ihr Arm mit dem Schwert ragte wie neuerdings empor“. Das Amerika-Bild in Franz Kafkas Roman „Der Verschollene“

Thema 4:
Karl Roßmanns ödipale Schuld. Kafkas Roman „Der Verschollene“ aus psychoanalytischer Perspektive

Thema 5:
Zwischen Beruf und Berufung. Der Student Josef Mendel in Kafkas Roman „Der Verschollene“ als Spiegelbild des Autors

Thema 6:
Das „Teater von Oklahama“ – Idylle oder Verderben? Mutmaßungen über den geplanten Schluss von Kafkas Roman „Der Verschollene“